Dieter Urban | Joachim Fiebig
Quantitative Meta-Analyse zur Überprüfung sozialwissenschaftlicher Hypothesen

Grundlagentexte Methoden

Dieter Urban | Joachim Fiebig

Quantitative Meta-Analyse zur Überprüfung sozialwissenschaftlicher Hypothesen

Ein Beispiel aus der Delinquenzforschung

Unter Mitarbeit von
Stephanie Sauer und Gerrit Rüdebusch

BELTZ JUVENTA

Die Autoren

Dieter Urban, Dr. soz.-wiss., ist Professor für Soziologie und empirische Sozialforschung am Institut für Sozialwissenschaften der Universität Stuttgart.

Joachim Fiebig, Dr. rer. pol., ist wissenschaftlicher Mitarbeiter am Institut für Sozialwissenschaften der Universität Stuttgart.

Bibliografische Information der Deutschen Nationalbibliothek

Die Deutsche Nationalbibliothek verzeichnet diese Publikation in der Deutschen Nationalbibliografie; detaillierte bibliografische Daten sind im Internet über http://dnb.d-nb.de abrufbar.

FSC www.fsc.org
MIX
Papier aus verantwortungsvollen Quellen
FSC® C089473

www.beltz.de · www.juventa.de
Werderstraße 10, 69469 Weinheim
Satz: text plus form, Dresden
Druck und Bindung: Beltz Bad Langensalza GmbH, Bad Langensalza
Printed in Germany

ISBN 978-3-7799-3275-8

Inhalt

Vorwort

Dieses Buch berichtet über die methodischen und empirischen Ergebnisse eines Forschungsprojekts, in dem mit quantitativen, meta-analytischen Verfahren die Befunde einer Vielzahl von nationalen und internationalen Forschungsarbeiten zum Zusammenhang zwischen den soziobiografischen Kindheitserfahrungen ausgewählter Personen und deren im Erwachsenenalter begangenen Straftaten (insbesondere von pädosexuellen Straftaten) ausgewertet wurden.

Die einzelnen Kapitel dieses Buches basieren auf einer großen Anzahl von Projektberichten, die im o. g. Forschungsprojekt von verschiedenen Projektmitarbeitern erstellt wurden. Insbesondere möchten wir an dieser Stelle Frau Dipl.-Soz. Stephanie Sauer und Herrn Gerrit Rüdebusch, M. A., für ihre Projektmitarbeit in Forschung und bei der Erstellung von Projektberichten danken. Viele der unter ihrer Mitarbeit erstellten Projektberichte wurden in die Ausführungen dieses Forschungsberichts eingearbeitet.

Danken möchten wir auch den im Projekt tätig gewesenen studentischen Hilfskäften: Uschi Jonas, Manuela Marquart und Vanessa Pfau. Sie haben uns in den Bereichen von Datenerhebung und -auswertung durch ihre engagierte und kompetente Mitarbeit in hilfreicher Weise unterstützt.

Die Autoren sind für Hinweise und kritische Anmerkungen zum vorliegenden Text dankbar. Sie sind unter folgender E-Mail-Adresse zu erreichen:

- dieter.urban@sowi.uni-stuttgart.de

Bei den Autoren können auch weiterführende Materialien aus dem o. g. Projekt angefordert werden. Dazu gehören die kompletten Fassungen von Kodierschema, -regeln und -plan sowie die kompletten Tabellen statistischer Auswertungen, von denen im Anhang dieses Buches nur ausgewählte Teilbereiche abgedruckt werden.

Joachim Fiebig, Dieter Urban
Stuttgart, im Frühjahr 2015

Kapitel 1
Zur Einführung: Um was geht es?

Die Inhalte dieses Buches basieren auf den Ergebnissen des DFG-geförderten Forschungsprojekts „Meta-Analyse zum Stand der empirischen Erforschung psycho-sozialer Ursachen von pädosexueller Delinquenz" (MAPS), das am Institut für Sozialwissenschaften (SOWI), Abteilung für Soziologie und empirische Sozialforschung (SOWI-IV), der Universität Stuttgart durchgeführt wurde.

In diesem Projekt haben wir uns mit einer speziellen Form krimineller Delinquenz beschäftigt: der pädosexuellen Straffälligkeit. Dabei interessierte uns insbesondere die sog. „pädosexuelle Opfer-Täter-Transitionsthese" (Abk.: POTT-These), nach der sich die Täter pädosexueller Straftaten vor allem dadurch von den Tätern anderer sexuell orientierter und auch nichtsexuell orientierter Gewaltstraftaten unterscheiden, dass sie selbst in ihrer Kindheit und Jugend sexuell viktimisiert worden sind bzw. zum Opfer pädosexuellen Missbrauchs wurden. Dementsprechend behauptet die POTT-These, dass pädosexuelle Missbrauchserfahrungen im Kindheitsalter einen Einfluss auf die Ausführung von pädosexuellen Straftaten im Erwachsenenalter haben, sodass es zu einem Opfer-Täter-Übergang kommen kann. So hätten die ehemaligen Opfer pädosexuellen Missbrauchs ein erhöhtes Risiko, zu einem späteren Zeitpunkt ihres Lebens selbst zu pädosexuell aktiven Tätern zu werden.

Natürlich wird der Zusammenhang zwischen passiv erfahrenem pädosexuellem Missbrauch (in der Kindheit) und aktiv ausgeführtem pädosexuellem Missbrauch (im Erwachsenenalter) von der POTT-These nicht deterministisch verstanden. Wie bereits erwähnt: Die pädosexuellen Kindheitserfahrungen erhöhen nach der POTT-These allein das „Risiko" eines späteren, dementsprechenden Sexualverhaltens. Denn nicht alle bzw. nur wenige pädosexuell viktimisierte Personen werden pädosexuell delinquent, aber, so ein Ergebnis der POTT-Forschung, sehr viele pädosexuell delinquente Personen wurden in ihrer Kindheit pädosexuell viktimisiert.

Die POTT-These ist in der sexual- und sozialwissenschaftlichen Forschung sehr umstritten. So wird sie u.a. deshalb kritisiert, weil sie keinen überzeugenden, inhaltlichen Wirkungszusammenhang benennen könne, der verständlich machte, warum kindliche Opfererfahrungen zu adulten Delinquenzdispositionen führen müssten. Und auch in methodischer Hinsicht wird kritisiert, dass der thematisierte Zusammenhang in aller Regel „nur“ ex post bzw. retrospektiv rekonstruiert werde, und keine methodisch belastbaren Ergebnisse vorgelegt werden könnten, nach denen auf der Basis von Missbrauchsbeobachtungen zukünftiges Sexualverhalten prognostiziert werden könne.

Allerdings haben wir selbst in einem früheren Forschungsprojekt[1] einige empirische Forschungsresultate vorgelegt, welche die POTT-These eher bestätigen als widerlegen können.[2] So zeigten die von uns ermittelten Daten, dass unter verurteilten und inhaftierten Tätern unterschiedlichster Gewaltstraftaten ca. 50 % der pädosexuellen Gewaltstraftäter pädosexuell viktimisiert waren, während dies nur bei ca. 15 % der Täter anderer Gewaltstraftaten zu beobachten war (vgl. Urban/Fiebig 2011).

Weil die POTT-These so sehr umstritten ist, haben wir im MAPS-Projekt, über das wir hier berichten wollen, einen meta-methodischen Zugang zur Überprüfung der empirischen Evidenz dieser These gewählt. Was bedeutet das? Wir haben nicht selbst in Form empirischer Primärforschung neue Daten zum Zusammenhang von pädosexuellen Opfer- und Delinquenzereignissen erhoben (das hatten wir bereits in dem anderen, o.g. Projekt gemacht), sondern wir haben sekundäranalytische, quantitative Auswertungen solcher Daten vorgenommen, die bislang im Bereich der nationalen und internationalen Sexual- und Sozialforschung (inkl. der diesbezüglichen psychologischen Forschung) zu diesem Thema veröffentlicht worden sind. Wir haben also meta-analytische Untersuchungen vorgenommen, bei denen alle, international in einem bestimmten Zeitraum (hier: zwischen 1980 und 2010) zum Thema veröffentlichten Forschungsergebnisse (in deutscher und englischer Sprache) registriert, systematisiert und hinsichtlich ihrer methodischen und substanziellen Aussagekraft mit statistischen Methoden/Modellen untersucht werden.

In unseren Recherchen haben wir ca. 64 000 Publikationen ermittelt, die sich mit diversen Inhalten der POTT-These beschäftigen. Weil diese oftmals nur qualitativ, episodisch, peripher oder unvollständig auf die These eingehen, konnten wir von diesen Publikationen je nach untersuchter Fragestellung zwischen 25 und 30 Studien (je nach Modellkomplexität und ausgewählter Kontrollgruppe) für unsere systematischen Meta-Analysen ver-

---

1 DFG-gefördertes Forschungsprojekt „Opfer-Täter-Transitionen im Lebensverlauf pädosexueller Straftäter“ (OTTS), Institut für Sozialwissenschaften (SOWI), Abteilung für Soziologie und empirische Sozialforschung (SOWI-IV), der Universität Stuttgart.

2 Vgl. dazu Fiebig 2012; Urban/Lindhorst 2003; Urban/Fiebig 2010; Urban/Fiebig 2011.

wenden.[3] Dies mag gering erscheinen, ist aber im Vergleich zu anderen thematisch-einschlägigen Meta-Analysen eine deutliche Steigerung der Anzahl ausgewerteter Einzelstudien (vgl. Kap. 2.2). Immerhin konnten wir mit den Ergebnissen von maximal 30 Studien aussagekräftige Informationen über bis zu 4210 Probanden (je nach Komplexität der Modellkonstruktion und ausgewählter Kontrollgruppe) statistisch auswerten.

Es dürfte somit klar geworden sein: Dieses Buch berichtet über Meta-Analysen, die zu den Ergebnissen einer großen Anzahl von Einzelstudien und einer noch viel größeren Anzahl von befragten/beobachteten Probanden durchgeführt worden sind. Ziel dieser Meta-Analysen war es, den empirischen Gehalt und die Gültigkeit der oben skizzierten POTT-These zu überprüfen.

Im Einzelnen werden wir in den nachstehenden Kapiteln dieses Buches über folgende Inhalte aus dem genannten Forschungsprojekt berichten:

1. Welche empirischen und theoretischen Aussagen sind mit der These von der pädosexuellen Opfer-Täter-Transition (POTT-These) verbunden? (Kapitel 2.1)
2. Welche Ergebnisse haben die bislang veröffentlichten Meta-Analysen zur POTT-These erzielt? Wie ist die Qualität dieser Studien einzuschätzen? (Kapitel 2.2)
3. Welche Methoden der quantitativen Meta-Analyse sind wichtig, und welche Methoden wurden von uns zur Überprüfung der POTT-These eingesetzt? (Kapitel 3)
4. In welcher Weise erfolgte die Auswahl und Auswertung der Primärstudien, um mit den daraus gewonnenen Informationen die beabsichtigten Meta-Analysen durchführen zu können? (Kapitel 4)
5. Welche Befunde wurden in welcher Weise und mit welchem Ergebnis in unseren Meta-Analysen erarbeitet? (Kapitel 5)
6. In welcher Weise lässt sich die Robustheit von meta-analytischen Untersuchungen überprüfen, und in welcher Weise wurden diese Tests bei der Überprüfung der POTT-These durchgeführt? (Kapitel 6)

Allgemein betrachtet lassen sich die Ausführungen dieses Buches auch als Hinweise darauf lesen, in welcher Weise statistische Meta-Analysen zur Überprüfung sozialwissenschaftlicher Thesen eingesetzt werden können. Insofern haben wir dieses Buch auch als Ratgeber für die sozialwissenschaftliche Forschungspraxis geschrieben.

---

3 Bei Analysen von Substichproben reduzierte sich die Anzahl auszuwertender Studien auch einige Male auf nur 6 Primärstudien.

Dementsprechend wurde diesem Buch auch ein umfangreicher Anhang mitgegeben, in dem praktische Informationen zur Durchführung einer Meta-Analyse am Beispiel der von uns überprüften POTT-These enthalten sind (u. a.: Auflistungen von Kodierschema, Kodierregeln, Kodierplan, aber auch eine programmtechnische Anleitung zum Einsatz des Softwarepakets HLM).

Kapitel 2
Das Untersuchungsthema: Pädosexualität und Delinquenz

2.1 Die These der pädosexuellen Opfer-Täter-Transition (POTT-These)[4]

Im Jahre 2013 wurden nach der polizeilichen Kriminalstatistik der Bundesrepublik Deutschland ingesamt 12 437 sexuelle Kindesmissbrauchsdelikte gemeldet.[5] Hinzu kommen noch einmal die Fälle von Kindesmissbrauch, die nicht polizeilich bekannt wurden, wobei davon auszugehen ist, dass die Dunkelziffer nicht gemeldeter Missbrauchsdelikte wesentlich höher ist als deren Hellziffer.[6]

In der sexual- und sozialwissenschaftlichen Forschung wird der Anteil an pädosexuell viktimisierten Personen in einer bestimmten Bevölkerungsgruppe als Rate der „Prävalenz pädosexuellen Missbrauchs" beschrieben. Dabei unterscheiden sich naturgemäß die konstatierten Anteile sehr stark danach voneinander, ob als Population die Allgemeinbevölkerung oder spezielle Subgruppen (wie z. B. die Gesamtheit aller Straftäter oder bestimmte Altersgruppen) betrachtet werden.

Bezüglich der Prävalenzraten sexuellen Kindesmissbrauchs in der Allgemeinbevölkerung liefern einige Meta-Analysen eher unterschiedliche Ergebnisse:

In der Meta-Analyse von Finkelhor (1994) werden Studien mit Stichproben aus der Allgemeinbevölkerung aus 21 Ländern ausgewertet. Die darin gefundenen Prävalenzraten schwanken zwischen 7 und 36 % bei Frauen sowie zwischen 3 und 29 % bei Männern. In der Meta-Analyse von Dhaliwal et al. (1996) fällt diese Schwankung noch etwas größer aus. In den 21 Studien, die die Autoren bei ihrer Analyse berücksichtigen, variiert der Anteil der pädosexuell missbrauchten Personen unter Männern zwischen ca. 3 und

4 Die Inhalte dieses Kapitels benutzen einige Textstellen aus Fiebig 2012: 72–88.

5 Vgl. Bundeskriminalamt 2013: 61.

6 Nach Schätzungen liegt die Dunkelziffer des sexuellen Missbrauchs von Kindern um das 6- bis 20-Fache höher, als die in der amtlichen Statistik berichtete Hellziffer (Pape 2007: 55).

37% und unter Frauen zwischen ca. 7 und 54%. Ähnliche Variationen der Prävalenzrate finden Rind et al. (1998) in ihrer Meta-Analyse von 26 Einzelstudien mit männlichen Untersuchungsgruppen aus der Allgemeinbevölkerung. Allerdings haben in dieser Meta-Analyse die Prävalenzraten von 45 Einzelstudien mit weiblichen Untersuchungsgruppen eine noch größere Bandbreite: Diese reicht von 8 bis 71%. Als mittlere (gewichtete) Prävalenzrate pädosexuellen Missbrauchs geben Rind et al. eine Zahl von 17% bei männlichen und 28% bei weiblichen Untersuchungsgruppen an (dies. 1998: 29). Eine weitere Meta-Analyse, die insgesamt 100 Bevölkerungsstichproben aus 22 Ländern untersucht (Pereda et al. 2009), findet unter Männern einen durchschnittlichen Anteil sexuellen Kindesmissbrauchs von ca. 8% und unter Frauen von ca. 20%.

Die großen Schwankungsbereiche der Prävalenzraten sexuellen Kindesmissbrauchs, die in diesen Meta-Analysen berichtet werden, ergeben sich vor allem durch unterschiedliche Definitionen von pädosexueller Interaktion in den darin ausgewerteten Einzelstudien (s.u.). Allerdings stimmen alle Analysen darin überein, dass sich Männer und Frauen hinsichtlich der Prävalenz pädosexuellen Missbrauchs deutlich voneinander unterscheiden, wobei dies auch eine Folge des geschlechtsspezifischen Umgangs mit der selbst erlebten pädosexuellen Viktimisierung sein kann. So vermuten Walker et al. (2004: 113f.), dass die berichteten Geschlechtsunterschiede zumindest in Teilen auf die geschlechtsspezifisch unterschiedliche Bereitschaft zurückzuführen sind, die tatsächlich erlebte Viktimisierung in einer Befragung auch als solche zu verstehen und mitzuteilen.

In Hinsicht auf die von uns durchgeführten Meta-Analysen, über die wir im Folgenden berichten werden, ist an dieser Stelle anzumerken, dass vergleichbare Prävalenzraten unter verschiedenen Gruppen von Straftätern in der Literatur nur sehr vereinzelt genannt werden. Eine der wenigen Studien legte Worling (1995a) vor. Er berichtet über seine Auswertung von acht Einzelstudien, die unter inhaftierten Straftätern durchgeführt worden sind und sehr unterschiedliche Prävalenzraten ermittelten. Allerdings variierten diese Raten auch in Abhängigkeit davon, ob die pädosexuellen Straftäter vor oder nach Aufnahme einer entsprechenden Therapie befragt wurden. In fünf der acht untersuchten Einzelstudien, in denen die Therapie noch nicht begonnen hatte, gaben im Mittel 22% der Befragten an, in jungen Jahren pädosexuell missbraucht worden zu sein, während in den drei Studien, in denen die Befragung erst nach Beginn der Therapie durchgeführt wurde, dieser Anteil bei 52% (im Mittel) der Befragten lag.

Die diversen, in verschiedenen Einzelstudien ermittelten Prävalenzraten pädosexuellen Missbrauchs werden also erheblich von ausgewählter Population, Forschungsdesign und eingesetztem Erhebungsinstrumentarium beeinflusst.[7]

Im vorliegenden Forschungsbericht wird, wie nunmehr bereits deutlich geworden sein dürfte, sexueller Kindesmissbrauch als „pädosexuelles Verhalten" oder „Pädosexualität" bezeichnet. Wir berichten von „pädosexueller Viktimisierung", „pädosexuellem Missbrauch", „pädosexueller Delinquenz" oder, ganz allgemein, von „Pädosexualität".

Unter „Pädosexualität" verstehen wir eine bestimmte Form des Sexualverhaltens, bei der eine sexuell orientierte Interaktion zwischen Kindern und erwachsenen Personen vollzogen wird. Die Motive der erwachsenen Akteure, die zu dieser Interaktion führen, sind für diese Definition nicht relevant. Eine bestimmte sexuelle Bedürfnisstruktur der erwachsenen Interaktionspartner, wie etwa eine pädophile Motivlage, mag zwar häufig bei pädosexuellem Verhalten gegeben sein, ist aber keine Voraussetzung für die Definition von Pädosexualität und auch nicht für den tatsächlichen Vollzug pädosexuellen Missbrauchs.

Die Unterscheidung von Pädosexualität und Pädophilie ist schon allein deshalb wichtig, weil ein nicht unwesentlicher Anteil sexuellen Kindesmissbrauchs von Personen begangen wird, die weder als primär noch als sekundär pädophil zu klassifizieren sind. Denn unter Pädophilie ist entsprechend des US-amerikanischen Diagnosesystems DSM-IV von 1994 eine Störung zu verstehen, deren Existenz nur dann zu diagnostizieren ist, wenn über einen Zeitaum von mindestens sechs Monaten wiederkehrende Drangzustände und Fantasien sexueller Natur auftreten (DSM-IV: 302.2)[8]. So ist Pädophilie auch als eine fixierte, abweichende sexuelle Vorliebe für Kinder zu verstehen, bei der Kinder im Unterschied zu Erwachsenen als bevorzugte Sexualobjekte benutzt werden (vgl. Canter et al. 1998: 533). Pädophilie impliziert mithin nicht die Ausführung eines kind-bezogenen Sexualverhaltens, sondern bezeichnet zunächst einmal nur eine bestimmte sexuelle Motivlage bzw. eine bestimmte sexuelle Präferenz.

Ein pädosexueller Missbrauch kann demnach auch von Personen ausgeführt werden, deren sexuelle Präferenz überhaupt nicht allein auf Kinder als Sexualpartner ausgerichtet ist, sondern die generell an sexueller Interaktion

7 Einen informativen Überblick über die Variationsbreite der Prävalenzraten in unterschiedlichen Populationen (vor allem unter Straftätern und in der Allgemeinbevölkerung) geben Holmes/Slap (1998) und Johnson et al. (2006). Letztere resümieren: „Such wide variation in the prevalence rate is due to differences in the definition of child sexual abuse, the type of sample used, design, and measurement techniques. Unfortunately, there is no consistent definition of CSA shared by all researchers." (dies. 2006: 76).

8 In: American Psychiatric Association 1994.

interessiert sind und für die temporär oder längerfristig erwachsene Sexualpartner schwerer auffindbar bzw. schwerer zugänglich sind als Sexualpartner im Kindesalter. Sexualbedürfnisse, die sowohl auf Kinder als auch auf Erwachsene ausgerichtet werden können, werden in der Literatur u.a. auch als „Paraphilie" (nach DSM-IV, s.o.) bezeichnet. Somit handelt es sich bei der Gruppe der pädosexuell aktiven Akteure um einen sehr heterogenen Personenkreis, in dem zumindest zwei Teilgruppen von Tätern zu unterscheiden sind: zum einen die Teilgruppe derjenigen, für die ein Kind das tatsächliche Objekt ihrer sexuellen Präferenzen darstellt, und zum anderen die Teilgruppe derjenigen Personen, für die ein Kind in Ermangelung eines erwachsenen/gleichaltrigen Sexualpartners lediglich die Rolle eines Ersatzobjektes einnimmt.[9] Nur die erste Teilgruppe wird dabei in „klassischer" Weise als pädophil bezeichnet, während die Mitglieder der zweiten Teilgruppe durch kein eigenständiges „psychologisches Profil" charakterisiert sind. Für diese Personen ist vor allem das Vorliegen einer pädosexuellen Handlungsgelegenheit bei einer ansonsten „konventionellen" Sexualpräferenz kennzeichnend.

Im Kontext des pädosexuellen Missbrauchs verstehen wir im Folgenden die „pädosexuelle Viktimisierung" als Prozess des „Zum-Opfer-Werdens" bzw. des „Zum-Opfer-Machens". Wir verfolgen dabei eine „Opferperspektive", d.h., die sexuelle Interaktion wird mit Blick auf die im Kindesalter missbrauchten Personen analysiert. Als Opfer (im Folgenden auch als „pädosexuelle Viktimisierte") werden dabei solche Personen verstanden, die das Ziel mindestens einer sexuellen Missbrauchshandlung gewesen sind und deren erster Missbrauch vor ihrem 14. oder 15. Lebensjahr stattgefunden hat.[10]

Handlungen, die zu einer pädosexuellen Viktimisierung führen, können unterschiedlichster Art sein. Dazu gehören u.a. Exhibitionismus (mit oder ohne Masturbation), sexuell-orientierte Verhaltensanimation, Genitalkontakt, versuchte oder vollzogene Penetration.

Anders als in der gesetzlichen Rechtsprechung festgelegt, müssen an der sozialwissenschaftlich thematisierten, pädosexuellen Interaktion nicht zwangsläufig erwachsene Personen teilgenommen haben. Wichtig ist dort nur, dass ein deutliches Altersgefälle zwischen Opfer (immer im Kindesalter) und Täter besteht. Als dementsprechender Unterschied wird von vielen Studien eine Alterdifferenz von mindestens fünf Jahren zwischen Opfer

9 Vgl. Beier 1997: 21 ff., 1998: 79 ff.; Groth 1982: 215 f.; Groth et al. 1982: 132 ff.; Heim/Morgener 1985: 109 f.; Möller/Bier-Weiß 1995: 26.

10 In der sozialwissenschaftlichen Forschung werden beide Altersgrenzen zur Definition eines pädosexuellen Missbrauchs benutzt. Juristisch betrachtet wird ein „sexueller Missbrauch von Kindern" als Strafbestand nach § 176 des Strafgesetzbuches festgestellt, wenn die Opfer solcher Handlungen unter 14 Jahre alt sind.

(im Kindesalter) und Täter benutzt.[11] Auch Rind et al. (dies. 1998: 29) erkennen in ihrer Meta-Studie zur Erforschung von pädosexuellem Verhalten, dass ca. 59% der von ihnen ausgewerteten 59 Studien eine Altersdifferenz von mindestens fünf Jahren verwenden.

Unser Verständnis von „pädosexueller Delinquenz" knüpft im Folgenden unmittelbar an unsere Definition von pädosexueller Viktimisierung (s.o.) an. Während „Delinquenz" im juristischen bzw. strafrechtlichen Sinne als Gesetzesbruch zu verstehen ist, werden von uns Akteure ggf. auch ohne eine Verurteilung als „pädosexuelle Delinquenten" bezeichnet, wenn Sie einen sexuellen Missbrauch von mindestens einem Kind vollzogen haben und die o.g. Altersdifferenz aufweisen. Im Unterschied dazu sind im Folgenden unter „adultsexuellen Delinquenten" diejenigen Akteure zu verstehen, die strafbare Sexualhandlungen mit Opfern oberhalb der o.g. Altersgrenzen begangen haben.

Die These der pädosexuellen Opfer-Täter-Transition (POTT-These)

Die These der pädosexuellen Opfer-Täter-Transition, die einen Zusammenhang zwischen dem eigenen pädosexuellen Viktimisierungserleben von Akteuren (als Kindern) und der späteren Übernahme einer pädosexuellen Täterrolle (als Erwachsene) thematisiert, ist die in der sozialwissenschaflichen Forschung am weitesten verbreitete These zu den psycho-sozialen Ursachen pädosexueller Delinquenz. Die These behauptet einen quasi-kausalen Effekt (der aber immer nur als ein Effekt unter mehreren anderen Effekten zu verstehen ist), der von einer pädosexuellen Viktimisierung auf eine pädosexuelle Devianz/Delinquenz ausgeht, und benennt mehrere psycho-soziale Mechanismen, die diesen Effekt erzeugen und stabilisieren.

Im Folgenden sollen die Mechanismen dieser Transition, die von kindheitsbezogenen Sozialisationserfahrungen (vor allem von sexuellen Missbrauchserfahrungen) zu adulten pädosexuellen Handlungsorientierungen führen, in ihren Grundzügen entsprechend der Argumentation der POTT-These kurz dargelegt werden:

Pädosexueller Missbrauch ist für die Opfer zunächst als große Belastung zu sehen, die sowohl negative Effekte für die psychische als auch für die physische Gesundheit mit sich bringen kann. Darüber hinaus kann sie zu einer Selbstwahrnehmung der Opfer führen, wodurch Kognitionen und Emotionen der Wert- und Hilflosigkeit entstehen.[12]

---

11 Vgl. u.a.: Bange 2007: 25; Coleman/Stewart 2010: 345; Engfer 1997: 27f.; Walker et al. 2004: 1112; Rothe 1994: 194.

12 Vgl. Bagley et al. 1994: 694; Finkelhor 1989: 68; Ryan et al. 1987: 386.

Generell betrachtet sehen sich die Opfer mit einem Problem konfrontiert, dass es zu lösen gilt. Nach dem Modell der Stressbewältigung von Lazarus (1981: 217) kann eine dementsprechende Problemlösung sowohl über eine aktive Bewältigung des Problems (d. i. die wahrgenommene Hilf-/Wertlosigkeit) als auch über eine Regulation negativer Affekte geschehen.

Eine aktive Strategie bestände aus dem Versuch, das eigene Trauma durch die Übernahme der Täterrolle zu überwinden, um somit den Gefühlen der Wert- und Hilflosigkeit entgegenzuwirken.[13] Ein solches Verhalten lässt sich nach Burton et al. (2002) in Anlehnung an das Modell der sozialen Lerntheorie nach Bandura (1986) damit erklären, dass die sexuelle Viktimisierung als Erfahrung zu verstehen ist, die in einen Lernprozess einmünden kann. In der Missbrauchssituation kann das Opfer die Beobachterrolle einnehmen und dadurch lernen, dass der Täter für sein Verhalten belohnt wird. Ebenso werden dem Opfer die nötigen sexuellen Verhaltensmuster (s. u.) „vorgeführt" (Burton et al. 2002: 903). Nimmt das Opfer die Täterrolle an und verringert sich dadurch das eigene Leid (die empfundene Hilf- und Wertlosigkeit), lernt es, dass die sexuellen Erlebnisse positive Erfahrungen mit sich bringen können.[14]

Eine Regulation der negativen Affekte können die Opfer über die Normalisierung der eigenen Missbrauchserfahrungen erreichen. Damit ist gemeint, dass sie sich diesen Erfahrungen kognitiv annähern, diese umdeuten und als unbedenklich und normal empfinden (vgl. Urban/Lindhorst 2003: 139 f.). Eine solche Umdeutung kann auch dadurch erleichtert werden, dass die Täter den Opfern in den Missbrauchssituationen oft ein hohes Maß an Zuneigung und Aufmerksamkeit zukommen lassen (vgl. Briggs/Hawkins 1996: 231). Dadurch belohnen die Täter die missbrauchten Kinder für die Ausführung intimer/sexueller Handlungen, was die verzerrte Wahrnehmung der Bedeutung von Missbrauchsereignissen fördern kann (vgl. Finkelhor 1988: 69).

Eine solche Normalisierung ist vor allen Dingen deshalb möglich, weil sich die jungen Opfer in ihrer psychosexuellen Entwicklung zumeist in der Phase der Ablösung vom primären Sexualobjekt (Mutter bzw. Vater) und daher in der Phase einer verstärkten Zuwendung und Neugier gegenüber anderen, neuen Sexualobjekten befinden (vgl. Brocher 1971: 40 ff.; Longo 1982: 235 f.). Werden dann die gemachten Erfahrungen so positiv gedeutet, wie oben beschrieben, ist deren Normalsierung umso wahrscheinlicher.

---

13 Vgl. Bagley 1992: 307; Burgess et al. 1987: 143; Dhaliwal et al. 1996: 633; Ryan et al. 1987: 387.

14 Vgl. Longo 1982: 235 f.; Ryan et al. 1987: 387.

Die Normalisierung kann noch zusätzlich dadurch verstärkt werden, dass die Opfer sexuelle Copingstrategien anwenden (was bei Sexualstraftätern in einem erhöhten Ausmaß der Fall ist)[15] und sich bspw. beim Masturbieren durch Erinnerungen an positiv gedeutete Missbrauchserlebnisse stimulieren (vgl. Simons et al. 2008: 558).

All dies wird unwahrscheinlicher, wenn das Opfer keine Normalisierung vollzieht und ein konstruktives bzw. aktives Coping anstrebt. Auch mit einem konstruktiven Coping, das sich u. a. dadurch auszeichnet, dass die betreffenden Personen eine Balance zwischen Distanzierung und Verarbeitung der Missbrauchserfahrungen herstellen, können die negativen Folgen der Missbrauchserfahrung abgemildert werden (vgl. Simon et al. 2010: 237 f.). Darüber hinaus besteht oftmals die Möglichkeit, dass die Akteure (d. h. die ehemaligen Opfer) versuchen, in aggressiver Weise einen Weg zu finden, in dem sie die Kontrolle und Macht über soziale Situationen, sprich anwesende Personen, erringen. Zudem ermöglicht die nichtsexuelle Ausübung physischer Gewalt gegenüber anderen Akteuren, die Traumatisierung und die damit verbundene Empfindungen der Hilf- und Wertlosigkeit außerhalb eines sexuellen Kontextes zu überwinden (vgl. Urban/Fiebig 2011: 45).

Bereits im Textabschnitt zuvor wurde in Anlehnung an die soziale Lerntheorie nach Bandura (1986) entwickelt, dass dem pädosexuellen Opfer mit der Missbrauchserfahrung auch ein bestimmtes sexuelles Verhaltensmuster „vorgeführt" wird (vgl. Burton et al. 2002: 903). Durch Beobachtung des Täters und dessen Handlungsweise können Skripte erfolgreichen Sexualverhaltens verfügbar gemacht werden (vgl. Ryan et al. 1987: 387), wenn die sexuellen Erfahrungen in Form spezifischer „sexueller Skripte" aufbereitet und in der Folge als reziprok gültig angesehen werden (vgl. Browning/Laumann 1997: 557). Solche Skripte können dann auf Handlungsstrategien verweisen, die sich als erfolgreich bei der Gewinnung von Sexualopfern erwiesen haben (wie die ehemaligen Opfer selbst erleben mussten). Zudem wird daran die Erwartung geknüpft, dass sie die gewünschten Handlungsfolgen (der Vollzug sexueller Handlungen) wahrscheinlicher und die unerwünschten Handlungsfolgen (die Ablehnung durch das Kind) unwahrscheinlicher machen.

Als Erfolgsstrategien zur Gewinnung von kindlichen Sexualpartnern werden in der Forschungsliteratur u. a. die folgenden Handlungsorientierungen genannt (nach Eliott et al. 1995):[16] a) Einbezug von Kindern in Spiel- oder Lehraktivitäten, b) Zurschaustellung von Einfühlsamkeit, Verständnis und Liebe, c) Erzählen von Geschichten, Vorführung von Zaubertricks u. Ä.

---

15 Vgl. Cortoni/Marshall 2001: 40; Whitaker et al. 2008: 539.

16 In der Studie von Elliott et al. (1995) berichten 53 % der pädosexuellen Delinquenten, die erste Strategie verwendet zu haben. Die beiden anderen Strategien verwendeten 30 bzw. 14 % der Täter (vgl. Elliott et al. 1995: 581 f.).

Während die erste Strategie darauf abzielt, den potenziellen Opfern eine falsche Situationsdefinition zu vermitteln und im Schutze dieser die intime/sexuelle Interaktion anzubahnen (s. u.), zielen die beiden anderen Strategien darauf ab, den gesamten Handlungskontext für das Kind als angenehm und interessant zu gestalten. Auch die Ergebnisse von Kaufmann et al. (1998: 354) indizieren, dass eine Strategie der angenehmen Gestaltung des Kontextes (Geschenkemachen) sehr häufig ein Bestandteil von pädosexuellen Täterskripten sind.

Generell besteht eine der zentralen Vorgehensweisen der pädosexuellen Täter darin, das Vertrauen ihrer Opfer zu gewinnen, weshalb von ihnen z. B. auf Gewalt eher verzichtet wird.[17] Die Annäherung an die Intimität bzw. eine sexuelle Interaktion läuft dann zumeist darüber, das betroffene Kind langsam für sexuelle Aktivitäten unsensibel zu machen.[18] Das kann bspw. dadurch geschehen, dass ein Täter in der Interaktion seinem potenziellen Opfer immer häufiger über Sex redet, immer weniger Kleidungsstücke trägt und dem Kind vermittelt, es solle ihm dies gleichtun (vgl. Kaufmann et al. 1998: 353).

Alle diese Strategien, die infolge der eigenen Opfererfahrungen zur Verfügung stehen können, führen dazu, dass beim Täter feste Erwartungen bezüglich des Eintretens von erwünschten und des Nichteintretens von unerwünschten Handlungsfolgen bestehen können. Und mit zunehmender Erprobung können die entsprechenden Skripte „verbessert" werden, was pädosexuelles Handeln attraktiver machen kann (s. u.).

Verstärkend für die Übernahme pädosexueller Handlungsstrategien als Ausdruck „normalen" Sexualverhaltens wirken diverse Missbrauchserfahrungen im familiären Erziehungskontext. Diese können zu einer verschlechterten Bindungsfähigkeit führen sowie Angststörungen und Depressionen bei den Opfern hervorrufen.[19] Aufgrund solcher Fehlentwicklung fällt es den betroffenen Personen schwerer, symmetrische Beziehungen (zu gleichaltrigen Sexualpartnern) aufzunehmen und zu unterhalten. Es ist daher nicht verwunderlich, dass pädosexuelle Delinquenten oftmals über ein mangelndes Selbstbewusstsein in sozialen Situationen verfügen (vgl. Marshall/Mazzucco 1995: 283). So verweisen einige Studien darauf, dass pädosexuelle Täter auch aufgrund ihrer Angst davor, von erwachsenen Sexualpartnern zurückgewiesen zu werden, Kinder als Sexualpartner vorziehen.[20] Insgesamt betrachtet liegt damit der Schluss nicht fern, dass körperlich erlebte und be-

---

17 Vgl. Kaufmann et al. 1996: 28; Lang et al. 1988: 310; Pape 2007: 162 f.

18 In der Studie von Elliott et al. (1995: 585) ist dies bei 28 % der Täter der Fall.

19 Vgl. Coleman/Stewart 2010: 345; Garrett 2010: 683; Miner/Dwyer 1997: 42; Rind et al. 1998: 32.

20 Vgl. Simkins et al. 1990: 45; Wood/Riggs 2008: 268 f.

obachtete Missbrauchserfahrungen, psychischer Missbrauch und unvollständige Erziehungskontexte zu einer Abwertung der Bedeutung von „Sex mit sozialadäquatem Partner" führen können.

Die in der auf die POTT-These bezogenen Forschung erzielten Ergebnisse lassen sich, grob betrachtet, in zwei Gruppen aufteilen. Während die Forschungsarbeiten der einen Gruppe empirische Ergebnisse präsentieren, die den angesprochenen Zusammenhang bestätigen (u.a.: Seghorn, Prentky/Boucher 1987; Urban/Lindhorst 2003, 2004; Dhaliwal et al. 1996), widersprechen die empirischen Forschungsergebnisse der anderen Gruppe dem postulierten Zusammenhang (u.a.: Schneider 1999; Slater/McMillan et al. 2003; Hanson/Slater 1988). Dabei gehen die Vertreter beider Forschergruppen in keiner Weise davon aus, dass die Opfer-Täter-Transitionsthese einen deterministischen Zusammenhang zwischen Opfersein und Täterwerden thematisiere. Denn empirisch ist es unbestritten, dass sowohl Opfer zu späteren Tätern werden können, wie auch, dass Personen, die als Kind keinem sexuellen Missbrauch ausgesetzt waren, pädosexuell aktiv werden können (vgl. Whitaker/Le et al. 2008: 541). Und ebenso ist es empirisch auch unbestritten, dass in der Kindheit missbrauchte Personen nicht zu späteren Tätern pädosexueller Delinquenz werden müssen (vgl. Ryan 2002: 891).

Betrachtet man jedoch die hier angesprochenen Arbeiten unter analytischen Gesichtspunkten, so lässt sich leicht erkennen, dass offenbar immer unterschiedliche Forschungsperspektiven im Spiel sind, wenn es um die Bewertung der Opfer-Täter-Beziehung geht. So ermittelt z.B. Schneider (1999: 234) unter Verwendung einer Opferperspektive, dass Opfer sexuellen Missbrauchs nur eine geringe Chance haben, spätere pädosexuelle Täter zu werden, während Urban/Lindhorst (2003; 2004) unter Verwendung einer Täterperspektive zu dem Ergebnis kommen, dass unter späteren Tätern diejenigen, die Opfer sexuellen Missbrauchs gewesen sind, eher ein pädosexuelles als ein adultsexuelles Strafdelikt begehen.

Demnach lässt sich bei Forschungen aus der Opferperspektive also eher ein geringer Zusammenhang zwischen Opfersein und Täterwerden nachweisen, während die Ergebnisse aus der Täterperspektive eher einen stärkeren Zusammenhang zwischen Tätersein und früherer Opfererfahrung indizieren. Dies scheint vor allem auf methodologische Besonderheiten der jeweiligen Forscherdesigns zurückzuführen zu sein. Forschungen, welche die Opferperspektive benutzen, thematisieren in der Regel drei verschiedene Konsequenzen pädosexueller Viktimisierung: a) deren Folgenlosigkeit, d.h., bei betroffenen Personen ist kein späteres Delinquenzverhalten zu beobachten, b) deren Vorläuferstatus zu später beobachtbarem, delinquentem Verhalten, das aber nicht pädosexuell geprägt ist, c) deren Vorläuferstatus zu später beobachtbarem, delinquent-pädosexuellem Verhalten. Die Opferperspektive der Forschung benutzt also in der Regel ein Drei-Gruppen-Forschungsdesign, bei dem die Missbrauchsopfer sich auf drei Folge-Gruppen aufteilen können. Im Unterschied dazu benutzt die POTT-Forschung, die der Täterperspektive verpflichtet ist, nur ein Zwei-Gruppen-Design. Sie geht von den Tätern pädosexuellen Missbrauchs aus, die üblicherweise als diesbezüglich verurteilte Straftäter im Hellfeld der Pädosexualität ermittelt werden, und kann dann nur noch zwei Gruppen von Akteuren unterscheiden: diejenigen mit und diejenigen ohne eigene Missbrauchserfahrungen. Auf diese Weise entschwindet die o.g. Gruppe (a) aus dem Fokus der Forschung; das sind diejenigen Personen, bei denen der vollzogene Missbrauch ohne erkennbare Delinquenzkonsequenzen bleibt. Damit werden die berechneten Prozentzahlen zum Übergang von pädosexueller Viktimisierung zu pädosexueller Delinquenz größer als die Zahlen in der POTT-Forschung, die unter Verwendung einer Opferperspektive alle drei Teilgruppen untersucht.

So können z.B. unter Verwendung einer Opferperspektive Craissati et al. (2002) ermitteln, dass in Großbritannien allein etwa 10% der männlichen pädosexuellen Missbrauchsopfer (berücksichtigt wurden nur Kontaktdelikte) auch zu Tätern sexuellen Missbrauchs werden. Und Salter et al. (2003) legen eine Follow-up-Studie vor, nach der nur 12% aller 7- bis 19-jährigen Missbrauchsopfer innerhalb von 8 Jahren nach dem Missbrauch ebenfalls ein Sexualdelikt begehen.

Die unterschiedlichen Befunde zur Opfer-Täter-Hypothese können neben ihrer Perspektivabhängigkeit aber auch eine Folge sehr unterschiedlicher Operationalisierungen und differenter analytischer Kernkonzepte sein. So wird z.B. in verschiedenen Studien der Opferbegriff unterschiedlich weit gefasst und werden zu seiner Definition oftmals sämtliche Leidenserfahrungen, wie physische und emotionale Misshandlungen aber eben auch sexueller Missbrauch, benutzt, während andere Studien ausschließlich die Opfer von pädosexuellen Kontaktdelikten berücksichtigen. Es müssen also in einer Meta-Analyse zum Vergleich der Resultate verschiedener Einzelstudien zur POTT-These auch die Konsequenzen unterschiedlicher Begriffsverwendung untersucht werden.

2.2 Meta-Analysen zur POTT-These

In der Literatur konnten wir zehn Meta-Studien[21] zur POTT-These finden. Neun dieser zehn Studien berichten über eine quantitative Meta-Analyse. Fünf davon führen ihre Analysen nach ähnlichen methodischen Standards durch, wie auch wir sie anstrebten (mehr dazu im Folgenden). Die Ergebnis-

21 Die entsprechenden Publikationen werden in Anhang A1 aufgelistet.

se dieser fünf Meta-Analysen werden wir weiter unten in diesem Kapitel vorstellen.

Bei der Auswahl der fünf quantitativen Meta-Analysen haben wir diese von qualitativen Meta-Studien bzw. von „Literatur-Reviews" unterschieden. Qualitative und quantitative Meta-Studien verfolgen beide das Ziel, den aktuellen Forschungsstand zu einem bestimmten Forschungsthema zusammenzufassen und zu bewerten. Der wesentliche Unterschied zwischen qualitativen und quantitativen Meta-Studien besteht jedoch darin, dass qualitative Meta-Studien oder sogenannte „Reviews" die Inhalte von themenspezifischen Einzelstudien eher in narrativer Weise vorstellen und dabei deren Schwächen und Stärken zumeist rein explorativ diskutieren. Im Unterschied dazu versuchen quantitative Meta-Studien, die Untersuchungsergebnisse der untersuchten Studien statistisch zusammenzufassen und mittels Berechnung entsprechender Maßzahlen zu einer empirisch basierten, systematischen Evaluation des aggregierten Forschungsstandes in einem bestimmten Forschungsbereich zu gelangen.

Im Vergleich von quantitativen und qualitativen Meta-Analysen verkörpern Reviews eher die traditionelle Form der qualitativen Ergebniszusammenfassung. Zwar äußern sich die Verfasser von Reviews auch häufig bewertend zu den diskutierten Einzelstudien und verweisen bspw. auf deren theoretische oder methodische Schwächen. Sie haben aber nur wenige Möglichkeiten, ihre Urteile derart abzusichern, dass diese auch bei differenten Bewertungsstandards intersubjektiv überprüfbar sind. Zudem besteht in Reviews kaum die Möglichkeit, immer wieder beobachtbare Wechselwirkungen zwischen bestimmten Studienmerkmalen (wie z.B. die verwendete Fallgröße) und den erzielten Studienergebnissen (wie z.B. der Stärke des ermittelten Zusammenhangs zwischen pädosexueller Viktimisierung und Delinquenz) bei der abschließenden Beurteilung der Einzelstudien zu kontrollieren.

Im Folgenden soll diese Einschätzung qualitativer Meta-Studien noch vor Besprechung der fünf quantitativen Meta-Analysen zur POTT-These am Beispiel des Reviews von Dhaliwal, Gauzas, Antonowicz und Ross (1996) verdeutlicht werden:

Dhaliwal et al. (1996) verfolgen in ihrer qualitativen Meta-Analyse das Ziel, ausgewählte Forschungsliteratur zur Thematik der im Erwachsenenalter auftretenden Folgen früheren sexuellen Missbrauchs kritisch auszuwerten. Die Autoren reflektieren in ihrer Arbeit den Stand der Forschung zu Prävalenz, Modus und Spätfolgen pädosexueller Misshandlung von Jungen. Dabei wird dem Leser die Zeitspanne, über die hinweg die Auswahl der Primärstudien erfolgte, leider nicht mitgeteilt. Einer Überblickstabelle ist allerdings zu entnehmen, dass der relevante Veröffentlichungszeitraum von 1956 bis 1992 reicht. Die Autoren betonen, dass sich die von ihnen untersuchte Forschungsdebatte nicht darum drehe, ob Täter in ihrer Kindheit mit einer größeren Wahrscheinlichkeit als Nichttäter sexuell missbraucht worden sind, sondern darum, ob Sexualstraftäter mit einer größeren Wahrscheinlichkeit in ihrer Kindheit sexuell missbraucht worden sind als andere Straftäter oder Nichttäter (Dhaliwal et al. 1996: 632). Im Zentrum des Interesses steht somit nicht der Zusammenhang zwischen Opfersein und Täterwerden, sondern vielmehr die Frage, ob der Anteil pädosexuell viktimisierter Personen unter Sexualstraftätern höher ausfällt als unter den Mitgliedern mehrerer, verschiedener Vergleichsgruppen wie z.B. unter nichtsexuellen Straftätern und Nichtstraftätern.

Nach Dhaliwal et al. (1996) gibt es eine Vielzahl an Studien, die zeigen, dass die Prävalenzrate pädosexueller Viktimisierung unter Sexualstraftätern höher ist als unter nichtsexuellen Straftätern und Nichtstraftätern. Diese Erkenntnis werten die Autoren als einen Hinweis auf einen vorhandenen, pädosexuellen Opfer-Täter-Kreislauf. Sie weisen allerdings darauf hin, dass einige der von ihnen berücksichtigten Studien keine derartigen Unterschiede in den Prävalenzraten identifizieren konnten. Um diese Studienergebnisse zu entkräften, führen die Autoren einige Argumente an, welche in drei anderen der von ihnen ausgewählten Studien genannt werden und die für eine höhere Prävalenz pädosexueller Viktimisierung unter Sexualstraftätern sprechen. Dazu gehört auch das Argument, dass Sexualstraftäter ihre eigene Viktimisierungsgeschichte erfinden, um dadurch ihr eigenes Vergehen besser rechtfertigen zu können und um die Sympathien von Anderen zu erlangen (Dhaliwal et al. 1996: 634). Letztlich kommen die Autoren zu dem Schluss, dass das Ausmaß, mit dem sexuelle Viktimisierung sexuelle Delinquenz verursacht, aufgrund der Komplexität äußerer Einflussvariablen, die ebenfalls zu einer sexuellen Straftat führen können, nicht ermittelbar sei (Dhaliwal et al. 1996: 632). Allerdings bemühen sich die Autoren auch nicht, diese Aussage durch Auswertungen der untersuchten Einzelstudien zu belegen, was die Schwäche ihrer qualitativen Meta-Studie ganz besonders deutlich macht. Somit wird auch hier die solchen Studien immer wieder vorgeworfene Subjektivität in der Bewertung der Forschungsergebnisse gut sichtbar. Ein Grund hierfür ist u.a., dass bei einem Review die Integration der Einzelergebnisse allein auf sprachlichen Indikatoren beruht (Bortz/Döring 2006: 672). Weil keine systematischen Techniken zur Auswertung eingesetzt werden, zeichnen sich qualitative Meta-Analysen durch einen Mangel an expliziten Überprüfungsstandards aus und der Ablauf eines Reviewverfahrens und dessen Ergebnisse müssen oftmals als unpräzise kritisiert werden (vgl. dazu auch Cooper 2010: 6).

Welche Eigenschaften kennzeichnen nun im Unterschied zu qualitativen Meta-Analysen die systematisch verfahrenden, quantitativen Meta-Untersuchungen und welche Ergebnisse liefern sie hinsichtlich der Gültigkeit der POTT-These? Wie bereits oben erwähnt, wollen wir dies anhand der Inhalte von fünf quantitativ auswertenden Meta-Studien verdeutlichen:

ad: Meta-Studie von Hanson und Slater (1988)

Die Autoren untersuchen in ihrer Meta-Analyse ausgewählte Primärstudien, die sich mit der Prävalenz pädosexueller Missbrauchserfahrungen unter pädosexuellen Straftätern befassen (Anteil an Opfern von sexuellem Kindesmissbrauch unter pädosexuellen Delinquenten). Leider wird in dieser Analyse kein Vergleich dieser Prävalenzrate mit den Raten in anderen Untersuchungsgruppen (Vergleichsgruppen) vorgenommen. In den Meta-Analysen werden ausschließlich Moderatoreffekte im Hinblick auf den Anteil der Viktimisierungsopfer unter den Probanden (die alle pädosexuelle Delinquenten sind) betrachtet. Folglich wird geprüft, inwiefern dieser Anteil in Abhängigkeit von bestimmten Kontrollvariablen variiert. Diese Variablen sind vor allem: a) die „Breite" der Operationalisierung der pädosexuellen Viktimisierungserfahrung, b) das Geschlecht des Opfers (Proband ist Täter) und c) die Beziehung des Täters (Proband) zu seinem Opfer.

Bei den Primärstudien, die in diese Meta-Analyse eingeflossen sind, handelt es sich um Veröffentlichungen und Dissertationen aus dem Zeitraum von 1980 bis 1987. Die Analysen der 18 identifizierten Studien und der darin untersuchten 25 Untersuchungsstichproben ermitteln eine durchschnittliche Viktimisierungsquote von 28,2% über alle 1 717 in den Studien berücksichtigten pädosexuellen Straftäter (Hanson/Slater 1988: 494). Zudem testen die Autoren drei verschiedene Moderatoreffekte (s. o.). Der erste dieser Effekte wird bezüglich der Form der Operationalisierung des sexuellen Missbrauchsbegriffs getestet. Das Ergebnis zeigt, dass in den Studien, die eine breite Definition von sexuellem Kindesmissbrauch verwendet haben, unter den pädosexuellen Straftätern ein signifikant höherer Prozentsatz an missbrauchten Probanden zu ermitteln ist, als in den Studien, die mit einer engeren Definition operierten (33% vs. 23%, $\chi^2 = 20{,}8$, $df = 1$, $p < 0{,}001$) (dies. 1988: 494).[22] Dabei bedeutet eine breite Definition, dass jegliche Art von sexuellem Kontakt mit einer älteren Person als sexuelle Viktimisierung aufgefasst wird, während bei der engen Definition neben Inzest u. a. das Kriterium des Erzwingens des sexuellen Kontakts durch einen Erwachsenen erfüllt sein muss.

Die Analyseergebnisse zeigen des Weiteren einen signifikanten Zusammenhang zwischen dem Geschlecht des Opfers und der Viktimisierungsge-

22 Ein solcher Befund ist sicherlich alles andere als verwunderlich, da mit der breiteren Definition schlicht mehr Ereignisse als Zielereignisse deklariert werden können. Wenn dieser Befund nicht so vorliegen würde, d. h., kein signifikanter Zusammenhang hätte aufgedeckt werden können oder der Effekt in die andere Richtung gelaufen wäre, wäre dies ein Indiz für systematische Probleme bei der Stichprobenziehung der berücksichtigten Studien. Daher kann dieser Test sogar als Bias-Prüfung und nicht als Test eines Moderatoreffektes verstanden werden (vgl. dazu Kapitel 6).

schichte des Täters: unter denjenigen pädosexuellen Tätern, die einen Jungen sexuell missbraucht haben, ist ein höherer Anteil (35 %) in der Kindheit sexuell missbraucht worden als unter denjenigen Tätern, deren Opfer ein Mädchen ist (18 %). Diese Differenz gilt auch mit einer Irrtumswahrscheinlichkeit von kleiner 0,1 % ($\chi^2 = 89{,}1$, df = 3, $p < 0{,}001$) (dies. 1988: 494). Kein signifikanter Unterschied zeigt sich hingegen bezüglich der pädosexuellen Viktimisierungsquote zwischen Tätern, deren Opfer aus dem familiären Umfeld stammten und Tätern, deren Opfer als „außerfamiliär" typisiert werden (26 % vs. 24 %, $\chi^2 = 0{,}60$, df = 1, $p > 0{,}05$) (dies. 1988: 494).

Leider ist kritisch anzumerken, dass die Autoren den Einfluss anderer Formen von Kindesmisshandlung (wie bspw. von körperlicher Misshandlung) nicht untersuchen. Auch ermitteln sie nicht den Anteil der pädosexuellen Viktimisierung unter Nichttätern und führen keine Subgruppenvergleiche durch. So kann nicht ausgeschlossen werden, dass die gefundenen Gruppenunterschiede in der Viktimisierungsrate auf andere Studiendifferenzen (wie bspw. unterschiedliche Definitionen von pädosexuellem Missbrauch oder unterschiedliche Operationalisierungen der Variablen) zurückzuführen sind (vgl. dazu Jespersen et al. 2009: 180).

ad: Meta-Studie von Paolucci, Genuis und Violato (2001)

In dieser Studie ist die Operationalisierung der sexuellen Viktimisierung und der sexuellen Delinquenz eher dürftig. Wörtlich beschreiben die Autoren die abhängige Variable des Opfer-Täter-Zyklus wie folgt: „The victim-perpetrator cycle involves acts of sexual victimization directed against others following a single or repeated instances of having been sexually victimized" (dies. 2001: 22). Über diese Definition hinaus werden dazu im gesamten Aufsatz keine weiteren Informationen geliefert. Auch das Alter der Opfer (Proband ist Täter) wird nicht berücksichtigt. Ebenso wenig wird klar, um was für Handlungen es sich bei einer durch die Probanden verübten sexuellen Viktimisierung handelt, d.h., es werden weder Angaben zum Schweregrad der Tat gemacht, noch wird deutlich, ob diese Handlungen auch Straftaten sind. Es ist insofern schwierig, die Befunde der Meta-Analysen dieser Studie angemessen einzuschätzen. Die Analyseergebnisse zeigen aber, dass eine pädosexuelle Viktimisierung einen signifikanten Einfluss auf die Wahrscheinlichkeit hat, dass das ehemalige Opfer später selbst zum Täter wird ($N = 2\,513$; $d = 0{,}16$)[23] (dies: 27).

Neben den Analysen zum Opfer-Täter-Zyklus werden in der Meta-Analyse, welche 37 Studien aus der Zeit zwischen 1976 und 1996 berücksichtigt, die Zusammenhänge zwischen pädosexueller Viktimisierung und den folgen-

23 Der d-Koeffizient wird in Kapitel 3 erläutert.

den Ereignissen untersucht: posttraumatische Belastungsstörung, Depression, Selbstmord, sexuelle Freizügigkeit und schlechte akademische Leistung. Zudem werden folgende potenzielle Moderatoren[24] getestet: Geschlecht, sozioökonomischer Status, Art der Misshandlung *(mit Körperkontakt vs. ohne Körperkontakt)*, Alter zum Zeitpunkt der sexuellen Viktimisierung, Beziehung zum Täter *(Elternteil vs. Fremder)* und Anzahl der Missbrauchsereignisse *(einmal vs. mehrmals)*. Alle der genannten Variablen erweisen sich in ihren Effekten als nicht signifikant (dies. 2001: 29). Folglich sprechen die Ergebnisse dieser Meta-Studie dafür, dass die Erfahrung eines sexuellen Missbrauchs im Kindesalter eine Täterschaft im Erwachsenenalter wahrscheinlicher macht, dies aber unabhängig von verschiedenen Kontextfaktoren des Missbrauchs, wie bspw. der Art des Missbrauchs oder der Beziehung des Opfers zum Täter, erfolgt.

Kritisch anzumerken ist, dass die zentralen inhaltlichen Konzepte dieser Studie nicht ausreichend definiert werden (s. o.). So wird von sexuellem Kindesmissbrauch gesprochen, ohne dass geklärt wird, was dies in jeder untersuchten Einzelstudie zu bedeuten habe. Des Weiteren ist noch eine weitere methodische Auffälligkeit zu erwähnen: Die Autoren sprechen davon, dass in ihren Analysen eine Homogenitätsprüfung[25] nicht notwendig sei, da diese nur bei einem unterschiedlichen Studienpool erforderlich sei und dieser in ihrem Fall nicht gegeben wäre (dies. 2001: 25f.). Allerdings merken die Autoren noch auf derselben Seite an, dass sich die Primärstudien im Allgemeinen hinsichtlich einer Vielzahl von methodischen und substantiellen Aspekten unterscheiden.

ad: Metastudie von Whitaker, Le et al. (2008)

Diese Meta-Analyse ist deutlich näher an der von uns bevorzugten Strategie zum Test der POTT-These. Zwar wird auch in dieser Studie, wie schon in den beiden zuvor vorgestellten Meta-Analysen, der Zusammenhang zwischen sexuellen Missbrauchserfahrungen und späteren sexuellen Handlungen untersucht. Ihr Vorzug ist allerdings darin begründet, dass hier im Un-

24 Eigenartigerweise sprechen die Autoren in ihrer Arbeit durchgängig davon, dass sie Mediatoreffekte testen, wobei dies in methodologischer Hinsicht nicht immer der Fall ist. So testen sie bspw. den Einfluss des Geschlechts der Probanden auf die abhängigen Variablen (dies. 2001: 23). Wenn dies wirklich ein Mediator im Zusammenhang zwischen sexuellen Missbrauchserfahrungen und den entsprechend getesteten Spätfolgen dieser Erfahrungen sein sollte, würde dies für eine korrekte Mediatoranalyse bedeuten, dass eine sexuelle Opfererfahrung einen Einfluss auf das Geschlecht des Opfers hätte (für den Unterschied von Mediator- und Moderatoreffekten vgl. Urban/Mayerl 2011: 294), was aber sinnlos wäre. Deshalb kann hier kein Mediatoreffekt untersucht werden.

25 Das Verfahren der Homogenitätsprüfung wird in Kapitel 3 ausführlich vorgestellt.

terschied zu der Studie von Paolucci et al. (2001) klar definiert wird, was unter einer sexuellen Handlung zu verstehen ist. Verglichen werden die Prävalenzquoten pädosexuellen Missbrauchs von pädosexuellen Delinquenten mit denen von Nichtsexualstraftätern (z.B. Gewaltstraftäter ohne Sexualdelikt) und Nichtstraftätern (Allgemeinbevölkerung).

Die Autoren untersuchen in der Meta-Analyse die Forschungsergebnisse von 89 Studien zu Risikofaktoren pädosexueller Delinquenz. Alle wurden zwischen 1990 und April 2003 veröffentlicht. Zur Kategorisierung ihrer Ergebnisse in Bezug auf die Effektstärke verschiedener Prädiktoren entwickeln sie in einem iterativen Prozess ein sog. hierarchisches Klassifikationsschema, das alle theoretischen Schlüsselkonstrukte erfasst. Sie kreieren verschiedene Hauptkategorien sowie verschiedene Subkategorien innerhalb jeder Hauptkategorie einer Variablen und ggf. spezifische Konstrukte innerhalb einer Subkategorie. Das resultierende hierarchische Klassifikationsschema erlaubt die Berechnung der Effektstärken für spezifische Konstrukte. Es ergeben sich sechs Hauptkategorien (Familienrisikofaktoren, externalisiertes Verhalten, internalisiertes Verhalten, soziale Defizite, sexuelle Probleme und Kognitionen) mit jeweils zwischen drei und neun Unterkategorien. Die Hauptkategorie „Familienrisikofaktoren" umfasst u.a. die Unterkategorie der „pädosexuellen Viktimisierung als Kind" (dies. 2008: 532). Leider liefern die Autoren keine Definition von pädosexueller Viktimisierung (Opfererfahrungen). Daher können auch in dieser Studie keine vollkommen eindeutigen Interpretationen der meta-analytischen Befunde vorgenommen werden.

Alle in die Meta-Analyse einbezogenen Primarstudien vergleichen entweder pädosexuelle Täter mit Sexualstraftätern, deren Opfer erwachsene Personen sind (und die wir „adultsexuelle Straftäter" nennen), oder pädosexuelle Täter mit Nichtsexualstraftätern oder aber pädosexuelle Täter mit Nichtstraftätern. Die meta-analytischen Ergebnisse zeigen, dass pädosexuelle Täter im Vergleich zu Nichtsexualstraftätern eine höhere Wahrscheinlichkeit aufweisen, als Kind selbst Opfer sexuellen Missbrauchs gewesen zu sein ($d = 0{,}70$; $KI_{95} = 0{,}44–0{,}96$). Auch im Vergleich zu Nichttätern zeigt sich dieser Unterschied in signifikanter Weise ($d = 0{,}75$; $KI_{95} = 0{,}43–1{,}07$) (dies. 2008: 536). Jedoch wird aufgrund nichtausreichender Daten kein meta-analytischer Vergleich hinsichtlich der Relevanz einer pädosexuellen Viktimisierung zwischen pädosexuellen Tätern und adultsexuellen Straftätern durchgeführt (dies. 2008: 541). Die Analyseergebnisse zu den anderen Haupt- und Unterkategorien ergeben, dass sich die pädosexuellen Täter von Nichttätern und Nichtsexualstraftätern unterscheiden, jedoch keine Unterschiede zu den adultsexuellen Straftätern aufweisen (Whitaker et al. 2008: 529).

Kritisch anzumerken ist zu dieser Meta-Analyse die fehlende Definition von pädosexuellem Missbrauch. Und wie die Autoren selbst anmerken, sind die Vergleichsgruppen nicht erschöpfend. So können pädosexuelle Täter nicht mit adultsexuellen Tätern bezüglich der pädosexuellen Viktimisierungsgeschichte verglichen werden.

ad: Meta-Studie von Seto und Lalumière (2010)

Die Meta-Analyse von Seto/Lalumière (2010) wird von uns hinsichtlich ihrer Relevanz für einen Test der POTT-These ähnlich stark wie auch die Arbeit von Whitaker et al. (2008) eingeschätzt. Sie weist allerdings im Vergleich zu dieser zwei Vorzüge auf: Erstens wird eine Definition von sexuellen Missbrauchserfahrungen bzw. sexuellem Missbrauch gegeben: „[...] sexual contact between a child and a distinctly older youth or adult" (dies. 2010: 530), die zwar etwas knapp ausfällt, jedoch zusätzliche Information zur Operationalisierung dieser Variablen bietet. Zweitens wird in dieser Studie ein Vergleich von pädosexuellen Delinquenten mit adultsexuellen Straftätern vorgenommen.

Leider schließt die Studie alle Einzelstudien mit erwachsenen Probanden aus und setzt ihren Fokus ausschließlich auf Studien mit jugendlichen Probanden. Dies ist bei Whitaker et al. (2008) anders. Bei ihnen werden bei einem Großteil der Studien (75 %) nur erwachsene Probanden berücksichtig.

Seto und Lalumière (2010) untersuchen in ihrer Meta-Analyse insgesamt 57 Primärstudien aus den Jahren 1975 bis 2008. Verglichen werden jugendliche Sexualstraftäter mit jugendlichen Nichtsexualstraftätern. Die 57 Primärstudien untersuchen mindestens eine der folgenden Variablen: Alter zum Zeitpunkt des ersten Kontakts mit der Strafjustiz, Ausmaß der kriminellen Beteiligung, Verhaltensprobleme, antisoziale Tendenzen, Drogenmissbrauch, Missbrauch als Kind *(sexueller oder physischer)*, Erfahrung von *(sexueller und nichtsexueller)* Gewalt, Familienprobleme, zwischenmenschliche Probleme, Sexualität, Psychopathologie, kognitive Fähigkeiten und Impressionmanagement. Das Alter der Jugendlichen in allen Primärstudien liegt zwischen 12 und 18 Jahren. Für ihre Tests nehmen die Autoren an, dass jugendliche Sexualstraftäter eine, im Vergleich zu Nichtsexualstraftätern, höhere Wahrscheinlichkeit aufweisen, als Kind selbst sexuell missbraucht worden zu sein und dass sie in stärkerem Maße sexueller Gewalt ausgesetzt gewesen sind. Sie sollten sich aber nicht (oder weniger stark) von den Nichtsexualstraftätern bezüglich anderer Viktimisierungsformen, Vernachlässigung oder der Erfahrung von nichtsexueller Gewalt unterscheiden.[26]

Die genannte Hypothese wird in den Analysen anhand von 31 Primärstudien meta-analytisch getestet. Die Ergebnisse zeigen, dass Sexualstraf-

---

26 Die Autoren stellen insgesamt sieben Hypothesen auf, von denen hier allerdings nur diejenige erläutert wird, die für den Test der POTT-These von Relevanz ist. Die vollständigen Hypothesen können bei Seto/Lalumière (2010) auf Seite 532 nachgelesen werden.

täter (N = 1894) im Vergleich zu Nichtsexualstraftätern (N = 2449) eine signifikant höhere Wahrscheinlichkeit aufweisen, als Kind selbst sexuell missbraucht worden zu sein (d = 0,62). Zudem findet man unter den Sexualstraftätern einen größeren Anteil von Personen, die als Kind physisch misshandelt worden sind. Allerdings sind die Unterschiede in Bezug auf die körperliche Viktimisierungsgeschichte nicht so stark ausgeprägt wie bezüglich der pädosexuellen Viktimisierungsgeschichte (N = 1131 und 1269; d = 0,19) (dies. 2010: 544).

Die Autoren testen des Weiteren anhand von sieben Primärstudien, ob zwischen dem Alter des Opfers und der Viktimisierungsgeschichte des Täters ein Zusammenhang besteht. Die Analyseergebnisse zeigen, dass jugendliche Sexualstraftäter, die Gleichaltrige sexuell missbraucht haben, eine im Vergleich zu jugendlichen Sexualstraftätern, welche ein Kind oder mehrere Kinder sexuell missbraucht haben, signifikant geringere Wahrscheinlichkeit aufweisen, als Kind selbst Opfer eines sexuellen Missbrauchs gewesen zu sein (d = −0,30) (dies. 2010: 564). Die beiden Tätergruppen unterscheiden sich jedoch nicht in Bezug auf ihre physische Viktimisierungsgeschichte in der Kindheit (d = −0,11) (dies. 2010: 549).

Die genannten meta-analytischen Ergebnisse sprechen somit dafür, dass pädosexuelle Viktimisierung, im Gegensatz zur physischen Viktimisierung, einen Einfluss auf eine potenzielle sexuelle Täterschaft im Jugendalter haben kann.

An dieser Studie ist nur wenig zu kritisieren. Bestenfalls ist anzumerken, dass noch weitere Moderatoranalysen hätten gerechnet werden können. Ansonsten sind das Vorgehen, die Auswertungen sowie die Interpretationen der Autoren sehr überzeugend.

ad: Metastudie von Jespersen, Lalumière und Seto (2009)

Das Forschungsvorhaben dieser Meta-Analyse steht am deutlichsten in Bezug zu einem Test der POTT-These. Dies liegt zum einen daran, dass ausschließlich erwachsene Täter berücksichtigt werden und zum anderen daran, dass Vergleiche zwischen pädosexuellen und adultsexuellen Straftätern vorgenommen werden. Zudem ist die Definition des sexuellen Kindesmissbrauchs zumindest ansatzweise den Tabellen der Studie entnehmbar. Damit erfüllt die Meta-Analyse viele Anforderungen, um eine gute Orientierung für eine Meta-Analyse zur POTT-These sein zu können.

Die Autoren analysieren Forschungsergebnisse zum Zusammenhang von pädosexueller Viktimisierung und sexueller Täterschaft („sexually abused-sexual abuser"-Hypothese) von 17 Primärstudien, die zwischen 1975 und 2005 veröffentlicht wurden. Die Ergebnisse sprechen für die Opfer-Täter-Zyklus-Hypothese, denn unter Sexualstraftätern zeigt sich eine sexuelle Viktimisierung im Kindesalter signifikant häufiger als unter den Nichtsexualstraftätern (N = 17; OR = 3,36; KI_{95} = 2,23–4,82)[27]. Dieser Unterschied zeigt sich jedoch nicht bezüglich anderer Viktimisierungsarten, wie bspw. physischer Viktimisierung (N = 10; OR = 1,60; KI_{95} = 0,92–2,80) oder emotionaler Viktimisierung (N = 6; OR = 0,63; KI_{95} = 0,32–1,24) (dies. 2009: 183). Innerhalb der Tätergruppe der Sexualstraftäter ergeben sich abhängig vom Alter des Opfers signifikante Unterschiede in der sexuellen Viktimisierungsgeschichte: Sexualstraftäter, die Erwachsene sexuell missbraucht haben, sind signifikant seltener als Kind selbst Opfer sexuellen Missbrauchs gewesen als Sexualstraftäter, deren Opfer Kinder gewesen sind (N = 15; OR = 0,51; KI_{95} = 0,35–0,74). Für das Risiko einer physischen Viktimisierung im Kindesalter zeigt sich hingegen eine genau umgekehrte Beziehung (N = 9; OR = 1,43; KI_{95} = 1,02–2,02) (dies 2009: 183 ff.).

Zu kritisieren ist an dieser Meta-Analyse, dass die Definition des sexuellen Kindesmissbrauchs nicht expliziert wird und daher auch keine Diskussion der Probleme, die aus unterschiedlichen Operationalisierungen resultieren könnten, geführt werden kann. Folglich werden in der Studie auch keine diesbezüglichen Moderatoranalysen durchgeführt. Schade ist zudem, dass keine multivariaten Analysen gerechnet werden, obwohl 10 Studien mit sowohl physischem als auch sexuellem Missbrauch im Sample enthalten sind.

Die folgende Tabelle 2.1 fasst die Ergebnisse der besten, hier vorgestellten Meta-Analysen (das sind diejenigen Analysen, die ihre Ergebnisse durch Vergleich von Untersuchungs- und Kontrollgruppe/n absichern) zusammen. Die Untersuchungsgruppen sind in den berücksichtigten Studien einerseits pädosexuelle, andererseits adultsexuelle Straftäter.[28] Die Kontrollgruppen setzen sich in diesen Studien aus adultsexuellen Straftätern, sonstigen Nichtsexualstraftätern und aus Nichtstraftätern (z. B. Personen aus der Allgemeinbevölkerung) zusammen. Allen hier besprochenen Meta-Analysen ist gemein, dass sie anhand unterschiedlich vieler Primär-/Einzelstudien die Stärke des Zusammenhangs zwischen (pädo-)sexueller Viktimisierung und (pädo-)sexueller Delinquenz über alle ausgewerteten Studien hinweg betrachten. Dabei erlauben die Meta-Analysen von Paolucci et al. (2001) und Whitaker et al. (2008) lediglich Rückschlüsse auf eine allgemeine Opfer-

27 OR bedeutet „odds ratio". Vgl. dazu die Ausführungen in Kapitel 3 und im Anhang A10.

28 Im Fall der Studie von Paolucci et al. (2001) kann nicht eindeutig darüber entschieden werden, ob es sich um Straftäter oder nur „Täter" in einer sonstigen Form handelt, denn die Autoren definieren die Variable „Opfer-Täter-Zyklus" lediglich so: „The victim-perpetrator-cycle involves acts of sexual victimization directed against others following a single or repeated instances of having been sexually victimized" (Paolucci et al. 2001: 22).

Täter-Transitionsthese (denn bei Ersterer ist die Tat nicht eindeutig definiert und bei Letzterer ist die eigene sexuelle Viktimisierung nicht eindeutig als pädosexuelle Viktimisierung deklariert). Die beiden anderen Meta-Analysen von Jespersen et al. (2009) und Seto/Lalumière (2010) liefern hingegen auch Befunde zur POTT-Hypothese.

In der ersten Spalte von Tabelle 2.1 werden die vier Studien mit ihren jeweiligen Autoren aufgelistet. In der zweiten Spalte wird der Zeitraum angegeben, in dem die Studien, die in den jeweiligen Meta-Analysen berücksichtigt worden sind, veröffentlicht wurden. Und in den Spalten 3 bis 6 werden Ergebnisse zu dem jeweiligen Untersuchungs- bzw. Kontrollgruppenvergleich einer jeden Meta-Analyse abgedruckt. Dort enthalten die Zellen der Tabelle die folgenden Informationen: 1.) die Anzahl der Studien, die zur Ermittlung der Zusammenhangsmaße verwendet werden („k"), 2.) die Zusammenhangskoeffizienten „d" (für Cohen's d)[29] und „r" (für Pearson's r)[30] und 3.) die Grenzen der diesbezüglichen 95-%-Konfidenzintervalle.

Den schwächsten Zusammenhang zwischen sexuellem Missbrauch und sexueller Delinquenz identifizieren Paolucci et al. (2001) mit einem Cohen's d von 0,16, das auch nach Maßgabe von Cohen (1988) noch nicht einmal als klein erachtet werden kann.[31] Umgerechnet in Pearson's r läge der Wert der Korrelation gerade einmal bei 0,08 (zur Umrechnung von „d" in „r" siehe Cohen 1988: 23), was diesen unwesentlichen Zusammenhang lediglich in einer anderen „Skalierung" darstellt.[32] Die übrigen Zusammenhänge lassen sich so interpretieren, dass je ähnlicher sich die Vergleichsgruppen werden, desto kleiner wird der ermittelte Koeffizient. Beim Vergleich der pädosexuellen Straftäter und der Nichtstraftäter ist der Zusammenhang am größten (Whitaker et al. 2008: d = 0,75; r = 0,35), beim Vergleich der pädosexuellen und adultsexuellen Delinquenten ist er am geringsten (Jespersen et al. 2009: d = 0,37; r = 0,18 bzw. Seto/Lalumière 2010: d = 0,30; r = 0,15). Während der gemessene Zusammenhang bei diesen beiden Vergleichen zumindest noch als schwach zu bezeichnen ist, tritt er in allen anderen Fällen (mit Ausnahme der Studie von Paolucci et al. 2001) in einem mittelstarken Ausmaß auf.

Unabhängig von diesen Unterschieden bezüglich der Stärke der Zusammenhänge fällt auf, dass in allen Fällen eine positive Beziehung zwischen den entsprechenden sexuellen Missbrauchserfahrungen und dem jeweiligen

29 Zur inhaltlichen Bedeutung von „d" vgl. Borenstein et al. 2009: 25 ff.

30 Zur inhaltlichen Bedeutung von „r" vgl. Benninghaus 2007: 185 f.

31 Bei „d" wird ein Wert ab 0,2 als klein, ab 0,5 als Mittel und ab 0,8 als groß bezeichnet (vgl. Cohen 1988: 40).

32 Bei „r" wird ein Wert ab 0,1 als klein, ab 0,3 als Mittel und ab 0,5 als groß bezeichnet (vgl. Cohen 1988: 83).

Tatverhalten vorliegt (ersichtlich am positiven Vorzeichen von Cohen's d bzw. Pearson's r).

Viel wichtiger im Sinne der (pädosexuellen) Opfer-Täter-Transitionsthese aber ist, dass alle diese Zusammenhänge signifikant sind. Das lässt sich wiederum daraus ersehen, dass keines der Konfidenzintervalle die „0" einschließt, weshalb in allen Fällen die entsprechende Nullhypothese mit einer Irrtumswahrscheinlichkeit von (mindestens) kleiner 5 % verworfen werden kann.

Mit diesen Befunden zeigt sich also, dass der Zusammenhang zwischen Opfererfahrungen und entsprechendem Tatverhalten über eine Vielzahl von Einzelstudien und auch über alle vier Meta-Analysen hinweg empirisch-statistisch nachgewiesen werden kann. Das ist umso bemerkenswerter, da a) die ausgewerteten Studien über einen großen Zeitraum hinweg veröffentlicht wurden (1975 bis 2008), b) die Analysen mit mehreren unterschiedlichen Vergleichsgruppen durchgeführt wurden und c) die methodische Güte der verschiedenen Meta-Analysen recht unterschiedlich ausfällt (was alleine schon an fehlenden Definitionen zum Ausdruck kommt, sich aber darin nicht erschöpft). Damit zeigt sich, dass auch bei großer Heterogenität der hier beobachtete Effekt robust bleibt.

Dass der Zusammenhang beim Vergleich der pädosexuellen und adultsexuellen Delinquenten am schwächsten ausfällt, deutet darauf hin, dass sich die Viktimisierungsbiografien der beiden Straftätergruppen bezüglich pädosexueller Missbrauchserfahrungen nur wenig unterscheiden. Dies ist auch für psychische und physische Viktimisierungserfahrungen der Fall (vgl. Seghorn et al. 1987: 263 f., Whitaker et al. 2008: 535). Damit deutet sich bereits in diesen (Meta-)Studien an, dass die beiden Straftätergruppen durch ihre Viktimisierungsbiografie kaum differenziert werden.

Abschließend ist an dieser Stelle nochmals darauf hinzuweisen, dass es sich bei den hier betrachteten Ergebnissen um meta-analytische Ergebnisse auf der Basis von Studien handelt, die ihre Daten aus der Täterperspektive erzeugen und interpretieren. Das lässt sich daran ersehen, dass die Vergleichsgruppen (zumindest die Untersuchungsgruppe) aus Täterstichproben bestehen (möglicherweise mit Ausnahme der Studie von Paolucci et al. 2001). Das impliziert, wie bereits in Kapitel 2.1 ausgeführt, dass die (pädo-) sexuellen Viktimisierungserfahrungen zwar zwischen unterschiedlichen Straftätertypen diskriminieren, dass sie aber nicht als Prädiktor für Straffälligkeit selbst betrachtet werden können.

Tabelle 2.1: Die Ergebnisse von vier Meta-Analysen zur Opfer-Täter-Transition

	Zeitraum der Einzelstudien	pädosexuelle vs. Nicht-straftäter	pädosexuelle vs. Nicht-sexualtäter	pädosexuelle vs. adult-sexuelle Täter	Sexual(täter) vs. Nicht-(sexual)täter
Paolucci et al. (2001)	1976–1996	–	–	–	$k = 7$ $d = 0{,}16$ $r = 0{,}08$ [a] $KI_{95} =$ 0,11–0,21
Whitaker et al. (2008)	1990–2003	$k = 11$ $d = 0{,}75$ $r = 0{,}35$ [a] $KI_{95} =$ 0,43–1,07	$k = 8$ $d = 0{,}70$ $r = 0{,}33$ [a] $KI_{95} =$ 0,44–0,96	–	–
Jespersen et al. (2009)	1975–2005	–	–	$k = 15$ $d = 0{,}37$ [b] $r = 0{,}18$ [a] $KI_{95} =$ 0,17–0,58	$k = 17$ $d = 0{,}67$ [c] $r = 0{,}32$ [a] $KI_{95} =$ 0,44–0,87
Seto/Lalumière (2010)	1975–2008	–	–	$k = 7$ $d = 0{,}30$ [d] $r = 0{,}15$ [a] $KI_{95} =$ 0,12–0,48	$k = 31$ $d = 0{,}62$ $r = 0{,}30$ [a] $KI_{95} =$ 0,46–0,77

k = Anzahl der berücksichtigten Einzelstudien; d = Cohen's d; r = Pearson's r; KI_{95} = 95-%-Konfidenzintervall

a) Die Werte von „r" entstammen eigenen Berechnungen.
b) Zur leichteren Vergleichbarkeit der Effekte der pädosexuellen Viktimisierung für die beiden unterschiedlichen Vergleichsgruppen (Sexualstraftäter vs. Nichtsexualstraftäter und pädosexuelle Straftäter vs. adultsexuelle Straftäter, deren Opfer erwachsene Personen waren) wurden aus den Angaben zum Odds-Ratio, welches im Text von Jespersen et al. (2009: 183) den Effekt in die andere Richtung zeigt, die Kehrwerte gebildet und diese in Cohen's d transformiert (vgl. Borenstein et al. 2009: 46 f.).
c) Beim hier präsentierten Zahlenwert handelt es sich um das aus der Originalstudie entnommene Odds-Ratio, welches zur besseren Vergleichbarkeit in Cohen's d transformiert worden ist (vgl. Borenstein et al. 2009: 46 f.).
d) Der Zusammenhang wird im Unterschied zur Originalstudie zur leichteren Vergleichbarkeit in gedrehter Form präsentiert. In der Originalstudie werden negative Werte ausgewiesen, da die Beziehung zwischen pädosexueller Viktimisierung und adultsexueller Delinquenz berichtet wird (vgl. Seto und Lalumière 2010: 549).

Quelle: Die Tabelle wie auch der diesbezügliche Text wurden entnommen aus: Fiebig 2012: 78–81.

Zu kritisieren sind die hier vorgestellten Meta-Analysen hinsichtlich der oftmals sehr unvollständigen Angabe von Informationen über die ausgewerteten Primärstudien, ihre teilweise unvollständige Dokumentation des (statistischen) Vorgehens und die z. T. unvollständige Angabe von statistischen

Kennzahlen. So werden in vielen Studien keine oder nicht ausreichende Informationen über die Art der Täter, der Opfer oder über Situationsaspekte genannt, sodass nicht klar ist, ob sich die Probanden der Primärstudien bezüglich der Eigenschaften und Verfassungszustände von Opfern, Tätern oder der Handlungskontexte unterscheiden (z. B. Whitaker et al. 2008).

Des Weiteren werden in einigen Meta-Analysen in Bezug auf die Missbrauchsvariablen sehr breite Operationalisierungen verwendet oder überhaupt keine Definitionen der abhängigen Variablen geliefert, was die Einschätzung der meta-analytischen Ergebnisse sehr schwierig machen kann.

Viele Autoren der untersuchten Meta-Analysen benennen aber auch selbst verschiedene Schwachpunkte ihrer Untersuchungen. So wird die Nichtdurchführung von Moderatoranalysen (s. u.) bedauert (Dreznick 2003: 176f.) oder eine nicht optimale Ausführung von Moderatoranalysen aufgrund von zu wenigen Primärstudien (Seto & Lalumière 2010: 567) oder aufgrund einer zu breiten Vorgehensweise (Whitaker et al. 2008: 543) oder aufgrund von nicht ausreichenden Informationen in den Primärstudien (Jespersen et al. 2009: 190) eingeräumt.

Weitere Limitationen ihrer Meta-Analysen entstehen nach den Autoren durch unterschiedliche Operationalisierungen von Variablen in den Primärstudien (Paolucci et al. 2001: 32), durch Nichteinsatz multivariater Analysen (Jespersen et al. 2009: 189) und durch unterschiedliche Definitionen von zentralen Variablen über die Primärstudien hinweg (Jespersen et al. 2009: 189) gesehen. So merken bspw. Jespersen et al. (2009) kritisch an, dass einige der Primärstudien, die in ihre Meta-Analyse eingingen und welche pädosexuelle Täter mit adultsexuellen Tätern verglichen haben, auch Teenager (z. B. 15-Jährige und 16-Jährige) in ihre Definition von „child victim" eingeschlossen haben. Dies könnte die meta-analytischen Ergebnisse beeinflusst haben, da der Opfer-Täter-Kreislauf spezifisch für pädosexuelle Täter sein könnte. Die Autoren begründen diese Vermutung mit dem Hinweis darauf, dass Täter, die sich an Teenager vergehen, höchst unwahrscheinlich Pädophile seien (Jespersen et al. 2009: 190).

Methodisch wird die Aufgabe zukünftiger meta-analytischer Forschung vor allem in der verstärkten Überprüfung von potenziellen formalen Moderatoren (wie z. B. dem Erhebungsdesign) und in der Durführung spezifischer Subgruppenanalysen gesehen (Seto & Lalumière 2010: 569; Whitaker et al. 2008: 543).

Aus den hier vorgestellten Meta-Analysen geht hervor (mit Ausnahme der Meta-Analyse von Hanson/Slater 1988),[33] dass eine Vielzahl von empiri-

---

33 Die Studie dieser beiden Autoren kann aufgrund ihres Forschungsdesigns keine Ergebnisse zum Zusammenhang zwischen pädosexueller Viktimisierung und (pädo-)

schen Studien zeigen kann, dass pädosexuelle Viktimisierungserfahrungen unter Sexualstraftätern deutlich häufiger vorkommen, als unter den Mitgliedern verschiedener Kontrollgruppen. Dies ist umso interessanter, als dieser signifikante Unterschied unabhängig von der Informationsquelle bezüglich der sexuellen Opfererfahrungen auftritt.[34] Das heißt, dass dieser Unterschied unabhängig davon ist, ob die Daten zur Viktimisierungsgeschichte aus Fremdquellen stammen oder ob die Probanden selbst dazu befragt wurden. Dieser Befund ist insofern von großer Bedeutung, als in einigen früheren Studien (u.a. in Dhaliwal et al. 1996: 634) darauf hingewiesen wird, dass das Ergebnis der höheren Prävalenzraten pädosexueller Viktimisierung unter Sexualstraftätern auf ein bewusstes Impressionmanagement der Täter zurückzuführen sein könnte, das durchgeführt wird, weil die Täter dadurch versuchen wollen, ihre Taten (zumindest teilweise) zu entschuldigen (Dhaliwal et al. 1996: 634). Demgegenüber widersprechen die hier ausgewerteten Meta-Analysen deutlich der Annahme, dass es sich bei den unterschiedlichen Quoten zum Zusammenhang zwischen pädosexueller Viktimisierung und Delinquenz um Artefakte handeln könnte, die eine Folge des Erhebungsmodus und damit der aktiven Einflussnahme durch die Probanden seien.

Jedoch liefern die hier vorgestellten Meta-Studien nicht nur Befunde zum Vergleich der Gesamtgruppe der Sexualstraftäter mit anderen Probandengruppen. Sie enthalten auch Subanalysen zum Vergleich von unterschiedlichen Sexualdeliktgruppen. So zeigen bspw. die Ergebnisse der Meta-Analyse von Jespersen et al. (2009), dass für die in ihrer Untersuchung berücksichtigten Studien die Prävalenzrate pädosexueller Viktimisierung für pädosexuelle Delinquenten höher ist als die Rate der Sexualstraftäter, deren Opfer keine Kinder waren (Jespersen et al. 2009: 183). Dieser Befund deutet darauf hin, dass pädosexuelle Straftäter deutlich öfter von sexuellen Missbrauchserfahrungen in der Kindheit betroffen sind, als alle anderen betrachteten Personengruppen. Damit scheinen solche Ereignisse für diese besondere Sexualstraftätergruppe von übergeordneter Bedeutung zu sein.

Aus diesen Befunden wurden mehrere Implikationen für die von uns durchgeführte Meta-Analyse abgeleitet. So sollten darin mindestens Ergebnisse zu adultsexuellen und pädosexuellen Tätern im Hinblick auf ihre pädosexuelle Viktimisierungsgeschichte direkt miteinander verglichen werden können. Auch wäre es wichtig, in einer solchen Meta-Studie den Effekt von verschiedenen inhaltlichen Moderatorvariablen (noch genauer) zu unter-

---

sexueller Delinquenz liefern, da nur Studien ohne Kontrollgruppen berücksichtigt wurden (s.o.).

34 Vgl. Jespersen et al. 2009: 187; Seto/Lalumière 2010: 544ff.

suchen (wie z.B. die Opfer-Täter-Beziehung oder die Dauer des Missbrauchs).[35]

Ebenso sollte die Kontrolle und Untersuchung anderer Faktoren, die den Regulierungsprozess nach einer Viktimisierungserfahrung beeinflussen könnten (wie z.B. das familiäre Umfeld, Therapien oder kulturelle Werte und Normen) ein Ziel weiterer Forschungsarbeiten sein (Jumper 1995: 724).

Neben diesen Empfehlungen für eine inhaltliche Ausrichtung zukünftiger Forschungsarbeiten, ist aus den untersuchten Meta-Analysen aber auch eine sehr wichtige methodische Implikation abzuleiten. So kann festgehalten werden, dass die Quelle der Information bezüglich pädosexueller Missbrauchserfahrungen keineswegs das zentrale Problem einer Meta-Analyse darstellen wird. Dies geht daraus hervor, dass verschiedene Analysen keine Unterschiede in Bezug auf die Berichterstattung von pädosexueller Viktimisierung in Abhängigkeit von verschiedenen Informationsquellen feststellen können. Unabhängig von der Quelle, mittels der Informationen über die pädosexuellen Opfererfahrungen erhoben werden, stellt sich immer das gleiche Ergebnis ein: Sexuelle Straftäter im Allgemeinen sind häufiger Opfer pädosexueller Viktimisierung gewesen als alle anderen Probanden. Darüber hinaus zeigt sich, dass, ebenso unabhängig von der Informationsquelle, pädosexuelle Straftäter in ihrer Kindheit eher sexuell missbraucht wurden als Sexualstraftäter, die erwachsene Personen missbraucht haben.

Ein weiteres Indiz dafür, dass Sexualstraftäter nicht in besonderem Maße zu Impressionmanagement neigen, findet sich bei Seto/Lalumière (2010). Diese merken an, dass in sechs Studien, in welchen auch Maße zur sozialen Erwünschtheit (Skalen zum Impressionmanagement, zur Ablehnung oder zum Lügen) erhoben wurden, Sexualstraftäter sogar tendenziell niedrigere Impressionmanagement-Werte aufwiesen, als andere Tätergruppen oder Nichtstraftäter (Seto/Lalumière 2010: 564).

So gibt es wohl keinen ersichtlichen Grund dafür, von einer erhöhten Verzerrung der Selbstauskünfte von Sexualstraftätern gegenüber Fremdauskünften im Hinblick auf die Angaben zur eigenen pädosexuellen Opfererfahrung auszugehen. Befürchtungen hinsichtlich einer selektiven Verzerrung der Datenqualität in Abhängigkeit vom Straftätertypus und der zur Erhebung benutzten Datenquelle scheinen folglich nicht berechtigt zu sein.

Ingesamt betrachtet zeigt der Überblick über bislang veröffentlichte Meta-Analysen zum Test der POTT-These, dass es für solche Analysen noch viel Optimierungsspielraum gibt.

So ist in Bezug auf das formale Vorgehen von Meta-Analysen zu nennen, dass noch deutlich mehr formale Moderatoranalysen[36] (bspw. bezüglich der

35 Vgl. Jumper 1995: 724; Seto/Lalumière 2010: 569; Whitaker et al. 2008: 543 f.

Operationalisierung, Studiengröße, Erhebungsjahr, Samplequelle, Samplegröße etc.) und deutlich mehr Bias-Prüfungen (u.a. Homogenitätstests für die untersuchten Moderatorvariablen) vorgenommen werden könnten, wodurch ein noch helleres Licht auf die zu testende These geworfen würde.

Des Weiteren ist ebenso mit Blick auf die formalen Kriterien einer angemessenen Methodik anzumerken, dass der Versuch gestartet werden sollte, Meta-Studien mit multivariaten Analysen durchzuführen, die es erlauben, die Beziehungen zwischen Moderatoren in die Untersuchungen zu integrieren und dadurch noch genauere Aussagen über die Wirkung der Moderatoren und somit über den Zusammenhang zwischen den untersuchten unabhängigen und abhängigen Variablen zu ermöglichen.

Neben den genannten formalen Verbesserungspotenzialen sollten in Meta-Analysen auch zu weiteren inhaltlichen Variablen deutlich mehr Tests gemacht werden. In den untersuchten Meta-Analysen werden z.B. kaum präventive Merkmale getestet. Hier wären bspw. die Vollständigkeit der Familie, aber auch „Familienqualität" und Bildung sowie Zeitpunkt und Art des Erkennens von Missbrauchskonstellationen zu nennen, die auf ihren präventiven Charakter hin getestet werden könnten. So sollten generell deutlich mehr inhaltliche Moderatoranalysen im Kontext von Meta-Studien durchgeführt werden. Dies alles setzt natürlich voraus, dass auch die in den Meta-Analysen auszuwertenden Einzelstudien entsprechende Informationen liefern können.

Neben dem sehr sinnvollen direkten Vergleich adultsexueller mit pädosexuellen Tätern (im Hinblick auf ihre pädosexuelle Viktimisierungsgeschichte) wird es in verbesserten Meta-Analysen auch interessant sein, Unterschiede in der Effektstärke des Zusammenhangs zwischen pädosexueller Viktimisierung und pädosexueller Delinquenz zwischen verschiedenen Vergleichsgruppen zu testen. So sollten bspw. pädosexuelle Straftäter mit adultsexuellen Delinquenten oder mit Gewaltstraftätern oder den Mitgliedern einer allgemeinen Bevölkerungsstichprobe verglichen und diesbezüglich variierende Effekstärken untersucht werden.

Eine weitere, systematische Auswertung der vier hier vorgestellten Meta-Analysen erfolgt im folgenden Kapitel 3.1.

36 Mit formalen Moderatoranalysen sind solche Analysen gemeint, welche Moderatoren verwenden, die sich aus Studienmerkmalen und nicht aus Probandenmerkmalen ableiten lassen. Also bspw. Samplegröße oder Art der Operationalisierung im Unterschied zur mittleren Bildung oder dem mittleren Alter der Probanden, welche wiederum Probandenmerkmale wären.

Kapitel 3
Methoden der quantitativen Meta-Analyse

3.1 Grundlagen der Meta-Analyse (MA)

Die erste bekannte Meta-Analyse wurde 1904 von Karl Pearson durchgeführt. Er errechnete den Mittelwert von Korrelationen, die in mehreren Studien zum Zusammenhang zwischen Typhusimpfungen und Todeswahrscheinlichkeit ermittelt worden waren. Sein Ziel war es, durch eine große Stichprobe eine bessere Parameterschätzung zu erhalten. Dieser Ansatz wurde in der Folge von verschiedenen Forschern weiterentwickelt. Beispielsweise stellte Karl Fisher im Jahre 1932 fest, dass die Nicht-Zurückweisung einer Nullhypothese im Rahmen statistischer Tests oft auf einem Mangel an statistischer Teststärke (power) beruht.[37] Die daraufhin von Fisher entwickelte Technik der Zusammenfassung von Signifikanzniveaus voneinander unabhängiger statistischer Tests kann die kumulative Teststärke statistischer Untersuchungen entscheidend beeinflussen (vgl. Cooper 2010: 9).

Die meta-analytische Methodik im heutigen Sinne beruht vor allem auf der in den 1970er-Jahren von Gene V. Glass entwickelten Methode der quantitativen Ergebnisintegration (vgl. Littell et al. 2008: 2). Glass grenzte die Meta-Analyse von Primär- und Sekundäranalysen ab: „*Primary analysis* is the original analysis of data on a research study. [...] *Secondary analysis* is the original re-analysis of data for the purpose of answering new questions with old data. [...] *Meta-analysis* refers to the analysis of analyses [...] the statistical analysis of a large collection of analysis results from individual studies for the purpose of integrating the findings.“ (Glass 1976: 3). Glass verstand also die Meta-Analyse nicht als eine Art von Erstanalyse oder von wiederholter Analyse bestimmter Untersuchungsdaten, sondern als die Integration primäranalytischer Ergebnisse und somit als eine übergeordnete Analyse, die dann auch als „Meta“-Analyse bezeichnet werden kann.

---

37 Die statistische Teststärke (power) ergibt sich aus den drei Faktoren der Samplegröße, der Effektstärke und dem Signifikanzniveau. Zum Konzept der Teststärke vgl. Urban/Mayerl 2011: 138 ff.

Mitte der 1980er-Jahre wurden weitere statistische meta-analytische Methoden entwickelt und seit Mitte der 1990er-Jahre steigt die Anzahl durchgeführter Meta-Analysen deutlich an, insbesondere in den Gesundheitswissenschaften (vgl. Littell et al. 2008: 3).

Heute existiert eine Vielzahl von unterschiedlichen Definitionen für die Verfahren der Meta-Analyse. Nach Drinkmann (1990) zeichnen sich jedoch die meisten Meta-Analysen durch zwei Kriterien aus: Sie versuchen a) die Varianz der Ergebnisse, die in unterschiedlichsten Einzelstudien erzielt worden sind, aufzuklären und benutzen dazu b) quantitative, statistische Methoden. Dementsprechend sei die Meta-Analyse „[...] eine an den Kriterien empirischer Forschung orientierte Methode zur quantitativen Integration der Ergebnisse empirischer Untersuchungen sowie zur Analyse der Variabilität der Ergebnisse" (Drinkman 1990: 11). Allerdings existiert bis heute keine einheitliche Vorgehensweise bei der Durchführung von Meta-Analysen. So können sich auch Meta-Analysen zu einem bestimmten (oder zu ähnlichen) Themengebiet(en) deutlich voneinander unterscheiden. Denn sie können unterschiedliche Verfahren einsetzen (im Folgenden werden zwei große Hauptgruppen von Verfahren vorgestellt), oder sie können auch unterschiedliche empirische Indikatoren zur Auswertung der untersuchten Einzelstudien benutzen (vgl. Bortz/Döring 2006: 673).

Zur Bestimmung der unterschiedlichen methodischen und inhaltlichen Ausrichtung von Meta-Analysen wurden in der Literatur verschiedene Klassifikationen dieser besonderen wissenschaftlichen Analyseform vorgestellt:

Miller und Pollock (1994) klassifizieren in ihrer Arbeit drei verschiedene Typen von Meta-Analysen, die sich hinsichtlich des Ziels der Untersuchung unterscheiden:

1. Das Ziel der von den Autoren als „Typ A" bezeichneten Meta-Analyse besteht in der Zusammenfassung der Ergebnisse von mehreren Einzelstudien, die zuvor bezüglich einer einheitlichen oder ähnlichen Fragestellung durchgeführt worden sind. Dabei soll vor allem die Signifikanz der ermittelten und in den Analysen integrierten Effektstärken überprüft werden. Mit dieser Vorgehensweise lassen sich vorhandene Hypothesen auf einer breiteren Stichprobenbasis testen, womit eine höherer Ergebnissignifikanz und ein geringerer Fehler zweiter Art (ß-Fehler) verbunden sind (vgl. Urban/Mayerl 2011: 140f.).
2. Im Unterschied dazu wird bei Meta-Analysen des „Typs B" der Einfluss von Moderatorvariablen, die aus den Primärstudien direkt ermittelt werden können, analysiert. Sofern die Moderatorvariablen für die Variabilität der Effektstärken verantwortlich sind, trägt die Meta-Analyse auf diese Weise zu einer theoretischen Differenzierung der Ergebnisse bei. Wenn nachgewiesen werden kann, dass die Moderatoren keinen Einfluss

auf die Schätzung von Effektstärken haben, können die Schätzergebnisse mit guten Gründen generalisiert werden.
3. In Meta-Analysen des „Typs C“ werden neue Hypothesen getestet, die aus den in den Primärstudien enthaltenen Informationen und Kontextinformationen abzuleiten sind. Im Unterschied zu den Analysen vom Typ A oder B geht es in diesen Meta-Analysen also weniger um die Überprüfung bestehender Ergebnisse (unter verschiedenen Voraussetzungen), sondern um die Generierung neuer Erkenntnisse.

Eine andere Kategorisierung von Meta-Analysen präsentieren Beelmann und Bliesener (1994), mit der die Autoren eine „[...] hinreichende Beschreibung konkreter Metaanalysen“[38] möglich machen wollen. Sie unterscheiden dabei zwischen verschiedenen Meta-Analysen nach neun methodischen Kriterien. Entsprechend dieser Kriterien ist zu fragen:

1. Verfolgen die Meta-Analysen eine Primär- oder Sekundärfragestellung, bzw. ist ihre Fragestellung identisch mit derjenigen der Primärstudien oder wird nach neuen Ergebnissen, wie z. B. nach den Effekten von neu eingeführten Drittvariablen gesucht?
2. Ist die Fragestellung der Meta-Analysen eher explanativ, eher deskriptiv oder eher konfirmatorisch?
3. Werden in den Meta-Analysen eher breit definierte Konstrukte oder eher eng definierte Variablen untersucht?
4. Wie spezifisch erfolgt die Auswahl der Einzelstudien für die Meta-Analyse, werden alle möglichen Informationsquellen oder nur besondere Quellen benutzt?
5. Wie hoch ist der Grad an Systematik bei der Studienauswahl, erfolgt z. B. eine Selektion nach eindeutig definierten Studienqualitäten?
6. Welche Analyseeinheiten benutzen die Meta-Analysen, sind dies z. B. die einzelnen Studien oder sind dies die einzelnen Effektgrößen?
7. Was sind die Basisparameter, die in den Meta-Analysen geschätzt werden sollen (sind es z. B. Irrtumswahrscheinlichkeiten, oder sind es Effektstärkeparameter)?
8. Erfolgt überhaupt eine Effektstärkegewichtung, und wenn ja, wie erfolgt diese Form der Gewichtung?
9. Welche Art von Varianz soll in den Meta-Analysen aufgeklärt werden (ist es z. B. die Analyse der Ergebnisvarianz)?

38 Beelmann/Bliesener 1994: 214.

Mit diesen beiden Typisierungen bzw. Kategorisierungen sowie mit weiteren, von uns eingeführten Beurteilungskriterien (mehr dazu im Folgenden) können die meisten empirischen Meta-Studien charakterisiert und kritisch evaluiert werden.

Wir wollen das im Folgenden unter Verwendung der neun quantitativen Meta-Studien,[39] die wir zum POTT-Thema in der Literatur identifizieren konnten, verdeutlichen (fünf dieser neun Meta-Analysen wurden bereits im vorangegangenen Kapitel 2.2 inhaltlich vorgestellt).

Ein Großteil dieser neun quantitativen Meta-Studien entspricht dem Typ B der oben vorgestellten Typisierung von Miller/Pollock. Keine dieser Studien lässt sich eindeutig dem Typ C zuordnen. Der Typ B bietet sich somit auch als Mindeststandard für eine Meta-Analyse an, denn bei diesem Typ handelt es sich um Meta-Analysen, die das Ziel verfolgen, die Ergebnisse von Einzelstudien zu aggregieren und Moderatoreffekte zu identifizieren, um dadurch die Qualität der einzelnen Schätzergebnisse bewerten zu können.

Bei der folgenden Beschreibung und Evaluation des meta-analytischen Verfahrens werden wir uns vor allem auf vier Themenbereiche konzentrieren:

1. die Auswahl der auszuwertenden Primärstudien,
2. die Formen der Informationsgewinnung,
3. die Ermittlung und Zusammenführung von Effektstärken,
4. die Durchführung meta-analytischer Auswertungen.

ad 1: Auswahl der auszuwertenden Primärstudien

Mit der Stichprobenziehung derjenigen Einzelstudien, die in einer Meta-Analyse untersucht werden sollen, erfolgt auch eine Bestimmung der Population, für welche die zu ermittelnden meta-analytischen Ergebnisse gültig sein sollen. So muss für die Auswahl der Studien eine Festlegung von Zeit- und Sprachräumen, von der Art der zu berücksichtigenden Literaturquellen sowie von spezifischen Ein- und Ausschlusskriterien erfolgen.

Diesbezüglich machen die meisten der von uns ausgewerteten Meta-Studien klare Angaben: Bei vier Studien ist der Zeitraum, über den sich die Recherchen erstrecken, kleiner als 15 Jahre; bei zwei Studien liegt der Zeitraum zwischen 20 und 25 Jahren; zwei Studien weisen einen Zeitraum von 30 Jahren auf und nur eine Studie umfasst einen Zeitraum von über 30 Jahren (33 Jahre). Eine Studie bezieht Daten aus der Zeit vor 1970 in die Meta-Analyse ein, was im Bereich der Sexualdelinquenz besonders problematisch

39 Diese Studien werden im Anhang A1 aufgelistet.

ist, da sich die Gesetzesgrundlage bezüglich der sexuellen Delinquenz im Laufe der 70er-Jahre entscheidend verändert hat.

Auch die studienrelevanten Ein- und Ausschlusskriterien werden in allen untersuchten Meta-Analysen weitgehend explizit gemacht. So müssen die einzuschließenden Studien u.a. genügend Informationen zur Berechnung von Effektkoeffizienten (s.u.) enthalten. Wolfe et al. (2003) schließen bspw. Studien aus ihrer Meta-Analyse aus, die nur statistische Maßzahlen liefern, welche für eine Meta-Analyse nicht verwendbar sind (wie z.B. multivariate Regressionskoeffizienten).

Als weitere Einschlusskriterien werden genannt: a) das Vorhandensein einer Kontrollgruppe (mit Ausnahme von zwei Meta-Analysen berücksichtigen alle Analysen nur Primärstudien, in denen Kontrollgruppen eingebunden sind), b) die Einhaltung einer Mindestanzahl (N) an untersuchten Probanden (z.B. berücksichtigen Paollucci et al. (2001) nur Studien mit N > 12) und c) die Nennung von p-Werten für nicht signifikante Ergebnisse (z.B. benutzt Dreznick (2003) keine Primärstudien, die nicht-signifikante Ergebnisse liefern und keinen p-Wert berichten).

In unseren eigenen Meta-Analysen, über die wir später berichten werden, werden wir jedoch keine Ausschlüsse aufgrund des Nichtvorhandenseins bestimmter statistischer Maßzahlen vornehmen. Stattdessen werden wir Moderator- und Subanalysen durchführen (wenn nötig mit Proxy-Informationen)[40], um zu prüfen, inwiefern sich ein Ausschluss bestimmter Studien auf die Ergebnisse der Meta-Analyse auswirken kann.

Bei der Bewertung von Suchstrategien zur Auswahl auszuwertender Einzelstudien ist neben der Anzahl und Art der verwendeten Suchquellen auch die Anzahl der durchgesehenen und vorgeprüften Literaturtitel bedeutsam. Nur bei zwei Studien finden sich Angaben zur Anzahl der Gesamttreffer und lediglich fünf lassen eindeutige Schlussfolgerungen über die Anzahl der Studien zu, aus denen die letztlich in den Meta-Analysen berücksichtigten Studien hervorgegangen sind. Klarer sind die Angaben zu den verwendeten Datenbanken und zu anderen Quellen der Literaturrecherche:

Alle Meta-Analysen nutzten zur Auswahl von Einzelstudien umfangreiche Datenbanken, die Mehrzahl der Studien verwendete auch Literaturlisten aus publizierten Forschungsarbeiten, Review-Studien oder aus anderen Meta-Analysen. Hinzu kamen unterschiedlichste Informationsquellen wie Inhaltsverzeichnisse von Zeitschriften und persönliche Auskünfte von befragten Wissenschaftlern. Auf diese Weise identifizierten die Meta-Studien zwi-

40 Beispielsweise können für Studien mit fehlenden p-Werten mehrere Szenarien durchgerechnet werden, um zu testen, ab welchen p-Werten die Ergebnisse instabil bzw. nicht-signifikant werden oder sich die Richtung eines berechneten Effekts ändert.

schen 63 und 860 Titeln aus denen zwischen 14 und 89 relevante Einzelstudien für ihre Untersuchungen ausgewählt wurden.

ad 2: Formen der Informationsgewinnung

Zur Phase der Informationsgewinnung gehören bei einer Meta-Analyse alle Arbeiten, die sich damit beschäftigen, die zu analysierenden Daten rein operativ aus den ausgewählten Einzelstudien zu entnehmen. Diese Informationen können in den Primärstudien als Ergebnisse von deren Untersuchungen explizit mitgeteilt werden (wie z.B. die darin berechneten Effektstärken), können aber auch Merkmale von Studien betreffen (wie z.B. die Form von deren Probanden-Rekrutierung), die erst durch meta-analytische Kategorisierung zu einem auswertbaren Kennzeichen von Primärstudien werden und die dann oftmals in Form von Moderatorvariablen in der Meta-Analyse genutzt werden.

Bei der Informationsgewinnung führten die meisten Meta-Analysen zwei- oder mehrfache Verkodungen durch und berichten teilweise auch über den Grad der dabei erreichten Messreliabilität sowie über die Verfahren, mit denen Kodierdifferenzen beseitigt wurden. Allerdings lassen die Inhalte der diesbezüglichen Berichte oftmals zu wünschen übrig. Gut durchgeführte Meta-Analysen sollten zur Art und Weise ihrer Informationsgewinnung ausführlich informieren.

Oftmals sollen in Meta-Analysen die spezifischen Bedingungen, unter denen jede Einzelstudie ihre jeweiligen Einzelergebnisse produziert hat, als Determinanten der Studienergebnisse untersucht werden. Denn die Studienergebnisse können u.a. von der Operationalisierung der statistisch ausgewerteten Variablen, aber auch von der Herkunft der ausgewerteten Daten (z.B. als Selbst- oder Fremdberichte) stark beeinflusst werden. In den von uns ausgewerteten Meta-Analysen werden solche Moderatoranalysen vor allem zu folgenden Themen durchgeführt:

- Operationalisierung der Zielvariablen. Viele der Meta-Studien thematisieren, dass in den Primärstudien unterschiedliche Operationalisierungen zentraler Variablen vorgenommen werden. Aber nur drei Meta-Studien testen in Form einer Moderatoranalyse, ob die Operationalisierung einen Einfluss auf die Ergebnisse hat.
- Informationsquelle (vor allem: Fremd- vs. Selbstberichte). Die meisten Meta-Studien gehen auf die unterschiedlichen Quellen der in den Primärstudien erhobenen Informationen ein. Einige testen auch die diesbezüglichen Unterschiede mittels Moderatoranalyse.
- Reliabilitätstests in Primärstudien. Nur zwei der Meta-Studien berichten darüber, ob Reliabilitätstests in den Primärstudien gemacht wurden und informieren auch über die entsprechenden Reliabilitätsmaße. Beide tes-

ten jedoch nicht, ob dies Konsequenzen für die veröffentlichten Studienergebnisse hat.

- Methodische Qualität der Primärstudien. Die Forschungsergebnisse der ausgewerteten Primärstudien weisen in aller Regel deutlich unterschiedliche methodische Qualitäten auf, aber lediglich zwei der neun Meta-Analysen sprechen dieses Thema an und nur eine Studie erstellt und testet den Effekt einer diesbezüglichen Moderatorvariablen.

Aus diesen Beobachtungen ergeben sich als Empfehlungen für die Durchführung einer guten Meta-Analyse: Um eine verlässliche Datenqualität zu erreichen, sollte bei der Verkodung von Studieninhalten nicht an Personal und Zeit gespart werden. Insbesondere sollten auch Merkmale von Primärstudien erfasst und kodiert werden, die als Moderatorvariablen in spätere Meta-Analysen einbezogen werden können.

ad 3: Ermittlung und Zusammenführung von Effektstärken

Die meisten der von uns evaluierten Meta-Analysen verwenden zur Berechnung von aggregierten Effektstärken den d-Koeffizienten (fünf verwendeten Cohen's d bzw. Glass' d). Nur drei Studien verwenden den r-Koeffizienten bzw. dessen Transformation nach Fisher. Auf die Methodik dieser Koeffizienten werden wir noch im folgenden Kapitel 3.2 ausführlich eingehen.

Allerdings sei an dieser Stelle schon einmal darauf hingewiesen, dass es für Meta-Analysen oftmals nicht einfach ist, die Effektkoeffizienten zu ermitteln, weil in vielen Primärstudien mehrere unterschiedliche Indikatoren eines interessierenden Konstrukts (wie z.B. von pädosexueller Delinquenz) untersucht werden.

In diesem Falle wurde in drei der Meta-Analysen dann so vorgegangen, dass zur Berechnung der Effektstärke jeweils dasjenige Beziehungsmaß bzw. diejenige univariate Variablenverteilung ausgewählt wurde, mit dem/der das zu analysierende Konstrukt am besten abgebildet werden konnte. Nur wenn sich dies nicht eindeutig klären ließ, wurde aus mehreren Variablen der Mittelwert oder Median erstellt und verwendet. Allerdings bildeten auch drei Meta-Analysen immer dann Durchschnittswerte, wenn mehrere Indikatoren in den Primärstudien vorhanden waren.

Zudem ist bei der meta-analytischen Aggregation von Effektmaßen aus mehreren Primärstudien zu beachten, dass dabei die unterschiedlichen Fallzahlen dieser Studie berücksichtigt werden. In unserem Beispiel haben sechs der neun Meta-Analysen eine Fallzahlgewichtung vorgenommen.

Unabhängig von einer solchen Gewichtung können unterschiedliche Fallzahlen eine Ursache der Heterogenität der Ergebnisse der Primärstudien sein. Andere Gründe hierfür liegen u.a. in den variierenden methodischen Randbedingungen, unter denen die Studienuntersuchungen durchgeführt wurden. Da diese Variationen für viele Unterschiede in den Studienergebnissen verantwortlich sein können, sollten Meta-Analysen bei der statistischen Auswertung ihrer Daten eine Random-Effects-Modellierung benutzen (vgl. Hox 2010: 206ff., mehr dazu in Kap. 3.2 und 3.3).[41]

Darüber hinaus lassen sich in Meta-Analysen aber auch noch weitere spezifischere Heterogenitätsannahmen testen (mehr dazu in den folgenden Kapiteln). So besteht bspw. die Möglichkeit, zu testen, ob das Ausmaß von substanzieller Heterogenität (also von Ergebnisdifferenzen) unter Studien mit ähnlicher methodischer Vorgehensweise geringer ist als unter Studien mit unterschiedlichen methodischen Verfahren. Solche Homogenitätstests können auch als Moderatoranalysen verstanden werden. Tatsächlich führen fünf der neun Meta-Analysen solche Homogenitätstests im Sinne von Moderatoranalysen durch.

ad 4: Durchführung meta-analytischer Auswertungen

An dieser Stelle wird nur auf formale Aspekte meta-analytischer Auswertungen eingegangen. Inhaltlichen Aspekte werden in den folgenden Kapiteln besprochen.

In den neun Meta-Analysen wurden die Effekte von jeweils bis zu 13 Prädiktoren auf jeweils bis zu 6 abhängige Variablen getestet. Allerdings wurden ausschließlich bivariate Analysen durchgeführt und die Effekte nur über separate Moderatoranalysen kontrolliert.

Die Meta-Analysen führten ihre Auswertungen mit einer unterschiedlich großen Anzahl von Primärstudien durch. Die kleinste Studienzahl einer Meta-Analyse umfasste 3 Primärstudien mit insgesamt 152 Probanden. Aber es wurden auch Meta-Analysen mit 4, 5 oder 6 Einzelstudien durchgeführt. Die größte Meta-Analyse betraf 41 Studien mit insgesamt 5088 Probanden. Somit konnte im gegebenen Forschungsfeld eine recht große Variation der Datenbasis meta-analytischer Untersuchungen mit teilweise sehr kleinen Fallzahlen beobachtet werden. Meta-Analysen können also auch mit einer kleinen Anzahl von Primärstudien durchgeführt werden. Allerdings wird von der Fallzahl auch die mögliche Komplexität der statistischen Analysemodelle beeinflusst. Mit 3 Einzelstudien lassen sich sicherlich keine multivariaten Auswertungen durchführen.

Mit speziellen statistischen Verfahren lässt sich auch die Güte/Robustheit meta-analytischer Berechnungen überprüfen. Von den von uns betrachteten Meta-Analysen haben immerhin drei Studien ihre Ergebnisse hinsichtlich des sog. „file-drawer-bias“ getestet (dazu mehr in Kap. 6). Diese Ergebnis-

41 In sechs der neun hier untersuchten Meta-Analysen wurde eine Random-Effects-Modellierung eingesetzt.

verzerrung kann immer dann auftreten, wenn in einer Meta-Analyse keine nicht-publizierten Studien berücksichtigt werden. Denn dann kann es aufgrund einer Publikationspraxis, die Studien mit signifikanten Ergebnissen bevorzugt, zu einer Unterrepräsentation nichtsignifikanter Studien in einer Meta-Analyse kommen, was zu dementsprechend verzerrten Ergebnissen führen muss.

Aus unserer Beschreibung der besonderen inhaltlichen Schwerpunkte von bereits publizierten Meta-Studien zur POTT-These (in Kap. 2.2) und aus unserer stärker formal orientierten Bestimmung wichtiger Grundlagen „guter" Meta-Analysen (in diesem Kapitel) ergeben sich einige Orientierungspunkte, die für Meta-Analysen im Allgemeinen und für die speziell von uns angestrebte Meta-Analyse zur POTT-These wichtig werden können. Dazu gehören insbesondere die folgenden sechs Richtpunkte:

1. Meta-Analysen sollten dem „Typ B" der Kategorisierung von Miller/Pollock (1994) als Mindeststandard entsprechen. Meta-Analysen dieses Typs versuchen, ergebnisrelevante Moderatorvariablen zu identifizieren und ermöglichen durch die Berücksichtigung von Primärstudien-Merkmalen die Gültigkeit der in Meta-Analysen ermittelten Effekte für verschiedene Subgruppen theoretisch zu differenzieren. Deshalb sollten in jeder Meta-Studie nach der Zusammenfassung der Primärstudienergebnisse hinsichtlich der jeweils zu untersuchenden Fragestellung und der Ermittlung der Signifikanz der integrierten Effektstärken („Typ A") auch der Einfluss potenzieller Moderatorvariablen getestet werden („Typ B"). Ob in Meta-Analysen auch ein Test neuer Hypothesen („Typ C") möglich sein wird, kann erst nach Abschluss der Datenerhebung und der ersten Analysen beurteilt werden.
2. Zur Auswahl von Primärstudien sollten möglichst eindeutige und explizit zu benennende Einschlusskriterien festgelegt werden. Dazu gehören z.B. auch raum- und zeitbezogene Kriterien. Am wichtigsten sind jedoch die Einschlusskriterien, die sich an den meta-analytisch zu untersuchenden, thematischen Fragestellungen ausrichten. Eine solche Fragestellung ist z.B. für unsere POTT-bezogenen Meta-Analysen:

   Welcher Zusammenhang besteht zwischen pädosexueller Viktimisierung (einerseits) und pädosexueller, adultsexueller und nichtsexueller Delinquenz sowie Nicht-Delinquenz (andererseits)?

   Folglich können für unsere Meta-Analysen auch nur solche Primärstudien ausgewählt werden, die in ihren Untersuchungen dieser Fragestellung entsprechende Kontrollgruppen benutzen. Dadurch ergibt sich ein weiteres, substanziell definiertes Einschlusskriterium.

   Wie zuvor bereits erläutert, stellt das Nichtvorhandensein von statistischen Kenngrößen in einer Primärstudie kein Ausschlusskriterium für deren Einbezug in eine Meta-Analyse dar. Auch solche Studien können berücksichtigt werden, da in solchen Fällen mittels Moderator- und Subanalysen getestet werden kann, ob diese Primärstudien die geschätzten Effektstärken beeinflussen können oder nicht. Zudem können die interessierenden Effektstärken oftmals auch aus den univariaten Verteilungen erstellt werden (vgl. Kap. 3.2).

Auch alle anderen methodischen Besonderheiten von Primärstudien (wie bspw. deren Studiendesgin oder methodische Qualität) sollten für deren Einbezug in Meta-Analysen kein Ausschlusskriterium sein. Sie sollten in die Analyse einbezogen werden und ihre Besonderheiten sollten als potenzielle Moderatorvariablen untersucht werden.

3. Für die Literaturrecherche sollten in einer Meta-Analyse alle potenziell relevanten Datenquellen genutzt werden. So wurden zur Identifikation der Forschungsarbeiten für die hier beabsichtigten Meta-Analysen insgesamt 4 Datenbanken, 12 wissenschaftliche Zeitschriften und 60 Literaturverzeichnisse von Forschungspublikationen bzw. von bereits durchgeführten Meta-Analysen verwendet. Auf diese Weise waren knapp 64 000 potenziell relevante Titel zu bestimmen, aus denen insgesamt 122 themenrelevante Studien selegiert werden konnten. Dies entspricht in etwa dem Umfang der Literaturrecherchen in den Studien von Whitaker et al. (2008), Jespersen et al. (2009) und Seto/Lalumière (2010).
4. Bei der Informationsgewinnung aus der als relevant erachteten Literatur sollte zumindest eine Doppelverkodung vorgenommen werden. Ein anschließender Verkodungsabgleich bzw. Reliabilitätscheck erlaubt es, ggf. auftretende Differenzen bei der Verkodung zu identifizieren und in Diskussionsform aufzulösen (Littell et al. 2008: 75).

Eine relativ breite Operationalisierung der aus Textinhalten zu messenden Variablen lässt sich in der praktischen Meta-Analyse höchstwahrscheinlich nur schwer umgehen, da viele Primärstudien sehr unterschiedliche Definitionen und Operationalisierungen ihrer zentralen Konstrukte (wie z.B. pädosexueller Missbrauch und (pädo-)sexuelle Delinquenz) verwenden und die Anzahl der existierenden Studien zu dem interessierenden Zusammenhang oftmals nur klein ist, sodass nur ungern auf Studien verzichtet wird. Thematische Uneindeutigkeiten, die aufgrund von Schwächen einzelner Primärstudien entstehen (wie z.B. Operationalisierungsprobleme) können jedoch durch deren Erfassung (z.B. als „breite“ vs. „enge“ Operationalisierung von Zielvariablen) und einer entsprechenden Moderatoranalyse zumindest teilweise aufgehoben, zumindest aber (statistisch) kontrolliert, werden. Zudem sollten neben der Art der Operationalisierung auch andere Studienmerkmale, wie z.B. die benutzten Informationsquellen, die Reliabilität der Primärstudien sowie deren methodische Qualität in Variablenform, gemessen und dann mittels Moderatoranalysen auf Relevanz für die geschätzten Effektstärken getestet werden.

5. Die bislang hier vorgestellten Meta-Analysen operieren alle mit klassischen meta-analytischen Verfahren und nutzen dazu verschiedene Effektstärkemaße. Wenn es die Datenlage erlaubt, sollten jedoch zur Meta-Analyse auch multivariate Verfahren, wie bspw. Mehrebenenenanalysen in Form von Random-Effects-Modellierungen, eingesetzt werden. Diese Verfahren erlauben z.B. eine simultane Schätzung der Einflüsse von Studienmerkmalen und Eigenschaften der Probanden bei gleichzeitiger Bewertung der Wichtigkeit beider Ebenen für die Erklärung des Zusammenhangs zwischen den interessierenden Variablen. Auf diese Weise können präzise Aussagen über die Stärke von Moderatoreffekten auf beiden Ebenen (Ebene der Studienmerkmale und Ebene der untersuchten Probanden) gemacht werden. Es kann z.B. getestet werden, ob die Merkmale der Probanden (wie Alter, weitere Viktimisierungserfahrungen, ethnische Zugehörigkeit etc.) oder die Eigenschaften der Studien (wie Veröffentlichungsjahr, Art der Erhebung, methodische Güte etc.) einen größeren Einfluss auf die Variation der gefundenen Zusammenhangsstärken zwischen der abhängigen und unabhängigen Variablen (hier: pädosexuelle Delinquenz und pädosexuelle Viktimisierung) haben. Zudem sollten Fallzahlgewichtungen, Homogenitätstests und andere Bias-Prüfungen eingesetzt werden. Dabei sollten niedrige Studienfallzahlen solchen Tests nicht im Wege stehen, denn im Extremfall kann eine Meta-Analyse bereits mit zwei Primärstudien durchgeführt werden (Little et al. 2008: 5). Wichtig ist allerdings, dass bei allen Analysen die Fallzahlen berichtet werden.
6. An mehreren Stellen haben wir bislang kritisiert, dass in den untersuchten Meta-Analysen oftmals das methodische (statistische) Vorgehen nur unvollständig dokumentiert wird und statistische Kennzahlen zum Teil nur unvollständig berichtet werden. In quantitativen Meta-Analysen sollte das gesamte Vorgehen ausführlich und erschöpfend dokumentiert werden.

3.2 Klassische Verfahren der Meta-Analyse (kMA)

In der quantitativen Meta-Analyse werden vor allem sog. „Effektstärken" von Variablenbeziehungen untersucht. In der Literatur existieren verschiedenartige Darstellungen von Effektstärke-Berechnungen mit uneinheitlich konstruierten Formeln und Kennwerten, die einander z.T. sogar widersprechen. In der folgenden Darstellung orientieren wir uns vor allem an den Ausführungen von Borenstein et al. in ihrem sehr guten Lehrbuch „Introduction to Meta-Analysis“ (dies. 2009). Wir werden in diesem Kapitel insbesondere die methodische Logik von Effektstärkebestimmungen und -analysen erörtern. Erst in Kapitel 5 werden wir darstellen, in welcher Weise die hier vorgestellten Statistiken und Methoden in unserem MAPS-Projekt eingesetzt wurden.

In Meta-Analysen werden die Einzelergebnisse von Primärstudien miteinander verglichen und wird die Varianz der Einzelergebnisse (falls vorhanden) auf die Effekte von diversen Studienmerkmalen zurückgeführt. Dabei wird untersucht, inwiefern sich die Merkmale der jeweiligen Studien (wie bspw. Fallzahl, Publikationsjahr oder methodische Güte) auf die jeweils vorgefundenen Zusammenhänge auswirken.

Die Effektstärke ist ein Wert zum Ausmaß des gemessenen Unterschieds hinsichtlich einer bestimmten Variablen zwischen zwei Teilgruppen (in der Regel: zwischen Untersuchungs- und Kontrollgruppe). Eine Effektstärke kann folglich z. B. den Unterschied zwischen Durchschnittswerten oder Prozentanteilen oder Korrelationswerten betreffen.

Im Rahmen einer Meta-Analyse werden, soweit wie möglich, die Ergebnisse einer jeden Primärstudie in „Effektstärken“ ungerechnet. Dann wird die Konsistenz der Effektstärken über alle Primärstudien hinweg ermittelt und eine Gesamteffektstärke berechnet. Diese ist eine Punktschätzung, für die häufig ein Konfidenzintervall zu ermitteln ist. Welcher Effektstärke-Index letztlich in einer Meta-Analyse verwendet wird, hängt vom Untersuchungsziel, dem Studiendesign und der Art der Datenaufbereitung ab (vgl. Littell et al. 2008: 80). Im Folgenden werden die gebräuchlichsten Effektstärkemaße für verschiedene Forschungssituationen vorgestellt und wird im Anschluss daran der Gebrauch von Effektstärke-Indizes erläutert.

Bei der Berechnung von Effektstärken können zwei Familien von Effektstärken unterschieden werden: die *r-Familie* und die *d-Familie:*

Die *d-Familie* der Effektstärkemaße besteht aus Kennzahlen, die auf einem Vergleich von Treatment-Mittelwerten beruhen. Zu dieser Familie zählen u. a. standardisierte Mittelwertdifferenzen, deren Standardisierung anhand verschiedener Varianzmaße erfolgt (Wagner/Weiß 2006: 486). Sie umfasst u. a. die Effektstärkemaße: „Cohen's d“, „Hedges' g“ und das „d von Glass“.

Die *r-Familie* der Effektstärkemaße basiert vor allem auf einem Vergleich von Varianzkomponenten. Sie untersucht das Ausmaß beobachteter Varianz von Effektstärken einzelner Primärstudien, das durch systematische, fremdinduzierte Varianzanteile erklärt werden kann. Die r-Familie umfasst „Pearson's r“ *(für den Zusammenhang zweier stetiger Variablen),* „phi“ *(für zwei dichotome Variablen bzw. für 2×2 Tabellen),* das „punktbiserale r“ *(für eine kontinuierliche bzw. metrische und eine dichotome Variable),* „rho“ *(für zwei Rangvariablen)* sowie „Fisher's Transformation von r (Z)“. Des Weiteren zählen zu dieser Familie verschiedene quadrierte Indizes und verwandte Größen wie: r^2, $omega^2$, $epsilon^2$ und eta^2. Allerdings sind quadrierte Indizes problematisch, da sie ihre Richtungsabhängigkeit verlieren.[42]

Im Folgenden werden die genannten Effektstärken separat und ausführlich erläutert.

1. Effektstärken auf der Basis von Mittelwerten und Standardabweichungen

Wenn die Summendaten der Primärstudien auf den Mittelwerten oder Standardabweichungen zweier Gruppen basieren (z.B. von Untersuchungs- und Kontrollgruppe), kann die rohe Mittelwertdifferenz oder die standardisierte Mittelwertdifferenz als Effektstärkemaß zur Anwendung kommen. Die nächsten Abschnitte erläutern dies für verschiedene Studiendesigns. Dabei werden Studiendesigns mit zwei voneinander unabhängigen Gruppen und Studiendesigns mit gematchten Gruppen (oder einem Vorher-Nachher-Design) unterschieden.

Rohe Mittelwertdifferenz D

Die rohe Mittelwertdifferenz ist ein nützliches Effektstärkemaß, wenn eine Messung mit einer „natürlichen" Skala erfolgt, die eine inhaltlich bedeutungsvolle Interpretation erlaubt. Eine solche Skala wird bspw. bei der Messung des Blutdrucks oder bei US-nationalen Leistungstests für Studenten eingesetzt. Die rohe Mittelwertdifferenz ist allerdings nur dann eine Option, wenn die in der Meta-Analyse zu vergleichenden Primärstudien auch gleiche Skalen benutzen, da ansonsten ein Vergleich der rohen Mittelwertdifferenzen verzerrt wäre und damit keine gültige Aussagekraft besäße. Sofern diese Voraussetzung erfüllt ist, kann aus den Mittelwerten zweier Gruppen (μ1 und μ2) die Mittelwertdifferenz durch Subtraktion berechnet werden:

$$\Delta = \mu_1 - \mu_2$$

Als Ergebnis erhält man Delta (Δ), welches für die Differenz zwischen zwei Mittelwerten steht.

Bei Verwendung von D sind zwei Unterfälle zu unterscheiden, die sich aus den unterschiedlichen Designs der analysierten Studien ergeben:

42 Mittels sorgfältiger Ergebnisanalysen kann die Richtungsabhängigkeit jedoch wieder erfasst werden (vgl. Rosenthal/DiMatteo 2001: 70).

Zur Berechnung der Mittelwertdifferenz D in Studien mit zwei voneinander unabhängigen Gruppen[43] werden entsprechend der oben genannten Formel die beiden Stichprobenmittelwerte $\overline{X}_1$ und $\overline{X}_2$ voneinander subtrahiert:

$$D = \overline{X}_1 - \overline{X}_2$$

Die Varianz von D lässt sich dann unter Verwendung der Standardabweichungen von X in beiden Gruppen (S_1 und S_2) errechnen. Dazu seien n_1 und n_2 die Stichprobengrößen der beiden Gruppen. Wenn von Gleichheit der beiden Standardabweichungen ausgegangen wird (wie es im Fall der meisten parametrischen Datenanalysetechniken der Fall ist), wird die Varianz von D in n, die in diesem Fall auch als „pooled“ (dt.: „aufsummiert“) bezeichnet wird, definiert durch:

$$V_D = \frac{n_1 + n_2}{n_1 n_2} S^2_{pooled} \text{ mit } S_{pooled} = \sqrt{\frac{(n_1 - 1)\, S_1^2 + (n_2 - 1) S_2^2}{n_1 + n_2 - 2}}$$

Bei der Berechnung der Varianz von D ist allerdings anders zu verfahren, wenn von unterschiedlichen Standardabweichungen in beiden unabhängigen Gruppen ausgegangen wird. In diesem Fall ergibt sich die Varianz von D folgendermaßen:

$$V_D = \frac{S_1^2}{n_1} + \frac{S_2^2}{n_2}$$

Der Standardfehler von D (engl.: standard error) ergibt sich unabhängig von der Vorgehensweise bei der Berechnung der Varianz. Er entspricht immer der Quadratwurzel aus V_D (Borenstein et al. 2009: 22f.):

$$SE_D = \sqrt{V_D}$$

Im Fall von gematchten Gruppen kann D, sofern der Mittelwert und die Standardabweichung für jedes Paar gegeben sind, mit der gleichen Formel wie der Mittelwert für unabhängige Gruppen berechnet werden:

---

43 Die Untersuchung von unabhängigen Gruppen basiert auf Daten (Messungen), welche unabhängig voneinander erhoben werden. Das heißt die Daten stehen in keiner Beziehung zueinander, wie bspw. die Viktimisierungsgeschichte von Sexualstraftätern und Gewaltstraftätern. Abhängige Gruppen hingegen enthalten Daten, die in einer engen Beziehung zueinander stehen, wie bspw. gepaarte Daten, die aus einer Vorher- und Nachhermessung stammen.

$$D = \bar{X}_1 - \bar{X}_2$$

Die Varianz von D ist hier definiert als:

$$V_D = \frac{S^2_{diff}}{n}$$

mit *n* = Anzahl der gematchten Paare,

$$SE_D = \sqrt{V_D}\,,$$

$$S_{diff} = \sqrt{S_1^2 + S_2^2 - 2 \times r \times S_1 \times S_2}$$

Diese Formeln können auch im Fall eines Vorher-Nachher-Designs angewendet werden. Die Mittelwerte der Vorher- und der Nachhermessung entsprechen dann den Mittelwerten in den gematchten Gruppen; n ist in diesem Fall die Anzahl der Probanden und r die Korrelation zwischen den Vorher-Werten und den Nachher-Werten (Borenstein et al. 2009: 23 f.).

Wie zuvor bereits erwähnt, ist die rohe Mittelwertdifferenz auf jeden Fall ein nützliches Effektstärkemaß, wenn alle Primärstudien der Meta-Analyse die gleichen Skalen verwenden. Da sich die Messstrategien verschiedener Primärstudien jedoch oft bezüglich ihrer Skalen unterscheiden, ist die rohe Mittelwertdifferenz oftmals nicht aussagekräftig. Deshalb ist ein Effektstärkemaß hilfreich, das standardisiert werden kann. Die standardisierte Mittelwertdifferenz ist ein solches Effektstärkemaß.

Standardisierte Mittelwertdifferenz δ

Die standardisierte Mittelwertdifferenz δ kann als Effektstärkemaß für stetige Daten verwendet werden. Sie ist ein nützlicher Koeffizient, wenn in den verschiedenen Primärstudien unterschiedliche Mess- und Erhebungsinstrumente verwendet werden. Die standardisierte Mittelwertdifferenz wird berechnet, indem die jeweilige Mittelwertdifferenz durch ein Maß der Standardabweichung von X in den beteiligten Gruppen dividiert wird. Die resultierenden standardisierten Mittelwertdifferenzen sind dann über die verschiedenen Primärstudien hinweg vergleichbar.[44]

Im Folgenden werden die möglichen Vorgehensweisen bei der Berechnung der standardisierten Mittelwertdifferenz in Abhängigkeit von verschie-

---

44 Eine ausführliche Erläuterung der Gründe für die Vergleichbarkeit der standardisierten Mittelwertdifferenzen über alle Studien hinweg findet sich bei Borenstein et al. 2009: 26.

denen Studiendesigns aufgezeigt. Dabei ist wieder zwischen einem Studiendesign mit voneinander unabhängigen Gruppen und einem Studiendesign mit gematchten Gruppen (bzw. mit Vorher-Nachher-Design) zu unterscheiden.

Bei Studien mit zwei voneinander unabhängigen Gruppen gibt es zur Standardisierung von Mittelwertdifferenzen verschiedene alternative Möglichkeiten: das d nach Cohen, das d nach Glass und das g nach Hedges. Der Unterschied zwischen diesen verschiedenen Varianten besteht in der zur Standardisierung verwendeten Standardabweichung (Tatsuoka 1993: 471 ff.). Die beiden gebräuchlichsten standardisierten Mittelwertdifferenzen sind Cohen's d und Hedges' g:

Cohen's d kann benutzt werden, wenn die Effektstärke für einen Mittelwertunterschied zwischen zwei gleich großen Gruppen mit jeweils gleicher Varianz innerhalb der beiden Gruppen bestimmt werden soll. Berechnen lässt es sich mittels der Formel:

$$d = \frac{\overline{X}_1 - \overline{X}_2}{S_{within}}$$

Der Zähler enthält die Differenz der beiden Stichprobenmittelwerte der beiden Gruppen (in der Regel: Untersuchungs- und Kontrollgruppe). Der Nenner ergibt sich aus den Standardabweichungen von X in den beiden zu vergleichenden Gruppen. Wenn diese die Gruppengrößen n_1 und n_2 und die Standardabweichungen S_1^2 und S_2^2 haben, ergibt sich die Standardabweichung$_{within}$ zur Berechnung von Cohen's d als:

$$S_{within} = \sqrt{\frac{(n_1 - 1)S_1^2 + (n_2 - 1)S_2^2}{n_1 + n_2 - 2}}$$

Die Varianz von Cohen's d ist definiert durch:

$$V_d = \frac{n_1 + n_2}{n_1 n_2} + \frac{d^2}{2(n_1 + n_2)}$$

Der Standardfehler (SE_d) der standardisierten Mittelwertdifferenz wird wiederum durch die Quadratwurzel der Varianz festgelegt:

$$SE_d = \sqrt{V_d}$$

Zur Interpretation der durch Cohen's d berechneten Effektstärke dienen folgende Orientierungswerte: Ab Werten von 0,2 spricht man von einem schwachen Effekt, ein d von 0.5 indiziert hingegen einen mittleren und ein d von 0.8 (oder größer) einen starken Effekt. Ein Nachteil von Cohen's d ist die Tatsache, dass es leicht, besonders bei kleinen Stichproben, den „wahren" Effekt überschätzen kann (Borenstein et al. 2009: 27).

Glass' d ist eine Modifizierung von Cohen's d. Es kann als Effektstärkemaß für die Erstellung der standardisierten Mittelwertdifferenz bei solchen Studien eingesetzt werden, deren Design die Verwendung einer oder mehrere Experimentalgruppen und einer Kontrollgruppe vorsieht. Bei der Berechnung von d wird dann lediglich die Standardabweichung innerhalb der Kontrollgruppe verwendet (Tatsuoka 1993: 471 f.). Glass' d wird demnach mittels folgender Formel berechnet (Borenstein et al. 2009: 27):

$$\text{Glass' d} = \frac{\overline{X}_1 - \overline{X}_2}{S_2}$$

In der Formel wird die Kontrollgruppe als zweite Gruppe bezeichnet. Die Schätzung der Standardabweichung aus der Kontrollgruppe ist dann von Vorteil, wenn in der Primärstudie Vergleiche mit mehreren Experimentalgruppen durchgeführt werden. Denn in diesem Fall kann durch Glass' d verhindert werden, dass die Effektstärke von den geschätzten Varianzen der Experimentalgruppen abhängt.

Hedges' g ist ebenfalls eine Modifizierung von Cohen's d, die darauf abzielt, die bei Cohen's d verursachte Überschätzung des „echten" Wertes zu verhindern. Hierzu wird der Korrekturfaktor J verwendet, der immer einen Wert unter 1.00 aufweist. Der Korrekturfaktor wird wie folgt berechnet, wobei df für die Anzahl der Freiheitsgrade steht, die für die Bestimmung von S_{within} bei zwei unabhängigen Gruppen verwendet wird:[45]

$$J = 1 - \frac{3}{4df - 1}$$

Hedges' g berechnet sich unter Verwendung von J mittels folgender Formel:

$$g = J \times d$$

Die Varianz von g wird wie folgt berechnet:

$$V_g = J^2 \times V_d$$

45 Es gilt: $df = n_1 + n_2 - 2$ (vgl. Borenstein et al. 2009: 27)

Der Standardfehler von g ergibt sich in gewohnter Weise aus der Quadratwurzel der berechneten Varianz (V_g):

$$SE_g = \sqrt{V_g}$$

Durch die beschriebene Modifikation verringert sich der Standardfehler der Effektstärke, was die Effektschätzung verbessert. Zudem ergibt sich daraus, dass Hedges' g immer kleiner ist als Cohen's d. Das hängt damit zusammen, dass auch der Korrekturfaktor J immer kleiner als 1 ist und die Gewichtung mit diesem Faktor zu einer Verringerung des nummerischen Wertes von Cohen's d führt (Borenstein et al. 2009: 27).

Zur Berechnung der standardisierten Mittelwertdifferenz bei gematchten Gruppen (s. o.) oder bei Primärstudien mit einem Vorher-Nachher-Design dient folgende Formel, welche rein formal betrachtet auch der Formel bei unabhängigen Gruppen (s. o.) entspricht:

$$d = \frac{\overline{X}_{diff}}{S_{within}} = \frac{\overline{X}_1 - \overline{X}_2}{S_{within}}$$

Im Unterschied zur Analyse von Studien mit unabhängigen Gruppen wird hier jedoch die Abweichungseinheit nicht mittels der Standardabweichungen innerhalb der Gruppen berechnet, sondern diese ergibt sich aus der Standardabweichung der Differenzwerte selbst (S_{within}). Dementsprechend errechnet sich die $\text{Standardabweichung}_{within}$ folgendermaßen:

$$S_{within} = \frac{S_{diff}}{\sqrt{2\,(1-r)}}$$

Die Varianz von d wird durch die folgende Formel berechnet:

$$V_d = \left(\frac{1}{n} + \frac{d^2}{2n}\right) 2(1-r) \text{ mit dem Standardfehler } SE_d = \sqrt{V_d}$$

Aus statistischer Perspektive betrachtet haben die Effektstärken d und g unabhängig vom Studiendesgin die gleiche Bedeutung, sodass für eine Meta-Analyse zunächst für jede Primärstudie separat die Effektstärke und die Effektvarianz mittels der vorgestellten Formeln berechnet werden kann und dann alle Primärstudien in die gleiche Meta-Analyse einbezogen werden können. Dabei ist die Festlegung der Richtung des Effekts vom Forscher frei wählbar, d. h., der Forscher kann entscheiden, ob $\overline{X}_1$ von $\overline{X}_2$ subtrahiert wird oder $\overline{X}_2$ von $\overline{X}_1$. Die einmal festgelegte Effektrichtung muss allerdings konsistent über alle Primärstudien hinweg beibehalten werden.

2. Effektstärken auf Basis von Mittelwerten binärer Daten

Das relative Risiko („Risk-Ratio"), das Chancenverhältnis („Odds-Ratio") und die Risikodifferenz („Risk Difference") sollten als Effektstärken verwendet werden, wenn die Summendaten der Primärstudien auf binären Ergebnissen basieren (Littell et al. 2008: 80). Diese Effektstärkenmaße werden aus den in den Primärstudien angegebenen Anzahlen von Ereignissen und Nicht-Ereignissen (zumeist in Form einer 2×2 Tabelle) errechnet.

Für die folgenden Erläuterungen benutzen wir die Zellenbesetzungen „A, B, C, D" in einer 2×2 Tabelle, wie sie in Tabelle 3.1 dargestellt wird. Mit einer solchen Tabelle könnte z. B. die Verteilung von pädosexuellen Viktimisierungserfahrungen (Ereignis/Nicht-Ereignis) über zwei verschiedene Straftätergruppen dargestellt werden, wobei die Mitglieder der Untersuchungsgruppe die pädosexuellen Delinquenten und die Mitglieder der Kontrollgruppe nicht-pädosexuelle Delinquenten sein könnten.

Tabelle 3.1: Benennung binärer Daten in einer 2×2 Tabelle.

	Ereignis	Nicht-Ereignis	N
Untersuchungsgruppe	A	B	n_1
Kontrollgruppe	C	D	n_2

Im Folgenden werden wir als Effektstärkemaße für binäre Daten zuerst das relative Risiko („Risk-Ratio") dann das Chancen-Verhältnis („Odds-Ratio") und schließlich die Risikodifferenz („Risk Difference") erläutern. Die dabei benutzten Formeln verwenden die in Tabelle 3.1 vorgestellte Zellen-Notation.

Relatives Risiko („Risk-Ratio")

Unter dem relativen Risiko wird das Verhältnis zweier Risiken zueinander verstanden. Dieses Effektstärkemaß vergleicht die Eintrittswahrscheinlichkeit eines Ereignisses in einer Gruppe mit der Eintrittswahrscheinlichkeit des gleichen Ereignisses in einer anderen Gruppe. Das relative Risiko, bspw. zum Vergleich des Risikos für einen „schlechten" Ausgang in der Untersuchungsgruppe und in der Kontrollgruppe, berechnet sich als Quotient aus dem Risiko für einen schlechten Ausgang in der Kontrollgruppe und dem entsprechenden Risiko in der Untersuchungsgruppe. Für die Verwendung in einer Meta-Analyse wird dieser Quotient meist logarithmiert:

$$\text{RiskRatio} = \frac{A/n_1}{C/n_2}$$

$$\text{LogRiskRatio} = \ln(\text{RiskRatio})$$

Die (approximative) Varianz des relativen Risikos wird berechnet nach:[46]

$$V_{\text{LogRiskRatio}} = \frac{1}{A} - \frac{1}{n_1} + \frac{1}{C} - \frac{1}{n_2}$$

Der (approximative) Standardfehler des relativen Risikos ergibt sich aus der Quadratwurzel der (approximativen) Varianz:

$$SE_{\text{LogRiskRatio}} = \sqrt{V_{\text{LogRiskRatio}}}$$

Der Wertebereich des relativen Risikos liegt zwischen null und plus unendlich. Sofern sich die Risiken der Untersuchungs- und Kontrollgruppe für einen schlechten Ausgang nicht unterscheiden, beträgt das relative Risiko 1,00. Ein relatives Risiko von 2,00 könnte bedeuten, dass die Untersuchungsgruppe ein im Vergleich zur Kontrollgruppe doppelt so hohes Risiko hinsichtlich des Auftretens eines bestimmten Ereignisses hat.

Chancenverhältnis („Odds-Ratio")

Das Odds-Ratio entspricht dem Verhältnis zweier Chancen. Eine Chance ergibt sich aus der Wahrscheinlichkeit dafür, dass ein bestimmtes Ereignis (Y) eintritt, dividiert durch die Wahrscheinlichkeit dafür, dass dieses Ereignis nicht eintritt: „P(Y)/[1 – P(Y)]".[47] In unserer Meta-Analyse berichtet das Chancenverhältnis bzw. das Odds-Ratio die Chance eines gesuchten Ereignisses in der Untersuchungsgruppe relativ zu der Chance des gleichen Ereignisses in der Kontrollgruppe. Das Odds-Ratio eignet sich insbesondere dann als Effektstärkemaß, wenn die ausgewählten Primärstudien die Häu-

---

46 Zur Erinnerung: Die logarithmierten Werte können auch wieder entlogarithmiert werden (mit UL = oberer Grenzwert, LL = unterer Grenzwert): RiskRatio = exp(LogRiskRatio), $LL_{\text{RiskRatio}} = \exp(LL_{\text{LogRiskRatio}})$ und $UL_{\text{RiskRatio}} = \exp(UL_{\text{LogRiskRatio}})$.

47 Vgl. dazu Urban/Mayerl 2011: 340 ff.

figkeiten und/oder Prozentanteile der von ihnen untersuchten abhängigen Variablen berichten.

Das Odds-Ratio lässt sich berechnen nach der Formel (vgl. dazu Tabelle 3.1):

$$\text{Odds-Ratio} = \frac{AD}{BC}$$

Häufig wird das Odds-Ratio auch in seiner logarithmierten Form in Meta-Analysen benutzt:

$$\text{LogOddsRatio} = \ln(\text{OddsRatio})$$

Wie die nachfolgende Formel zeigt, wird auch hier die (approximative) Varianz nach der gleichen Logik wie die Varianz des Risk-Ratios (s. o.) gebildet:

$$V_{\text{LogOddsRatio}} = \frac{1}{A} + \frac{1}{B} + \frac{1}{C} + \frac{1}{D}$$

Gleichermaßen ergibt sich der (approximative) Standardfehler aus der Quadratwurzel der zuvor gebildeten Varianz:

$$SE_{\text{LogOddsRatio}} = \sqrt{V_{\text{LogOddsRatio}}}$$

Die resultierenden Werte können natürlich auch wieder in Odds-Ratios (mit UL als oberer Grenze und LL als unterer Grenze) überführt werden:

$$\text{OddsRatio} = \exp(\text{LogOddsRatio}),$$

$$LL_{\text{OddsRatio}} = \exp\left(LL_{\text{LogOddsRatio}}\right)$$

$$UL_{\text{OddsRatio}} = \exp\left(UL_{\text{LogOddsRatio}}\right)$$

Der Wertebereich der Odds-Ratios reicht, wie auch der Wertebereich der Risk-Ratios (s. o.), von null bis plus unendlich. Die Werte von Odds-Ratios sind hinsichtlich der Richtung des Zusammenhangs in der gleichen Weise zu interpretieren, wie die Werte der Risk-Ratios. So bedeutet ein Wert von 1,00, dass die Chancen für den Eintritt eines bestimmten Ereignisses (z. B. dass eine Variable einen Wert von 1 und nicht von 0 annimmt) in der Untersuchungs- und der Kontrollgruppe gleich groß sind. Ein Odds-Ratio von größer 1,00 bedeutet, dass die Chance in der Untersuchungsgruppe (für die Ausprägung 1 beim interessierenden Merkmal) höher ist als in der Kontrollgruppe. Und ein Odds-Ratio von kleiner 1,00 besagt, dass die Chance (für die Ausprägung 1 beim interessierenden Merkmal) in der Untersuchungsgruppe geringer ist als in der Kontrollgruppe.

Allgemein gilt die Daumenregel, dass Odds-Ratios nahe 1,00 eine sehr schwache Beziehung zwischen Variablen anzeigen, während Odds-Ratios über 3,00 eine positiv starke Beziehung indizieren. Für eine stark negative Beziehung muss das Odds-Ratio einen Wert von 0,33 (Kehrwert von 3,00) unterschreiten.

Im Folgenden wird nun noch die Risikodifferenz und damit das dritte Maß zur Berechnung von Effektstärken vorgestellt. Auch die Risikodifferenz kann verwendet werden, wenn die Summendaten der ausgewählten Primärstudien auf binären Ergebnissen in zwei Gruppen basieren.

Risikodifferenz („Risk Difference“)

Die Risikodifferenz ist die Differenz zwischen zwei Risiken. Sie ergibt sich aus der Differenz zwischen dem Anteil von Probanden in der Kontrollgruppe, die ein bestimmtes Ereignis erlebt haben, und dem Anteil von Probanden in der Untersuchungsgruppe, die das gleiche Ereignis erlebt haben. Die Berechnung der Risikodifferenz erfolgt in empirischen Einheiten und mittels folgender Formel (vgl. dazu Tab. 3.1):

$$\mathrm{RiskDiff} = \left(\frac{A}{n_1}\right) - \left(\frac{C}{n_2}\right)$$

Die (approximative) Varianz ist in diesem Fall definiert durch die Summe der beiden unten stehenden Quotienten:

$$V_{\mathrm{RiskDiff}} = \frac{AB}{n_1^3} + \frac{CD}{n_2^3}$$

Auch hier wird der (approximative) Standardfehler durch die Quadratwurzel aus der zuvor gebildeten Varianz berechnet:

$$SE_{\mathrm{RiskDiff}} = \sqrt{V_{\mathrm{RiskDiff}}}$$

Eine Risikodifferenz mit dem Wert 0 bedeutet, dass es keinen Unterschied zwischen den Risiken in Untersuchungs- und Kontrollgruppe gibt. Eine Risikodifferenz größer 0 indiziert ein erhöhtes Risiko in der Untersuchungsgruppe, und eine Risikodifferenz kleiner 0 indiziert ein erhöhtes Risiko in der Kontrollgruppe.

Damit enden die Ausführungen zu den Effektstärken, die bei Verwendung binärer Daten berechnet werden können. Im nächsten Abschnitt werden Effektstärken erläutert, die auf Basis von Korrelationen erstellt werden.

3. Effektstärken auf Basis von Korrelationen

Für den Fall, dass in einer Studie die unabhängige und die abhängige Variable dichotom sind, kann „phi" als Effektstärkemaß herangezogen werden (Wagner/Weiß 2006: 486).

Hingegen kann der „punktbiserale Korrelationskoeffizient r" (oder dessen Quadrat) als Effektstärkemaß verwendet werden, wenn die unabhängige Variable dichotom und die abhängige Variable metrisch/kontinuierlich ist (Tatsuoka 1993: 463). Wenn eine der beiden Variablen eine Dummy-Variable ist (meistens die unabhängige Variable) entspricht der Koeffizient dem gewöhnlichen Produkt-Moment-Korrelationskoeffizienten (Tatsuoka 1993: 464).

Sofern in einer Primärstudie der Korrelationskoeffizient „Pearson's r" für den Zusammenhang zweier stetiger Variablen ausgegeben wird, kann auch dieser als Effektstärkemaß betrachtet werden (Borenstein et al. 2009: 42). Der Korrelationskoeffizient r ist ein Effektstärkemaß, das sowohl Informationen zur Stärke einer Beziehung zwischen zwei Variablen als auch Informationen zur Richtung der Beziehung bereitstellt. Der Wertebereich von Pearsons r reicht von −1,00 bis +1,00. Während ein positiver bzw. negativer Wert einen positiven bzw. negativen Zusammenhang zwischen den jeweils betrachteten Variablen indiziert, zeigt ein Wert von 0 an, dass keine Beziehung zwischen den betrachteten Variablen besteht.

Allerdings ist bei Meta-Analysen von der Nutzung der hier vorgestellten Korrelationskoeffizienten als Effektstärkemaße eher abzuraten, da Korrelationen stark von den Varianzen der beteiligten Variablen beeinflusst werden. Stattdessen ist eine Transformation der Korrelationswerte in Fisher's z-Werte vorzuziehen (Borenstein et al. 2009: 42). Dafür ist der Korrelationskoeffizient einer jeden Primärstudie mittels folgender Formel in einen standardisierten z-Wert zu transformieren:

$$z = 0{,}5 \times \ln\left(\frac{1 + r}{1 - r}\right)$$

Die Varianz von z wird definiert mit:

$$V_z = \frac{1}{n - 3}$$

Und auch hier wird der Standardfehler wieder auf konventionelle Weise durch Ziehen der Quadratwurzel aus der zuvor berechneten Varianz ermittelt:

$$SE_z = \sqrt{V_z}$$

Die z-transformierten Korrelationen können mittels der folgenden Formel wieder in r umgewandelt werden (Borenstein et al. 2009: 43):

$$r = \frac{e^{2z} - 1}{e^{2z} + 1}$$

4. Konsequenzen für die praktische Meta-Analyse

Im Folgenden wollen wir die zuvor gewonnen Erkenntnisse bezüglich der unterschiedlichen Möglichkeiten zur Messung von Effektstärken zusammenfassen und verdeutlichen, in welcher Weise die ermittelten Effektstärken in der praktischen Meta-Analyse untersucht werden können.

Als erstes sei hier noch einmal auf die Nutzung der *rohen Mittelwertdifferenz D* (s. o.) als Effektstärke eingegangen. Wie oben erläutert setzt diese voraus, dass das Ergebnis jeder meta-analytisch zu berücksichtigenden Primärstudie mittels einer inhaltlich aussagekräftigen bzw. eindeutig interpretierbaren Skala erhoben wurde und dass alle Primärstudien die gleiche Skala benutzen.

Dies trifft auf die Primärstudien des MAPS-Projekts, über das hier berichtet werden soll, nicht zu. Es finden sich in den für diese Meta-Analyse identifizierten Primärstudien sowohl bezüglich der unabhängigen Variablen „pädosexuelle Viktimisierung" als auch im Hinblick auf die abhängige Variable „pädosexuelle Delinquenz" verschiedene Operationalisierungen und unterschiedliche Messskalen, die nicht als natürlich bzw. inhaltlich eindeutig interpretierbar zu verstehen sind. Daher ist die rohe Mittelwertdifferenz D kein adäquates Maß zur Messung der Effektstärke für das MAPS-Projekt.

Die *standardisierte Mittelwertdifferenz δ* (s. o.) eignet sich im Allgemeinen gut für Meta-Analysen. Zudem ist sie auch bei Studien mit mehr als zwei Gruppen ein adäquates Effektstärkemaß. Für das MAPS-Projekt ist *Cohen's d* (s. o.) jedoch unvorteilhaft, da es für kleine Stichproben den „wahren" Effekt deutlich überschätzt und die Stichproben der für das MAPS-Projekt relevanten Primärstudien eher klein sind. Zudem ist die Voraussetzung der gleichen Gruppengrößen (gleiche Größe von Untersuchungs- und Kontrollgruppe), die für Cohen's d erfüllt sein sollte, in kaum einer Primärstudie des MAPS-Projekts gegeben. Deshalb werden im MAPS-Projekt auch

Hedges' g (s. o.) (mit dem Vorzug, dass es sich auch bei kleinen Stichprobenumfängen als Effektstärkemaß eignet) und das *d nach Glass* (s. o.) (mit dem Vorzug, dass dieses ein gutes Effektstärkemaß ist, sofern die Binnenvarianzen verschiedener Untersuchungs- und Kontrollgruppen ungleich groß sind) zur Bildung der standardisierten Mittelwertdifferenzen bevorzugt.

Und wie sind an dieser Stelle die Effektstärkemaße, die aus den Mittelwerten binärer Daten gebildet werden (s. o.), zu bewerten?

Die *Risikodifferenz („Risk-Ratio")* (s. o.) ist ein absolutes Maß, das sehr empfindlich gegenüber dem Basisrisiko ist (Borenstein et al. 2009: 37). Im Unterschied dazu sind das *relative Risiko* (s. o.) und das *Odds-Ratio* (s. o.) relative Maße und daher recht unempfindlich gegenüber Unterschieden in den Basisereignissen. Es empfiehlt sich deshalb, im Rahmen einer Meta-Analyse das relative Risiko oder das Chancenverhältnis („Odds-Ratio") und somit folglich ein Summenrisiko oder eine Summenquote zu berechnen. In diesen Fällen reichen bereits Informationen über univariate Verteilungen, die in fast allen Primärstudien mitgeteilt werden, für die Kalkulation von Effektstärken aus.

So können z. B. für unsere Zwecke auch für Studien, die lediglich Angaben zum prozentualen Anteil an sexuell missbrauchten Personen unter pädosexuellen Tätern und unter den Mitgliedern von Kontrollgruppen enthalten, entsprechende Odds-Ratios berechnet werden. Rechnerisch ist dann der Odds-Ratio-Wert gleich 0, wenn alle Probanden der Untersuchungsgruppe kein „Treatment" aufweisen (hier bspw. pädosexuell viktimisiert wurden). Wenn allerdings kein Proband der Kontrollgruppe das „Treatment" erfahren hat, dann kann das Odds-Ratio nicht geschätzt werden, denn in diesem Fall ist der Nenner gleich 0 (vgl. dazu Tabelle 3.1). Für einen solchen Fall wird empfohlen, den Wert „0,5" anstelle von „0,0" zu benutzen, um das Odds-Ratio nach der oben genannten Formel berechnen zu können (Durlak 2009: 921).

Grundsätzlich kann also festgehalten werden, dass die standardisierte Mittelwertdifferenz (das d nach Glass sowie Hedges' g) sowie das relative Risiko und das Odds-Ratio als Effektstärkemaße im Rahmen des MAPS-Projekts eingesetzt werden können. Allerdings weist Durlak (2009) darauf hin, dass das Odds-Ratio der standardisierten Mittelwertdifferenz in Gruppendesigns immer dann vorzuziehen ist, wenn die Ergebnisdaten dichotom sind (Durlak 2009: 921). Dies haben auch Haddock, Rindskopf und Shadish (1998) geprüft und stellten dabei fest, dass die Effektstärke tendenziell unterschätzt wird, wenn dichotome Daten mittels der standardisierten Mittelwertdifferenz (oder dem Produkt-Moment-Korrelationskoeffizienten) analysiert werden. Dies gilt für das Odds-Ratio nicht. Zudem sehen die Autoren als Vorteile des Odds-Ratios dessen Invarianz gegenüber dem jeweiligen Samplingverfahren, dessen Kompatibilität mit logistischen Regressionsschätzungen sowie dessen Unabhängigkeit von Samplegrößen und von Unterschieden in den Randverteilungen (Haddock et al. 1998: 343).

Da im Rahmen der Meta-Analysen des MAPS-Projekts sowohl die zentrale unabhängige als auch die abhängige Variable dichotom sind (pädosexuelle Viktimisierung: ja vs. nein; pädosexuelle Delinquenz: ja vs. nein), bietet sich somit das Odds-Ratio am ehesten als einheitliches Effektstärkemaß an. Dieses Effektstärkemaß kann auch inhaltlich eindeutig interpretiert werden, wenn Ergebnisse aus Studien mit einem Zwei-Gruppen-Design ausgewertet werden. In unserem Falle informiert das Odds-Ratio z. B. darüber, um wie viel größer die Chance ist, dass Probanden zur Untersuchungsgruppe (hier: pädosexuelle Täter) statt zur Kontrollgruppe (hier: keine pädosexuellen Täter) gehören, wenn sie ein bestimmtes Merkmal aufweisen (hier: pädosexuelle Viktimisierung).

Es dürfte somit deutlich geworden sein: Meta-Analysen basieren auf Informationen aus Primärstudien, mit deren Hilfe bestimmte Effektstärkemaße berechnet werden können. Deshalb müssen diese Informationen bei der Auswertung von Primärstudien mittels Screening- und Kodierschemata in möglichst standardisierter Weise erhoben werden (dazu mehr im folgenden Kapitel 4 „Die Auswahl der Primärstudien und die Datenerhebung"). Insbesondere müssen bei der Datenerhebung solche Informationen aus den Primärstudien gewonnen werden, die die Berechnung von Effektstärken und Effektstärkeindizes (dazu mehr im Folgenden) ermöglichen. Da wir, wie oben verdeutlicht wurde, zur Berechnung von Effektstärken insbesondere das Odds-Ratio benutzen wollen, muss schon zu Anfang einer Meta-Analyse jede Studie daraufhin untersucht werden, ob sie entsprechende Informationen liefern kann.

Falls Primärstudien nicht direkt über Effektstärken berichten, können diese oftmals mittels anderer Daten (wie bspw.: Fallzahlen, arithmetische Mittelwerte und Standardabweichungen) berechnet werden. Auch kann die Effektstärke oftmals mittels Informationen zu t- oder F-Werten, Wahrscheinlichkeitslevels und Anzahl oder Prozentanteil der Probanden mit unterschiedlichen Ausprägungen (bezüglich der abhängigen Variablen) geschätzt werden (Durlak 2009: 925). Dementsprechend ist es wichtig, dass das Kodierschema, das bei der Auswertung der Primärstudien eingesetzt wird (vgl. Kap. 4), auch diese statistischen Informationen erfasst.

Zusätzlich ist bei der Auswertung von Primärstudien auf das sog. „Uniformitätsproblem" zu achten. Dieses entsteht dadurch, dass Meta-Analysen verschiedenste Untersuchungsergebnisse zu einem spezifischen Forschungsbereich auswerten wollen und diese Untersuchungen u. U. nach unterschiedlichsten Arbeitsweisen durchgeführt sein können. So werden schnell einzelne Primärstudien, die sich bspw. bezüglich der Operationalisierung der Variablen, der Eigenschaften der Probanden, der Analyse- und Auswertungsmethoden etc. unterscheiden, für eine einzige Meta-Analyse ausgewählt. Und dies kann die Vergleichbarkeit der Effektstärken gefährden (Lipsey/Wilson 2001: 91; Glass et al. 1981: 219).

Eine „Lösung" dieses Problems kann durch Moderatoranalysen erfolgen. So kann bspw. mittels einer Varianzanalyse der Effektstärken analysiert werden, ob methodische und inhaltliche Unterschiede der Primärstudien und die ggf. auftretende Heterogenität der Ergebnisse durch Moderatorvariablen erklärt werden können (Lipsey/Wilson 2001: 8f.). Daraus folgt, dass auch wesentliche Merkmale des Studiendesigns einer jeden Primärstudie für die Meta-Analyse bekannt sein sollten. Deshalb sollten die zur Meta-Analyse verwendeten Screening- und Kodierschemata entsprechende Informationen (wie bspw. die Art der Stichprobenauswahl oder die Erhebungsmethode) erfassen können.

Letzteres gilt auch für die Art der Operationalisierung der unabhängigen und abhängigen Variablen, die jede Primärstudie vornehmen muss. Wenn die Operationalisierungen nicht in gleicher oder ähnlicher Weise vorgenommen wurden, sollten die Differenzen zwischen den verschiedenen Operationalisierungsmodi empirisch erfasst werden, sodass sie ggfs. als Moderatorvariablen in die Meta-Analysen einbezogen werden können.

In gleicher Weise sind ausreichende Informationen bezüglich der Stichprobenaufteilungen für jede Primärstudie (vor allem bezüglich Aufteilungen nach Zugehörigkeit zu Untersuchungs- und Kontrollgruppe) wichtig. Jedes Kodierschema muss dementsprechende Informationen abfragen. Jedes Kodierschema muss darüber hinaus für jede Studie genaue Informationen zu der Art der Stichprobenziehung und der Zuordnung der Probanden zu Untersuchungs- und Kontrollgruppe(n) erfassen.

Wie in den vorherigen Abschnitten geschildert, gibt es für Meta-Analysen viele verschiedene Maße, die zur Dokumentation von Zusammenhangsstärken verwendet werden können. Da nicht davon ausgegangen werden kann, dass alle für eine Meta-Analyse ausgewählten Primärstudien auch die gleichen Effektstärkemaße ausweisen, aber, wie oben erläutert, in eine Meta-Analyse nur einheitliche Effektstärkemaße intergiert werden dürfen, ist es hilfreich, dass verschiedene Effektstärkemaße in ein einheitliches Maß umgewandelt werden können:

Fast jedes der gängigen Effektstärkemaße kann in ein anderes Maß transformiert werden. So kann bspw. das Effektstärkemaß „Odds-Ratio" in das Effektstärkemaß „d" (oder umgekehrt) umgewandelt werden. Und die einmalige Entscheidung für ein bestimmtes Effektstärkemaß bedeutet folglich auch nicht, dass eine spätere Transformation, aus welchen Gründen auch immer, in ein anderes Effektstärkemaß nicht mehr möglich ist. Im Gegenteil: Das einmalige „Auf-Einen-Nenner-Bringen" erlaubt (unter Verwendung entsprechender Software) eine rasche Transformation eines Effektstärkemaßes in jedes andere oben angesprochene Maß.

Die folgende Abbildung 3.1 (in Anlehnung an Borenstein et al. 2009: 46) skizziert die Möglichkeiten entsprechender Transformationen.

Abbildung 3.1: Transformationsmöglichkeiten verschiedener Effektstärkemaße

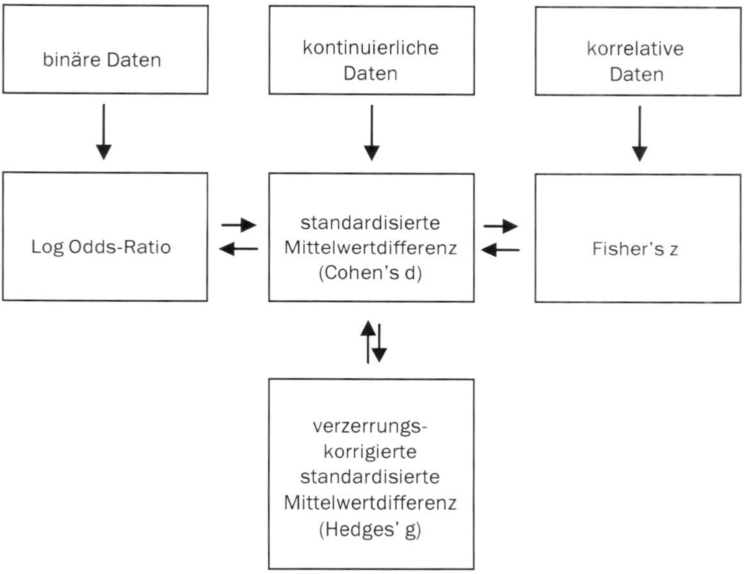

Dementsprechend sollte zunächst aus den Daten einer jeden Primärstudie ein Effektstärkemaß (mit entsprechender Varianz) generiert werden, nämlich das Log-Odds-Ratio für binäre Daten, die standardisierte Mittelwertdifferenz für stetige Daten und ein Korrelationskoeffizient für korrelative Daten. Dann können alle Effektstärkemaße in ein einheitliches Maß umgerechnet werden (entweder in das Log-Odds-Ratio, in die standardisierte Mittelwertdifferenz oder in einen Korrelationskoeffizienten).

Wie in den vorausgegangenen Abschnitten ausführlich erläutert, gilt das zentrale Interesse einer Meta-Analyse zunächst der Integration von Effektstärken. Das grundlegende meta-analytische Vorgehen besteht folglich darin, zuerst die Effektstärke für jede Primärstudie zu berechnen, daran anschließend den Grad der Konsistenz der Effektstärken über alle Primärstudien hinweg zu ermitteln und letztlich eine Gesamteffektstärke zu berechnen.

So muss also nach der Berechnung der Effektstärken (wie zuvor vorgestellt und diskutiert) zunächst festgestellt werden, ob die Effektstärken über alle ausgewählten Studien hinweg gleichartig sind. Falls dies der Fall ist, kann die mittlere Effektstärke relativ einfach geschätzt werden. Falls jedoch die Effektstärken von Primärstudie zu Primärstudie stark variieren, muss zunächst das Ausmaß von deren Varianz ermittelt werden, und kann dann versucht werden, über eine Identifikation von Moderatoreffekten die Ursachen für diese Varianz zu identifizieren.

Bei der Aggregation von einheitlichen Effektstärken besteht die Möglichkeit, die unterschiedlichen Stichprobengrößen der einzelnen Primärstudien durch einen *Gewichtungsfaktor (w)* in der Analyse zu berücksichtigen. Ein gängiger Gewichtungsfaktor ist die Stichprobengröße (vgl. Hunter/Schmidt 2004: 100 f.; Shadish/Haddock 2009: 260) oder die inverse Effektstärkenvarianz („inverse variance weight").

Bei einer Gewichtung mittels Stichprobengröße leisten Primärstudien mit einer größeren Stichprobe einen größeren Beitrag zur mittleren Effektstärke als Primärstudien mit einer kleineren Stichprobe.

Bei einer Gewichtung mittels der inversen Effektstärkenvarianz werden zunächst die primärstudienspezifischen Gewichte über die inverse Effektstärkenvarianz ermittelt:

$$w = \frac{1}{SE_i^{\,2}}$$

Dann wird die gewichtete mittlere Effektstärke entsprechend folgender allgemeinen Formel berechnet (Hedges 1994a: 289):

$$\overline{ES} = \frac{\sum(w \cdot ES)}{\sum w}$$

Zudem kann ggf. ein Gewichtungsfaktor (q) berücksichtigt werden, um potenzielle Messverzerrungen mittels Erfassung der Reliabilitäten der gemessenen Konstrukte in der Analyse zu berücksichtigen (Hunter/Schmidt 2004: 100 f.).

In jedem Fall folgt jedoch nach Berechnung der mittleren Effektstärke ein Test des sog. Populationsnulleffekts. Dabei wird getestet, ob sich die mittlere Effektstärke signifikant von 0,00 unterscheidet. Dies kann nach Berechnung der mittleren Effektstärke und ihres Stichprobenfehlers mittels Schätzung eines Konfidenzintervalls erfolgen. Unter Verwendung dieses Intervalls kann eine globale Aussage darüber getroffen werden, ob sich der mittlere Effekt über die einzelnen Primärstudien hinweg signifikant von 0,00 unterscheidet: sofern das Konfidenzintervall den Wert 0,00 einschließt, wird die Nullhypothese beibehalten und kann angenommen werden, dass der Effektstärkenmittelwert nicht signifikant von 0,00 verschieden ist. Wenn aber das Konfidenzintervall den Wert 0,00 nicht enthält, wird die Nullhypothese zurückgewiesen. In diesem Fall unterscheidet sich der Effektstärkenmittelwert signifikant von 0,00.

Alternativ kann auch der z-Wert der Standardnormalverteilung berechnet werden. Wenn dieser bei einer angenommenen Irrtumswahrscheinlichkeit von unter 5% größer als der kritische Wert von 1,96 ist, kann auf einen Populationseffekt geschlossen werden (Littell et al. 2008: 81f.).

Nachdem aus den Effektstärken der ausgewählten Primärstudien ein Effektstärkenmittelwert bestimmt worden ist, ist in einer Meta-Analyse zu prüfen, in welchem Ausmaß sich die Effektstärken der Primärstudien voneinander unterscheiden. Dazu ist das Ausmaß von deren Variabilität zu ermitteln. Denn der Gesamteffekt ist nur dann ein annehmbarer Schätzer des wahren Populationseffektes, wenn die einzelnen integrierten Effektstärken der Primärstudien homogen sind, d.h., nicht in besonderem Maß streuen. Denn wenn die Effektstärken stark voneinander abweichen, ist der mittlere Gesamteffekt nur ein sehr grober Schätzwert für den „wahren" Effektstärkenparameter in der Population.

Das Ausmaß der Effektstärkenvariation wird in der „klassischen" Meta-Analyse mittels Homogenitätstests untersucht. Wenn ein Homogenitätstest ein signifikantes Ergebnis liefert, bedeutet dies, dass die Effektstärken überzufällig stark voneinander abweichen. Die errechnete mittlere Effektstärke hat in diesem Fall eine zu große Varianz und ist folglich mit einer größeren Unsicherheit behaftet (was sich auch in einem größeren Standardfehler ausdrückt).

Zur Überprüfung, ob die einzelnen Effektstärken in zu großem Ausmaß heterogen sind, gibt es zwei verschiedene Vorgehensweisen: Es kann entweder ein Chi-Quadrat-Signifikanztest (Rosenthal/DiMatteo 2001: 69) oder eine stichprobenbedingte Varianzstatistik (Hunter/Schmidt 2004: 413f.) berechnet werden.

Beide Strategien gehen von der Annahme aus, dass die beobachteten Effektstärken von unterschiedlichen Primärstudien denselben Zusammenhang betreffen (hier: den Zusammenhang zwischen pädosexueller Viktimisierung und pädosexueller Delinquenz) und dass die Schwankungen der einzelnen Effektstärkenwerte auf Zufallseinflüsse zurückzuführen sind.

Bei der ersten Methode zur Beurteilung der Effektstärke-Heterogenität wird die chi-quadrat-verteilte *Prüfgröße Q* berechnet. Sofern *Q* den für eine bestimmte Irrtumswahrscheinlichkeit kritischen Chi-Quadrat-Wert überschreitet, wird angenommen, dass die beobachtete Varianz der Primärstudieneffekte über das Ausmaß hinausgeht, das per Zufall zu erwarten gewesen wäre, wenn allen Effekten derselbe Populationseffekt zugrunde liegt.

Die zweite Methodik besteht in der *Zerlegung der Variabilität der Effektstärken.* Diese Methode beruht auf einem Vergleich der beobachteten Effektstärkenvarianz mit der theoretisch erwarteten Fehlervarianz. Übersteigt die beobachtete Varianz die unter der Annahme eines gemeinsamen Populationseffektes theoretisch zu erwartende Varianz erheblich, wird daraus abgeleitet, dass die Annahme eines gemeinsamen Populationseffektes verworfen werden muss (Hunter/Schmidt 2004: 414). Für diesen Test wird oftmals die sog. 75-%-Regel empfohlen (Hunter/Schmidt 2004). Diese besagt, dass ein Datensatz dann als nicht homogen betrachtet werden sollte, wenn weniger als 75 % der beobachteten Variabilität durch Stichprobenfehler erklärt werden können.

Mittels Heterogenitätstest lässt sich auch darüber befinden, ob zur Meta-Analyse sog. „fixed-effects"- oder „random-effects"-Modelle geschätzt werden sollten (vgl. Haddock et al. 1998: 345). Bei beiden Modelltypen handelt es sich um Verfahren der linearen Regressionsanalyse, bei denen variierende Entwicklungs- und Niveauunterschiede von Effekten, die zwischen Gruppen von Fällen (hier: Primärstudien) möglich sind, berücksichtigt werden können. Das heißt beide Modelltypen können zur Überprüfung der Frage, ob methodische, inhaltliche oder substanzielle Unterschiede in den Primärstudien mit der Variation der Effektstärken zusammenhängen, herangezogen werden (vgl. Konstantopoulos/Hedges 2009: 280).

Das Fixed-Effects-Modell setzt voraus, dass alle Primärstudien der Meta-Analyse aus derselben Population stammen. Es wird angenommen, dass die wahre Effektstärke für alle Primärstudien gleich ist und diese sich nur aufgrund von Stichprobenfehlern vom Populationsparameter unterscheidet (Haddock et al. 1998: 345).

Im Random-Effects-Modell hingegen wird weder davon ausgegangen, dass alle Primärstudien der Meta-Analyse aus derselben Population stammen, noch davon, dass die wahre Effektstärke für alle Primärstudien die gleiche ist. Es wird angenommen, dass Unterschiede zwischen den Primärstudien auch Unterschiede in der wahren Effektstärke erzeugen. Und es wird die wahre Effektstärke selbst als eine Zufallsvariable betrachtet, die unterschiedliche Werte in verschiedenen Primärstudien annimmt (Raudenbush 2009: 296). Das heißt der Populationsparameter ist nicht fix und besitzt eine eigene Streuung (Haddock et al. 1998: 345). Dies impliziert, dass eine Vielfalt von potenziellen Moderatorvariablen existiert. Das Modell geht somit im Unterschied zum Fixed-Effects-Modell von heterogenen Effektstärken aus. Dabei lassen sich zwei Variationsquellen nennen: die Variation innerhalb einer Primärstudie und die Variation zwischen den Primärstudien. Die beobachtete Variabilität der Effektstärken der einzelnen Primärstudien reflektiert sowohl die konditionale Variation der Effektstärke um jede Population, als auch die zufällige Variation der individuellen Population um die mittlere Populationseffektstärke (Haddock et al. 1998: 345). Im Gegensatz zum Fixed-Effects-Modell berücksichtigt das Random-Effects-

Modell also die Gesamtvarianz der Primärstudieneffekte. Diese setzt sich aus der Summe der konditionalen Varianz (d.h. „[...] der Summe der individuellen Standardfehler der Studieneffekte [...], die sich durch die Stichprobenbasis der individuellen Studien ergibt“ (Eisend 2009: 441) und der Varianz der Zufallsauswahl der Effektstärken zusammen (Eisend 2009: 440f.).

Da sich das Random-Effects-Modell auf das Fixed-Effects-Modell reduziert, sofern die Annahmen und Voraussetzungen von fixen Effekten zutreffen, ist aus Sicht vieler Autoren das Random-Effects-Modell für eine Meta-Analyse oft das angemessenere Modell (Haddock et al. 1998: 345).

Wenn also ein signifikanter Heterogenitätstest mitteilt, dass die Effektstärken aller ausgewählten Primärstudien signifikant variabler sind, als man es per Zufall erwarten würde, ist oftmals ein Fixed-Effects-Modell fragwürdig und ein Random-Effects-Modell adäquater. Denn ein signifikanter Heterogenitätstest könnte aufgrund einer zufälligen Variation in den Populationsparametern oder einer Interaktion zwischen der Ausprägung der abhängigen Variablen und bestimmten Studienmerkmalen entstehen (Haddock et al. 1998: 345).

Mehr zur Logik von Fixed-Effects- und Random-Effects-Modellen wird im folgenden Unterkapitel 3.3 „Verfahren der Mehrebenen-Meta-Analyse“ sowie in Anhang A10 ausgeführt.

Sollte also keine Homogenität der Effektstärken vorliegen, muss die Varianz zwischen den einzelnen Effektstärken untersucht werden. Denn signifikante Heterogenität bedeutet, dass ein Faktor oder mehrere Faktoren eine Überschussvariabilität („excess variablity“) in den Effektstärken produzieren könnten (Rosenthal/DiMatteo 2001: 69).

Da eine allzu große Heterogenität unter den Effektstärken auf die Wahrscheinlichkeit hindeutet, dass bestimmte Faktoren in Form von Moderatorvariablen für die Variabilität der Effektstärken verantwortlich sein können, sollten in diesem Falle im Kontext von Meta-Analysen immer Moderatoranalysen durchgeführt werden. Dazu sind Moderatorvariablen zu definieren, die, abstrakt betrachtet, die Primärstudien entsprechend ihrer Ausprägungen in verschiedene Subgruppen aufteilen können. Denkbar sind z.B. methodische Moderatorvariablen (wie bspw. die methodische Güte der Primärstudien) oder auch inhaltliche Moderatorvariablen (wie bspw. das Alter der in jeder Studie untersuchten Probanden). Es wird dann in einer Moderatoranalyse angenommen, dass sich eine im Vergleich zu der Gesamtvarianz geringere Varianz in den Subgruppen zeigen sollte, sofern die Moderatorvariablen eine Erklärungskraft für die Varianz der Effektstärken besitzen.

Die Erklärungskraft kategorialer Moderatorvariablen kann dann mittels varianz- oder regressionsanalytischer Schätzungen berechnet werden. Allerdings können auch signifikante Moderatoren für eine nicht signifikant heterogene Streuung der Effektstärken gefunden werden. Somit wäre in einer

Meta-Analyse auch unabhängig vom Ergebnis des Heterogenitätstests eine Überprüfung von Moderatoren basierend auf theoretischen oder anderen a priori Überlegungen sinnvoll (Hall/Rosenthal 1995: 399).

Natürlich gilt auch für die Interpretation der Ergebnisse von Moderatoranalysen das gleiche Risiko wie für die Interpretation anderer multivariater Analyseverfahren: Sofern signifikante Moderatoren gefunden werden, ist bezüglich der Ziehung kausaler Schlüsse stets eine große Vorsicht geboten. Beispielsweise kann in einem Fall, in dem Studien mit „geringer Qualität" größere bzw. stärkere Effekte produzieren als Studien mit „hoher Qualität", die Schlussfolgerung, dass Studien mit „geringer Qualität" stets überhöhte oder verzerrte Ergebnisse produzieren, nicht korrekt sein. Denn die Studien mit unterschiedlichen Qualitäten könnten sich auch bezüglich anderer Merkmale unterscheiden, die mit der „Studienqualität" (gering vs. hoch) korrelieren und die nicht als Drittvariablen im entsprechenden Analysemodell berücksichtigt werden.

Zusammenfassend kann nun festgehalten werden, dass das „klassische" meta-analytische Vorgehen darin besteht, Effektstärken für alle Primärstudien, welche für eine bestimmte Meta-Analyse ausgewählt wurden, zu berechnen, sodann diese ggf. zu transformieren und eine Gesamteffektstärke zu generieren. Dabei sollten auch die unterschiedlichen Stichprobengrößen der einzelnen Primärstudien berücksichtigt werden. Auch können als Gewichtungsfaktoren die inverse Effektstärkenvarianz oder das Ausmaß von Messverzerrungen dienen.

Mittels Heterogenitätstests wird dann überprüft, ob die einzelnen Effektstärken als homogen verteilt angesehen werden können. Ist dies nicht der Fall, sollten immer Moderatoranalysen durchgeführt werden. Die Primärstudien werden hierzu anhand methodischer und/oder inhaltlicher potenzieller Moderatorvariablen in Gruppen eingeteilt und die Effektstärken der Studien werden als Messwerte einer abhängigen Variablen aufgefasst. Mittels Varianzanalyse oder Regressionsanalyse kann dann untersucht werden, ob die Gruppen eine unterschiedliche mittlere Effektstärke aufweisen und ob somit Moderatorvariablen, die die Gruppenaufteilung bestimmen, den untersuchten Variablenzusammenhang beeinflussen. Für diese Analysen können auch Random-Effects- oder Fixed-Effects-Modelle eingesetzt werden. Mehr dazu im folgenden Unterkapitel.

3.3 Verfahren der Mehrebenen-Meta-Analyse (MEMA)

Das vorliegende Unterkapitel befasst sich mit der Durchführung von Mehrebenenanalysen (MEA) im Rahmen von Meta-Analysen (MEMA). Dazu wird zunächst erläutert, was unter einer MEA zu verstehen ist und was bei dem Verfahren passiert. Danach wird gezeigt, warum eine MEA im Rahmen einer Meta-Analyse überhaupt sinnvoll sein kann. Anschließend wird verdeutlicht, welche Voraussetzungen für die Anwendung des MEA-Verfahrens gegeben sein müssen und überprüft, inwiefern diese Voraussetzungen beim MAPS-Projekt gegeben waren. Schließlich wird erläutert, welche Analysen mit dem Verfahren der MEA im Rahmen des MAPS-Projektes ausgeführt werden konnten.

Einfach gesagt ist eine Mehrebenenanalyse eines von vielen möglichen statistischen Verfahren, die für multivariate Analysen eingesetzt werden können. Ähnlich wie bei einer Regressionsschätzung wird bei der MEA getestet, in welcher Stärke verschiedene unabhängige Variablen mit einer abhängigen Variablen in Beziehung stehen. Auch in der MEA werden die Effekte aller unabhängigen Variablen durch deren gleichzeitige (simultane) Berücksichtigung in einer Modellschätzung gegenseitig kontrolliert, sodass bereinigte Effekte ermittelt werden können. Das bedeutet, dass mit diesem multivariaten Statistikverfahren im Unterschied zu bivariaten Analysen einzelne Effekte isoliert und Aussagen darüber getroffen werden können, welche Variablen den stärksten bzw. den „entscheidenden" Einfluss auf eine abhängige Variable ausüben.

Insofern unterscheidet sich die MEA kaum von den übrigen multivariaten Analyseverfahren. Der zusätzliche Vorteil, den dieses Verfahren mit sich bringt, besteht in der Möglichkeit, statistische Effekte auf unterschiedlichen Analyseebenen zu unterscheiden und auch schätzen zu können. So kann getestet werden, inwiefern Effekte auf der Individualebene (z.B. der Einfluss individueller pädosexueller Viktimisierung auf die Straftat einzelner Akteure) in Abhängigkeit von Einheiten auf einer übergeordneten Ebene (z.B. Primärstudien mit unterschiedlichen Methodiken) variieren.

In diesem Falle wäre die Methodik kein Merkmal der befragten Personen, sondern sie wäre ein Merkmal der einzelnen Studien und somit als Variable auf einer übergeordneten, zweiten Analyseebene zu untersuchen. So wäre es bspw. denkbar, dass in Studien, in denen eine weite Definition von pädosexueller Viktimisierung verwendet wird (in denen z.B. auch Exhibitionismus als eine Form von Viktimisierung betrachtet wird), andere Zusammenhänge identifiziert werden, als in Studien, in denen eine engere Definition von Viktimisierung zur Anwendung kommt (in denen z.B. nur eine vollzogene Penetration als Viktimisierung betrachtet wird). Wenn diese Variation in einer Analyse nicht berücksichtigt werden würde, könnte dies zu Verzerrungen bei der Schätzung der Effektkoeffizienten führen.

In solchen Fällen erlaubt die MEA die Modellierung eines sog. „random coefficient" (Field 2009: 732ff.), der solche Variationen abbilden kann. Dies geschieht, indem im Verfahren eine Schätzung der Effektvariationen zwischen den Einheiten der zweiten Ebene vorgenommen wird. Das Ergebnis dieser Schätzung ist dann einerseits, dass sich anhand dieses „Zufalls"-Koeffizienten erschließen lässt, wie stark die Variation zwischen den Einheiten auf der zweiten Ebene ausfällt (hier: auf der Ebene der Studien). Und andererseits hat diese Schätzung auch den Vorteil, dass damit die Schätzungen der Effektkoeffizienten auf der ersten Ebene (hier: auf der Ebene der Probanden) um den Einfluss von Effekten auf der zweiten Ebene kontrolliert bzw. bereinigt werden können.

Auf diese Weise können unterschiedlichste Variablen, welche die Merkmale von Einheiten höherer Ordnung erfassen, in die jeweiligen Modelle eingebunden werden und können dadurch die Schätzungen von Effekten auf der Individualebene kontrolliert werden. Solche Variablen einer zweiten Analyseebene können z.B. bei einer Befragung von Straftätern der Typ von Haftanstalt sein, in denen die Straftäter einsitzen, oder die Größe der Haftanstalt (entsprechend der Zahl der dortigen Insassen). Alle diese Variablen auf der zweiten Analyseebene können benutzt werden, um zu untersuchen, inwiefern der eigentlich interessierende Zusammenhang auf der Individualebene von weiteren Variablen auf einer zweiten Analyseebene beeinflusst wird.

Mit dieser besonderen Form der Modellspezifizierung ist es also möglich, in der statistischen Analyse nicht nur die Wechselwirkungen zwischen Merkmalen einer, sondern auch Wechselwirkungen zwischen mehreren Ebenen zu kontrollieren. Folglich lässt sich mit dem Verfahren der MEA ein viel genaueres Bild von den Zusammenhängen zwischen den verwendeten unabhängigen und der zu erklärenden abhängigen Variablen zeichnen als mit herkömmlichen Ein-Ebenen-Statistikmodellen.

Zusammenfassend lässt sich also sagen, dass die Mehrebenenanalyse ein multivariates Analyseverfahren ist, das im Unterschied zu „konventionellen" Regressionsanalysen die explizite Berücksichtigung von Einheiten auf Analyseebenen höherer Ordnung erlaubt. Sie ermöglicht es, dass die Variation der Effekte auf der Individualebene mittels Schätzung von Effekten auf einer höheren Analyseebene kontrolliert und bestimmt werden kann. Die MEA ist folglich eine Regressionsanalyse, die nicht nur mit fixierten Koeffizientenschätzungen arbeiten muss, sondern auch variable Koeffizientenschätzungen ermöglicht („random coefficient"). Zudem können Merkmale auf einer zweiten oder höheren Analyseebene explizit in den Modellierungen berücksichtigt werden.

Welche Vorteile hat die MEA nun bei der Durchführung von Meta-Analysen, mit denen die Resultate wissenschaftlicher Primärstudien evaluiert werden sollen?

Wie zuvor bereits geschildert, erlaubt das Verfahren der MEA im Unterschied zu anderen statistischen Analyseverfahren die explizite Berücksichtigung einer hierarchischen Datenstruktur. Hierarchische Datenstrukturen liegen immer dann vor, wenn die Untersuchungseinheiten der Stichprobe nicht aus einer gemeinsamen Population stammen, sondern aus vielen unterschiedlichen Subpopulationen bzw. Clustern gezogen werden. Recht einfach lässt sich dies am Beispiel von Untersuchungen über inhaftierte Straftäter verdeutlichen. Diese Personen sind Untersuchungseinheiten, die aus der Gesamtpopulation aller Sträflinge in der BRD stammen, jedoch kommen sie auch wiederum aus verschiedenen Subpopulationen. Subpopulationen sind z.B. alle Haftinsassen bestimmter Bundesländer oder (eine Ebene tiefer) alle Insassen bestimmter JVAs oder (noch eine Ebene tiefer) alle Insassen bestimmter Zellentrakte. Alle diese unterschiedlichen Ebenen „sorgen" dafür, dass sich die Untersuchungseinheiten aus gleichen Subpopulationen aufgrund der dort vorliegenden Randbedingungen ähnlicher sein sollten, als die Untersuchungseinheiten aus verschiedenen Subpopulationen (z.B. deshalb, weil unterschiedliche Bundesländer bzw. Justizministerien unterschiedliche Gesetzesauslegungen vornehmen oder unterschiedliche Haftanstaltstypen unterschiedliche Haftbedingungen aufweisen etc.).

Die logische Konsequenz daraus ist, dass die Stichprobendaten, die aus solchen Populationen gezogen werden, nicht als unabhängig zu verstehen sind, was wiederum bedeutet, dass bei Nichtberücksichtigung dieses Sachverhalts in der statistischen Analyse die Möglichkeit besteht, dass die statistischen Schätzungen verzerrt und Rückschlüsse fehlerbehaftet sein können. Daher lohnt sich in solchen Fällen generell die Anwendung einer MEA, mit der verschiedene Variableneffekte auf unterschiedlichen Ebenen berechnet und kontrolliert werden können.

Eine ähnliche Datenstruktur wie im genannten Häftlingsbeispiel ergibt sich auch für die Beobachtungseinheiten des MAPS-Projektes. In den Meta-Analysen dieses Projektes sollen Effekte evaluiert werden, die mit den Daten von individuell befragten/beobachteten Probanden (erste Ebene) errechnet wurden, wobei jede Auswahl und Befragung im Kontext einer bestimmten Forschungsstudie (zweite Ebene) durchgeführt wurde. Aufgrund dieser Zwei-Ebenen-Struktur ist die Wahrscheinlichkeit relativ groß, dass die Ergebnisse bzw. Effekte, die in den einzelnen Studien ermittelt wurden, zumindest in Teilen durch Merkmale der jeweiligen Studie beeinflusst werden. Denn es lässt sich sicherlich annehmen, dass es zwischen den verschiedenen Studien deutliche Unterschiede z.B. hinsichtlich der Reliabilität der darin eingesetzten Erhebungsinstrumente gibt. Folglich ist davon auszugehen, dass die in den Studien erzielten Ergebnisse schon alleine aufgrund dieser methodischen Unterschiede (die auf der zweiten Analyseebene liegen) zumindest zu einem gewissen Ausmaß zwischen den einzelnen Studien variieren „müssen" (vgl. Hox 2010: 206ff.).

Anders gesagt: Die Annahme, dass die in jeder Studie ermittelten Ergebnisse gänzlich unabhängig vom Design der dort vorgenommenen Untersuchung, der verwendeten Verfahren und anderer methodischer Spezifika sind, ist höchst unwahrscheinlich. Folglich sind in einer Meta-Analyse mehrerer Primärstudien diejenigen Probanden, die in jeder Studie untersucht wurden, als Untersuchungseinheiten nichtunabhängiger Teilstichproben zu verstehen und folglich würde eine „konventionelle" eindimensionale Analyse dieser Daten mit gravierenden Problemen behaftet sein (vgl. Ditton 1998: 14 ff.).

Im MAPS-Projekt war es folglich sinnvoll, auf eine MEA zurückzugreifen. Denn bezüglich der Beobachtungseinheiten auf der zweiten Ebene (Primärstudien) lassen sich Merkmale identifizieren, die die einzelnen Studienergebnisse bzw. die einzelnen Effektschätzungen beeinflussen können. Zu diesen Studienmerkmalen gehören u. a.: die Breite von Operationalisierungen (z. B. enge vs. weite Fassung von pädosexuellem Missbrauch und pädosexueller Delinquenz), die Festlegung von Stichprobenclustern (Therapieeinrichtungen vs. Haftanstalten etc.) aber auch die Stichprobengröße.[48] Es gab also viele gute Gründe, warum in den Meta-Analysen des MAPS-Projekts auf eine Mehrebenenmodellierung zur statistischen Datenanalyse zurückgegriffen werden sollte.

Wie bei traditionellen Mehrebenenanalysen gilt auch für Mehrebenenanalysen im Rahmen von Meta-Analysen, dass dafür gewisse Anwendungsvoraussetzungen erfüllt sein müssen. Dazu gehört zunächst einmal das Vorhandensein einer hierarchischen Struktur in den zu analysierenden Daten, welche die in den Meta-Analysen zu beobachtenden Ereignisse (hier: Effektschätzungen) systematisch beeinflusst. Dass eine solche hierarchische Struktur gegeben ist, wenn Primärstudien mittels Meta-Analysen ausgewertet werden sollen, wurde in den vorangegangenen Erläuterungen begründet.

Ob die hierarchische Struktur der Daten in und über Primärstudien auch relevant zur Beurteilung der Effektschätzung ist, lässt sich durch den sog. „Intraklassenkorrelationskoeffizient" (ICC) ermitteln (zur Berechnung des ICC vgl. die Erläuterungen im Anhang A10). Dieser Koeffizient setzt die in den Studien einer Meta-Analyse beobachtete Varianz der ersten Ebene in Relation zur beobachteten Varianz der Studien auf der zweiten Ebene. Je größer der Koeffizient ist, desto mehr Studienvarianz wird von Studienmerkmalen der zweiten Ebene bestimmt. Nach einer Daumenregel[49] sind Mehrebenenschätzungen in Meta-Analysen erst dann sinnvoll, wenn der ICC größer als 0,25 ist. Dementsprechend wäre erst dann, wenn auf Studienebene (= zweite Ebene) mehr als 25 % der Gesamtvarianz aller Studien

---

48 Je größer eine Stichprobe, desto geringer ist der zu erwartende Stichprobenfehler; was jedoch auch durch Gewichtung teilweise zu berücksichtigen ist (vgl. Hox 2010: 213).

49 Diese Daumenregel wurde von Hunter/Schmidt 2004 vorgeschlagen.

statistisch erklärt werden kann, eine MEA zur Durchführung von Meta-Analysen sinnvoll.

Allerdings ergab eine Simulationsstudie von Schulze (2008), dass die Auswahl gerade dieser Schwelle nicht eindeutig zu rechtfertigen ist und sie deshalb nicht empfohlen werden kann (vgl. Hox 2010: 211). Hox selbst ist der Auffassung, dass auch wenn der ICC unterhalb von 0,25 liegt, eine MEA durchgeführt werden sollte, da in Meta-Analysen immer mit unerklärter Varianz zu rechnen sei, für deren Analyse und Kontrolle spezifische „random-effects“ (s.o.) geschätzt werden können (Hox 2010: 211). Zudem können mit der Berechnung der „random-effects“ in einer MEA die Standardfehler der Effektschätzungen unverzerrt geschätzt werden, was in aller Regel zu einem realistischeren bzw. „konservativeren“ Ergebnis führt, bei dem die Schätzwerte für Standardfehler und damit auch die Grenzwerte für Konfidenzintervalle nach oben hin korrigiert bzw. vergrößert werden (Hox 2010: 211; Pötschke 2006: 167).

Eine weitere wichtige Anwendungsvoraussetzung für MEA-gestützte Meta-Analysen sind ausreichend umfangreiche Stichprobengrößen sowohl von als auch in den ausgewählten Primärstudien. Denn im Unterschied zu Analyseverfahren, die nicht von einer Schichtung der Stichprobendaten ausgehen, taucht bei hierarchischen Daten die Problematik ausreichender Stichprobengrößen für jede einzelne der analysierten Datenebenen und somit – in unserem Falle – gleich zweimal auf. So kann z. B, eine Stichprobe von Primärstudien, die insgesamt mehrere tausend Beobachtungen auswerten, für eine Mehrebenenanalyse ungeeignet sein, wenn diese mehrere tausend Beobachtungen in nur zwei oder drei ausgewählten Primärstudien ausgewertet wurden.

Welche Anzahl von Primärstudien für eine Mehrebenen-Meta-Analyse mindestens zur Verfügung stehen sollte, wird in der Literatur unterschiedlich diskutiert. Nach Hox sollten nicht deutlich weniger als 50 Beobachtungen auf der zweiten Ebene (Primärstudien-Merkmale) für eine Meta-Studie mit Mehrebenenmodellierung vorhanden sein (Hox 2010: 233). Ansonsten sei mit einer Verzerrung der geschätzten Standardfehler zu rechnen.

Es gibt allerdings auch methodische Hinweise darauf, dass das Fallzahlenproblem von Mehrebenenschätzungen nur dann gravierend ist, wenn gleichzeitig die Anzahl von Probanden pro Primärstudie kleiner als 30 ist (vgl. Maas/Hox 2004: 136). Dies ist bei den von uns ausgewerteten Primärstudien nicht der Fall. Die für unsere Meta-Analyse identifizierten Primärstudien operieren mit deutlich höheren Fallzahlen, sodass wir in Hinsicht ausreichend großer Fallzahlen die o.g. Anwendungsvoraussetzungen für eine MEA-basierte Meta-Analyse erfüllen können.

Die Problematik ausreichend großer Fallzahlen steht in Verbindung mit dem Ausmaß von Spezifizität, das in einer Meta-Analyse angestrebt wird. Je spezifischer die Fragestellung einer Meta-Analyse ist, umso größer wird in der Regel die Anzahl an bestimmten Variablen sein, die je Studie benötigt werden, um die interessierende Variablenkombination zu erhalten, und umso weniger Studien wird es geben, die diese spezifische Kombination von Variablen aufweisen. Dies hat zur Folge, dass sich bei hoher Spezifizität die Fallzahl an zu verwendenden Studien und damit auch der zu betrachtenden Probanden deutlich reduzieren kann.

Um dies an einem Beispiel zu verdeutlichen, denke man an eine Forschungsfrage, nach der die Wirkung pädosexueller Opfererfahrungen auf die spätere pädosexuelle Delinquenz unter gleichzeitiger Kontrolle von Therapiemaßnahmen, die die Opfer erhalten haben, und der Qualität der Eltern-Kind-Beziehung untersucht werden soll. Daten zu solchen Therapiemaßnahmen bzw. die Existenz eines solchen Settings werden (wenn überhaupt) nur in sehr wenigen Primärstudien erhoben worden sein. Das bedeutet, dass die Merkmale der Therapiemaßnahmen und (!) der Eltern-Kind-Beziehung nur in wenigen Studien erfasst worden sein könnten und damit die Fallzahlen der Studien und Probanden, die für eine Analyse dieser Merkmalskombination zur Verfügung stünden, sehr gering ausfallen würden. In einem solchen Fall wären die Schätzergebnisse einer MEA nur mit äußerster Vorsicht zu interpretieren und könnten bestenfalls zur Validierung von Analysen eingesetzt werden, die mit „klassischen" meta-analytischen Verfahren erstellt worden sind (vgl. Kap. 3.2).

Ausführliche methodische und programmtechnische Hinweise zur Durchführung einer MEMA finden sich in den Anhangskapiteln A10 und A11. Zum Verständnis der nachfolgend vorgestellten Analysen soll allerdings bereits hier auf Folgendes hingewiesen werden:

Bevor die Primärstudiendaten mittels einer Mehrebenenanalyse untersucht werden können, muss die in Unterkapitel 3.2 beschriebene Transformation aller Effektstärkemaße auf ein gemeinsames Maß (hier: bezüglich des Zusammenhangs von pädosexuellen Viktimisierungserfahrungen und pädosexueller Delinquenz) durchgeführt werden. Die dabei generierten Effektstärken ergeben dann die abhängige Variable für alle folgenden Analysen.

Zusätzlich zur einheitlichen Berechnung der Effektstärken müssen alle Studienmerkmale (= Merkmale der zweiten Ebene wie bspw. Fallzahl, Erhebungszeitraum etc.) erhoben und als quantitative Variablen im jeweiligen Datensatz abgespeichert werden. Denn diese Merkmale werden als unabhängige bzw. erklärende Variablen in die Modellschätzung einbezogen und sollen u.a. die Variation der Effektstärken über die Studien hinweg verständlich machen. So kann deren Wirkung auf die Größe des Zusammenhangs zwischen pädosexueller Opfererfahrung und pädosexueller Delinquenz sehr genau bestimmt werden.

Da die Studienmerkmale auch als Kontrollvariablen in den Schätzmodellen verwendet werden können, ist es darüber hinaus möglich, solche Studien, die nicht in exakt gleicher Weise durchgeführt wurden, für eine Analyse zu poolen. Wenn z. B. die Mitglieder der in den einzelnen Studien verwendeten Untersuchungsgruppen unterschiedlich rekrutiert worden sind, kann diese Unterschiedlichkeit in Form von Dummy-Variablen festgehalten werden, sodass diese Dummy-Variablen als zusätzliche Kontrollvariablen in der jeweiligen Modellschätzung benutzt werden können.

Auf diese Weise kann auch der Datenpool auszuwertender Primärstudien um solche Studien erweitert werden, die ansonsten aufgrund ihrer Besonderheiten (geringe methodische Güte, unklare Operationalisierung von UV und AV etc.) nicht zusammen mit anderen, „konventionell" durchgeführten Studien evaluiert werden könnten. Erst im multivariaten Design von Mehrgruppenmodellierungen lässt sich relativ genau schätzen, wie groß (sofern überhaupt gegeben) der Einfluss solcher besonderen Merkmale auf die Effektstärke ist.

Somit lässt sich auf diese Weise nicht nur der Pool von meta-analytisch auszuwertenden Primärstudien vergrößern, sondern lässt sich auch die Selektionsproblematik bei der Auswahl der zu analysierenden Studien entschärfen (vgl. dazu Kap. 6.1). Denn jede als relevant identifizierte Studie, die aus einer Meta-Analyse ausgeschlossen wird, könnte eine Studie sein, die ein zusätzliches, möglicherweise sehr wichtiges Licht auf die untersuchten Zusammenhänge wirft. Und möglicherweise könnte sich gerade ein Ausschluss von wenigen, unorthodox durchgeführten Studien verzerrend auf die Analyseergebnisse auswirken.

Wenn allerdings die Anzahl von Studien für eine Meta-Analyse klein ist und wenn auch die in jeder Studie untersuchte Anzahl von Probanden gering ist, haben die Verfahren der klassischen Meta-Analyse (vgl. Kap. 3.2) ihre Vorteile. Kleine Studienfallzahlen können insbesondere dann vorkommen, wenn in einer Meta-Analyse sehr spezifische Merkmalskombinationen mehrerer Variablen interessieren (s. o.). Dann können u. U. nur wenige Studien zur Verfügung stehen, die diese Kombination aufweisen. Und dann hat die Methodik der „klassischen" Meta-Analyse einen entscheidenden Vorteil. Denn dadurch, dass es sich bei deren Verfahren um relativ einfache statistische Modellierungen handelt, sind die entsprechenden Datenvoraussetzungen bei weitem nicht so anspruchsvoll wie diejenigen in der Mehrebenenanalyse.

Wir erachten es deshalb als sinnvoll, die beiden hier vorgestellten Verfahrensrichtungen der Meta-Analyse in einer Form von Methodenmix einzusetzen. So kann in einer Meta-Analyse immer dann, wenn ein Gesamtüberblick über mögliche Determinanten von Effektstärkeschwankungen und ein größtmögliches Maß an Kontrolle der Wirkungsweise dieser Determinanten erzielt werden soll, das Verfahren der Mehrebenenanalyse eingesetzt werden. Geht es jedoch darum, sehr spezifische Fragestellungen zu bearbeiten, für deren Untersuchung nur ein sehr kleiner Teil an Studien zur Verfügung steht, dann kann zusätzlich auf Verfahren der „klassischen" Meta-Analysen zurückgegriffen werden.

Darüber hinaus bietet es sich natürlich an, das jeweilige Verfahren in dem Anwendungsgebiet, in dem es eigentlich nicht die erste Wahl ist, zu Validierungszwecken und zur Methodenentwicklung in vergleichender Weise einzusetzen.

In Anhang A10 wird die formale Logik der Mehrebenen-Meta-Analyse (MEMA) ausführlich erläutert. In Anhang A11 wird gezeigt, wie eine MEMA mit dem EDV-Programmpaket „HLM" programmtechnisch durchzuführen ist.

Kapitel 4
Auswahl der Primärstudien und Datenerhebung

4.1 Recherche

Die Daten für die hier beschriebenen Meta-Analysen von Studienergebnissen zum Zusammenhang von pädosexueller Viktimisierung und pädosexueller Delinquenz (POTT-These) wurden in drei Schritten erhoben:

Zunächst wurden in Form einer Literaturrecherche diejenigen Publikationen ermittelt, in denen über empirische Studien bzw. Forschungsergebnisse zur POTT-Hypothese berichtet wird.

Sodann wurden diese Studien (auch „Primärstudien" genannt) mittels eines Screeningschemas hinsichtlich ihrer meta-analytischen Relevanz bewertet und entschieden, welche dieser Studien in die Meta-Analyse einbezogen werden sollten.

In einem dritten Schritt wurden aus den als wichtig erachteten Primärstudien mittels eines Kodierschemas diejenigen Studiendaten ermittelt, die mit den zuvor beschriebenen Methoden meta-analytisch ausgewertet werden sollten.

Im vorliegenden Kapitel wird zunächst die Durchführung der Literaturrecherche (Schritt 1) beschrieben. In den anschließenden Kapiteln 4.2 und 4.3 werden Entwicklung und Einsatz des Screeningschemas (Schritt 2) und des Kodierschemas (Schritt 3) erläutert.

Die Projektphase zur Literaturrecherche erstreckte sich auf den Zeitraum von Januar 2011 bis Mitte Juli 2011. Insgesamt wurden in diesem Zeitraum etwa 64 000 Literaturtitel überprüft. Bei vielen Publikationen wurde lediglich aufgrund des Studientitels entschieden, ob sie für die weitere Auswertung gescreent werden sollten oder nicht. Von gut einem Drittel der Publikationen wurde zumindest der Abstract gelesen und daraufhin entschieden, ob die entsprechenden Literaturtitel intensiv gescreent werden sollten.

Zur Datenerhebung für eine Meta-Analyse ist also zunächst eine möglichst umfangreiche und umfassende Sammlung von Publikationen über relevante Primärstudien erforderlich. Dazu muss auch die Grundgesamtheit der interessierenden Studien definiert werden. Dies erfolgt durch eine genaue Festlegung derjenigen Zusammenhänge bzw. Merkmale, die in einer Primärstudie untersucht bzw. enthalten sein müssen, damit diese Studie in die Meta-Analyse einbezogen werden kann. Im MAPS-Projekt ergab sich die thematisch definierte Grundgesamtheit aus allen Studien, die auf eine Erforschung des Zusammenhangs zwischen pädosexueller Viktimisierung und pädosexueller Delinquenz ausgerichtet sind. Dieser thematische Schwerpunkt wurde eher „breit" definiert. So wurden auch Studien zur Grundgesamtheit gezählt, die den Zusammenhang von pädosexueller Viktimisierung und nicht-pädosexueller Delinquenz untersuchen, oder die den Zusammenhang von anderen, nicht pädosexuellen Viktimisierungsformen und späterer pädosexueller Delinquenz erforschen.

Zudem sind zur Abgrenzung der Grundgesamtheit auch nicht-thematische, allgemeine Auswahlkriterien wichtig, wie bspw. der Durchführungszeitraum, der geografische Forschungsraum (evtl.) und der Sprachraum von studienbezogenen Veröffentlichungen (vgl. Lipsey/Wilson 2001: 16f.). Im hier berichteten Projekt wurde der relevante Zeitraum allein durch das Publikationsdatum definiert (1980–2010, jeweils inklusive). Zudem wurden allein englisch- und deutschsprachig verfasste Publikationen berücksichtigt, ohne damit auch den geografischen Raum für die Studiendurchführung festzulegen.

Ein Argument für den gewählten zeitlichen Rahmen ergibt sich daraus, dass viele Studien, die vor 1980 veröffentlicht wurden, eine historisch überholte Definition von Täterschaft aufweisen. Denn viele gesellschaftliche Einschätzungen wie auch Gesetztestexte zur Sexualdelinquenz haben sich in den letzten Zeitdekaden deutlich verändert. So sind die in manchen Studien benutzten Kriterien für die Identifikation von Sexualtätern wie bspw. häufiger Partnerwechsel (u.a. in: Atcheson/Williams 1954) oder Homosexualität (u.a. in: Apfelberg et al. 1994) mit heutigen Vorstellungen und auch mit der für das Projekt relevanten Leitfrage nicht (mehr) vereinbar.

Die Literaturrecherche für das MAPS-Projekt erfolgte schrittweise und nutzte unterschiedlichste informelle und formelle, primäre und sekundäre Informationsquellen bzw. -kanäle (nach einer Unterscheidung von Cooper 1989). Als informelle Informationsquellen kamen im Wesentlichen eigene Forschungsarbeiten und Arbeiten von sog. „invisible colleges"[50] in Betracht. Primäre Kanäle waren vor allem Bibliotheksverzeichnisse und Literatur-

50 „Invisible colleges" sind „[...] temporary units that deal with special problems and then vanish when the problem is solved or the focus of the discipline shifts" (Crane 1969, zit. nach Cooper 1989: 41). Sie entstehen, weil „scientifics working on similar problems are usually aware of each other and in some cases attempt to systematize their contacts by exchanging reprints with one another" (Crane 1969, zit. nach Cooper 1989: 41).

datenbanken. Als sekundäre Kanäle wurden insbesondere themenspezifische Bibliografien und Referenzverzeichnisse benutzt.

Startpunkt für unsere Literatursuche war eine Datenbank, die im Rahmen eines DFG-geförderten Forschungsprojekts („Opfer-Täter-Transitionen im Lebensverlauf pädosexueller Straftäter": OTTS) im Laufe der Jahre 2003 bis 2006 angelegt worden war.[51] Diese Datenbank hat einen Umfang von 1 200 deutsch- und englischsprachigen Literaturtiteln und enthält vor allem Veröffentlichungen zu inhaltlichen Aspekten von Sexual- und Gewaltdelinquenz. Hinzu kam eine Datenbank des Instituts für Sozialwissenschaften der Universität Stuttgart (genannt „SYLIS"), welche 89 deutsch- und englischsprachige Titel zum POTT-Thema enthielt. Alle diese 1 289 Literaturtitel wurden im Projekt inhaltlich durchgesehen. Sofern ein Titel für das MAPS-Forschungsinteresse relevant erschien, wurde in aller Regel der diesbezügliche Abstract gelesen. Wenn auch dieser auf eine empirische Studie schließen ließ, deren Untersuchungsgegenstand zum MAPS-Projekt passt, wurde die entsprechende Publikation für das anschließende Screening vorgesehen (vgl. Kap. 4.2). Sofern der Abstract einen Zweifel über die Relevanz der betreffenden Studie aufkommen ließ, wurde deren Methodenteil oder ggf. die gesamte Studie gelesen. Stellte sich dabei heraus, dass der Untersuchungsgegenstand einer Studie keinen direkten Bezug zum (breit definierten) MAPS-Projekt aufweist, wurde sie aus der weiteren Begutachtung ausgeschlossen. Weitere inhaltliche Ausschlussgründe waren gegeben, wenn sich eine Studie ausschließlich auf Täter- oder Opfermerkmale (ohne Zusammenhangsanalyse) konzentriert oder wenn eine Studie ohne eine quantitativ-empirisch orientierte Forschungsmethodik durchgeführt wurde.

Von den 1 289 zunächst durchgeschauten Literaturtiteln wurden insgesamt 77 Publikationen als inhaltlich bedeutsam für das MAPS-Projekt eingestuft. Nach eingehender Lektüre erwiesen sich dann nur noch 32 Primärstudien als für die Meta-Analyse geeignet. Denn stets kann eine Publikation aufgrund ihres Titels oder aufgrund von Inhalten ihres Abstracts als relevant erscheinen, aber erst nach Lektüre der Studie selbst kann darüber entschieden werden, ob sich ein Titel mit der für das MAPS-Projekt interessierenden Fragestellung in empirischer Weise befasst, die notwendigen Informationen enthält und daher in den Pool der intensiver auszuwertenden Studien übernommen werden soll.

In einem zweiten Arbeitsschritt wurde die Literaturrecherche auf primär formelle Informationskanäle ausgedehnt. Dazu wurde in allen Zeitschriften

51 Durchgeführt wurde das Projekt am Lehrstuhl für Soziologie und empirische Sozialforschung des Instituts für Sozialwissenschaften der Universität Stuttgart.

recherchiert, in denen eine der im ersten Schritt identifizierten Studien veröffentlicht wurde. Diese Zeitschriften waren:

- American Journal of Orthopsychiatry
- British Journal of Psychiatry
- Child Abuse & Neglect
- Child Maltreatment
- Criminal Justice and Behavior
- International Journal of Offender Therapy and Comparative Criminology
- Journal of Adolescence
- Journal of Child Sexual Abuse
- Journal of Family Violence
- Journal of Interpersonal Violence
- Sexual Abuse: A Journal of Research and Treatment
- Violence and Victims

In den aufgelisteten Zeitschriften wurden die Titelverzeichnisse der Jahrgänge von 1980 bis 2010 nach MAPS-relevanten Beiträgen durchsucht. Dabei wurde die gleiche Vorgehensweise, wie zuvor beschrieben, angewandt. Insgesamt erbrachte diese Literaturrecherche 85 neue, einschlägig ausgerichtete Studien, von denen sich später nur 33 Primärstudien als tatsächlich relevant erweisen sollten.

Zusätzlich wurden in den im ersten Schritt identifizierten Literaturtiteln auch die dort angegebenen Literaturverweise hinsichtlich ihrer MAPS-Relevanz untersucht. Diese Suche erfolgte mithin nach einem „Schneeballsystem", das insbesondere bei der Literatursuche in bereits als wichtig identifizierten Publikationen und dort vor allem auch bei der Suche in bereits publizierten und als einschlägig identifizierten Meta-Analysen sinnvoll ist. Diese Suche erbrachte 23 thematisch interessante Studien, von denen sich später beim Screenen (vgl. Kap. 4.2) insgesamt 18 Primärstudien als tatsächlich relevant herausstellen sollten.

Im Anschluss an die oben erläuterten Suchschritte wurde eine systematische Literaturrecherche in den vier großen internationalen und sozialwissenschaftlich ausgerichteten Datenbanken SOWIPORT, PSYNDEX, Social Science Citation Index (SSCI) und PsycINFO vorgenommen. Dazu wurden Suchstrings benutzt, die aus Begriffen gebildet wurden, die in den zuvor als relevant recherchierten Studien enthalten waren. Solche Begriffe waren z.B.:

- sexual abuse
- molester
- offender

- assault
- pedophilia
- victim
- rape
- neglect
- maltreatment
- delinquency

Die oben aufgeführten (u.a.) Begriffe mussten zur Erstellung von Suchstrings so kombiniert werden, dass aus der Kombination ein möglichst engmaschiges aber auch ausreichend großes Netz für die Suche nach potenziell relevanten Studien gewebt werden konnte. Dies geschah vor allem mittels Verknüpfung der verwendeten Begriffe via boolescher Operanden. Darüber hinaus bieten die meisten Datenbanken zumindest zwei weitere Optionen an, um die Trefferzahl einer Literatursuche zu erhöhen. Diese sind: Trunkierung und Thesaurus-Verwendung:

Die Trunkierung ermöglicht die Verwendung von Begriffsteilen als Suchstring, sodass die Suche auch Texte identifiziert, in denen nicht nur ein bestimmter Begriff, sondern auch unterschiedlichste Begriffsformen, die im Zusammenhang mit einem bestimmten Begriff entstehen können, zu finden sind. Trunkierung bedeutet somit, dass ein Suchstring dadurch entsteht, dass die Buchstabenabfolge in einem Suchwort an einer „beliebigen" Stelle[52] unterbrochen und durch Platzhalter ersetzt wird (oft wird in den Programmen ein Sternchen (*) als Trunkierungssymbol verwendet). Auf diese Weise wird eine Datenbank nicht nur nach einem bestimmten Wort, sondern auch nach allen möglichen Buchstabenkombinationen, die den beibehaltenen Wortstamm enthalten, durchsucht. Beispielsweise kann eine Datenbankrecherche, welche als Suchstring den trunkierten Begriff „offend*" benutzt, nicht nur Texte finden, die das Wort „offend" enthalten, sondern auch Treffer bei Texten mit den Worten „offender", „offended" oder „offending" liefern.

Eine weitere Option zur Steuerung der Literaturrecherche in Datenbanken ist eine Suche über Synonymverknüpfungen. Diese wird von vielen Datenbanken als Ergänzung zu den übrigen Suchfunktionen angeboten. Dabei wird bei der Suche ein sog. „Thesaurus" benutzt. Was dies bedeutet, soll

52 Je nach Datenbank bzw. Suchmaschine können sowohl Rechts- als auch Linkstrunkierungen eingesetzt werden. Zudem unterscheiden sich die einzelnen Datenbanken hinsichtlich der Mindestbuchstabenanzahl, die vor bzw. nach einem Trunkierungszeichen verwendet werden kann. Für die Suche im MAPS-Projekt wurden ausschließlich Rechtstrunkierungen verwendet, sodass im Folgenden mit dem Begriff „Trunkierung" immer eine Rechts-Trunkierung bezeichnet wird.

kurz am Beispiel einer Literatursuche in der Datenbank PSYNDEX erläutert werden.[53]

Bei der Verwendung eines Thesaurus für die Literatursuche in einer Datenbank ergänzt die jeweilige Suchmaschine die vom Forscher benutzten Suchstrings um sinnverwandte Begriffe bzw. Suchstrings, die sie einem Verzeichnis sinnverwandter Begriffe entnimmt. Diese Begriffe sind im jeweiligen Thesaurus als Ober-, Unter- oder verwandte Begriffe zum jeweils eingegebenen Suchbegriff enthalten. So wurden z. B. in PSYNDEX die Suchstrings „child molest" und „pedosexual delinquency" den Begriffen „pedophilia" und „child molestation" zugeordnet. Die Suche nach „child rape" führte auch zu einer Suche nach „child psychotherapy".

Allerdings konnten im MAPS-Projekt mittels Thesaurus-Suchstrategie keine projekt-relevanten Literaturtitel gefunden werden, die nicht schon mit Hilfe von trunkierten Suchstrings identifiziert worden waren. Auch war die Thesaurus-Suchstrategie deshalb nur bedingt hilfreich, weil sie oftmals irrelevante Treffer anzeigte. So suchte sie z. B. auch automatisch nach Publikationen, welche die Unter-Begrifflichkeiten „child day chare" oder „self care skills" enthalten und deshalb außerhalb unseres Forschungsinteresses lagen.

Keinesfalls können die von den diversen Suchstrategien in Datenbanken identifizierten „Treffer" unmittelbar als meta-analytisch auszuwertende Publikationen eingestuft werden. Die Treffer müssen stets noch inhaltsbezogen „gesichtet" werden, wozu die Datenbanken verschiedene Hilfestellungen anbieten. So erlauben z. B. Datenbanken wie SOWIPORT und PSYNDEX eine recht komfortable Online-Sichtung, bei welcher die Titel der Forschungsarbeiten durchgesehen und bei Bedarf die Abstracts via Link abgerufen werden können.[54] Bei anderen Datenbanken ist das in dieser Form nicht möglich. Dort müssen die Treffer oftmals vor der Sichtung als HTML-Dateien ausgespeichert werden.[55] Dies macht die Durchsicht der entsprechenden Publikationen bedeutend aufwendiger, weshalb z. B. die Bearbeitung von SSCI-Treffern etwa dreimal so lange dauert wie die Sichtung von SOWIPORT-Treffern.

---

53 Die Literatur-Datenbank PSYNDEX sowie weitere Datenbanken werden im Anhang A2 ausführlicher vorgestellt.

54 Die genannten wie auch andere Literatur-Datenbanken werden etwas ausführlicher im Anhang A2 vorgestellt.

55 Der SSCI erlaubt z. B. eine Ausspeicherung von Paketen mit bis zu 500 Treffern während PsycINFO allein die Speicherung von lediglich 50 Treffern pro Datei erlaubt. Allerdings enthalten diese Ausspeicherungen dann auch sämtliche Literaturdaten, die für einen Titel in der jeweiligen Datenbank abgespeichert sind (wie z. B. Autor/en, Jahr, Titel, Abstract, Herausgeber etc.).

Bei unserer Literaturrecherche erwies sich die Datenbankrecherche als wichtige Ergänzung der vorausgegangenen Recherchestrategien. Denn trotz vorangehender Suche in den einschlägigsten und wichtigsten Zeitschriften des projektrelevanten Themenfelds konnte durch die Nutzung sekundärer Quellen eine Vielzahl von weiteren relevanten Studien identifiziert werden. Wie in Anhang A2 ausführlicher beschrieben wird, konnten mittels Datenbanksuche insgesamt 38 664 thematisch interessierende Literaturtitel identifiziert werden, von denen später nur 93 als „potenziell relevant" und nur 37 als „tatsächlich relevant" bewertet wurden.

Im Anschluss an unsere Datenbank-Recherche wurde erneut eine „Schneeballsuche" durchgeführt, um sicherzustellen, dass im Rahmen der unterschiedlichen Recherchestrategien keine für das MAPS-Projekt relevante Primärstudie übersehen, nicht als solche identifiziert oder gar nicht erst erfasst wird.

Hierzu wurden die Literaturverzeichnisse der nach allen Recherchen als thematisch relevant identifizierten Studien, die den Forschungsgegenstand des MAPS-Projekts im engsten Sinne untersuchen (Zusammenhang zwischen pädosexueller Viktimisierung und pädosexueller Delinquenz), durchgesehen. Sofern dabei ein Titel auf einen für das MAPS-Projekt relevanten Zusammenhang hindeutete, wurde auch dieser Titel auf seine Verwendbarkeit überprüft. Auf diese Weise wurden noch einmal ca. 2 000 Literaturtitel gesichtet. Darunter wurden 11 thematisch relevante Studien ermittelt, von denen sich letztlich nur 2 als tatsächlich relevant erwiesen haben.

Insgesamt wurden bei der Beschaffung von Primärstudien für das MAPS-Projekt ca. 64 000 als thematisch interessante Titel auf ihre metaanalytische Relevanz hin gesichtet. Von diesen knapp 64 000 Titeln erwiesen sich nach genauerer Lektüre von Titeln, Abstracts und einzelnen, meistens methodisch ausgerichteten Textstellen insgesamt 287 Titel bzw. Primärstudien als „potenziell relevant" für das MAPS-Projekt und wurden einem genaueren inhaltlichen Screening unterzogen (dazu mehr in Kap. 4.2).

4.2 Screening

In der zuvor in Kapitel 4.1 beschriebenen Literaturrecherche wurden diejenigen Primärstudien ermittelt, die als „themenbezogene" Studien im Forschungsbereich „Päsosexualität/Viktimisierung/Delinquenz" einzuschätzen sind. Ob diese Studien auch tatsächlich als POTT-relevante Studien für unsere Meta-Analysen geeignet sind, musste in einem zusätzlichen Screeningverfahren ermittelt werden.

Beim Pre-Screening (vgl. dazu Kap. 4.1) wurde bezüglich der ca. 64 000 themenbezogenen Publikationen aufgrund von inhaltlichen Angaben, die aus deren Titeln (Haupt- und Untertitel), deren Abstracts und ausgewählten Textstellen zu entnehmen waren, darüber entschieden, welche dieser Publikationen über „potenziell relevante" Studien für unsere Meta-Analysen berichten. Auf diese Weise wurden im Pre-Screening insgesamt 287 potenziell relevante Primärstudien identifiziert.

Ob diese Studien dann tatsächlich zur Überprüfung der POTT-These und zur Durchführung der diesbezüglichen Meta-Analysen geeignet sind, wurde im Anschluss an das Pre-Screening in einem aufwendigen Haupt-Screening festgestellt. Über dieses Verfahren wird im Folgenden berichtet:

An der Durchführung des Screeningverfahrens waren mehrere Projektmitarbeiter beteiligt. Wenn letztlich eine Studie von einem Erstbeurteiler als „nicht relevant" bewertet wurde, wurde stets im Forschungsteam über eine adäquate, möglicherweise modifizierte Bewertung dieser Studie diskutiert und entschieden.

Gesteuert wurde das Haupt-Screening durch ein „Screeningschema", mit welchem die als „potenziell relevant" identifizierte Literatur nach bestimmten, darin enthaltenen Informationen systematisch durchsucht wurde. So wurde mittels Screeningschema z. B. festgehalten, welche empirischen Variablen in den einzelnen Primärstudien untersucht werden und welche statistischen Verfahren in den jeweiligen Analysen zur Anwendung kommen. Auf diese Weise wurde es möglich, den Pool der relevanten Primärstudien zu klassifizieren und eine systematische Selektion der letztlich von uns zu analysierenden Primärstudien vorzunehmen.

Ziel des Haupt-Screenings (mittels Anwendung des Screeningschemas) war also, eine allgemeine Verkodung von Inhalten der bis dahin als „potenziell relevant" identifizierten Primärstudien vorzunehmen, um mit den so ermittelten Informationen über die tatsächliche Relevanz dieser Primärstudien zu entscheiden. Folglich musste das Screeningschema alle dazu notwendigen Informationen aus jeder in Betracht genommenen Studie erfassen können. Denn mit diesen Informationen war eine dementsprechende Selektionsentscheidung zu treffen.

Das von uns verwendete „Screeningschema" ist nicht identisch mit dem erst später eingesetzten „Kodierschema". Denn das Kodierschema wurde erst nach Bestimmung der letztendlich in den Meta-Analysen auszuwertenden Primärstudien benötigt. Erst nachdem eine allgemeine Verkodung mittels Screeningschema und eine darauf aufbauende Auswahl von Primästudien erfolgt war, schloss sich in einem weiteren Arbeitsschritt eine zusätzliche, spezifischere Verkodung der auf Basis der Screeningergebnisse ausgewählten Primärstudien an. Diese weitere Kodierung erfolgte dann mittels eines Kodierschemas, mit dem die eigentliche Erhebung von Daten für die durchzuführenden Meta-Analysen vorgenommen wurde (dazu mehr im anschließenden Kap. 4.3).

Zur Entwicklung eines leistungsfähigen Screeningschemas wurde zunächst eine vorläufige Testversion eines solchen Schemas erstellt (Version 1.0). Die damit zu erfassenden Informationen lassen sich grob in sieben thematische Gruppen untergliedern. Die folgende Abbildung 4.1 gibt einen Überblick über diese Untergruppen und über einen Teil der Informationen, die im jeweiligen Themengebiet erhoben werden sollten. Die sieben Themengebiete betreffen die Bereiche: „I. Meta-Daten", welche bspw. Informationen über die Verkoder und die projektinterne Studien-ID enthalten, „II. bibliografischen Angaben", „III. Studienmerkmale", welche eine Vielzahl an formalen Daten über die jeweilige Studienmethodik betreffen, sowie Informationen zu den deskriptiven, bivariaten und multivariaten Analysen, die in den einzelnen Studien durchgeführt worden waren (IV bis VII).

Die Erfassung der diesbezüglichen Daten erfolgte in Version 1.0 des Screeningschemas auf zweierlei Wegen: zum einen mittels Einsatz einer geschlossenen Liste, mit der insgesamt 54 Studienmerkmale zu erfassen sind, und zum anderen mittels Einsatz einer offenen Liste, in welcher alle unter IV nicht berücksichtigten Studienmerkmale festgehalten werden können. Auf diese Weise sollten auch Informationen gesammelt werden, mit deren Hilfe verbesserte Versionen des Screeningschemas zu entwickeln waren, welche dann auch in der Lage sind, zuvor unberücksichtigt gebliebene Studienmerkmale zu erfassen.

Für den Test des Screeningschemas der Version 1.0 und auch für den Test der weiteren Versionen des Screeningschemas wurden 23 Primärstudien herangezogen, von denen aus einem anderen Projektkontext heraus bereits bekannt war, dass sie den für unser Forschungsthema relevanten Zusammenhang zwischen pädosexueller Viktimisierung und späterer pädosexueller Delinquenz untersuchen. Aufgrund der bei diesem und bei weiteren Tests gemachten Erfahrungen wurde das Screeningschema kontinuierlich modifiziert und ausgebaut. Dabei erfolgte u. a. eine Beschränkung der Anzahl zu kodierender formaler Studienmerkmale sowie eine zusätzliche Unterteilung der multivariaten Analysen in symmetrische und asymmetrische Analysen. In der endgültigen Fassung des Screeningschemas (Version 2.2) wurden z. B. Ausfüllmuster zur Orientierungshilfe für die Verkoder zu Beginn eines jeden neuen „Themengebiets" neu aufgenommen. Auch war mit dieser Version keine offene Erhebung von Studienmerkmalen mehr erforderlich.

Abbildung 4.1: Schematischer Aufbau des Screeningschemas (Version 1.0)

I Meta-Daten
01. Publikations-ID
02. Studien-ID
03. Verkoderkürzel
04. Datum der Verkodung
05. Versionsnummer des verwendeten Screeningschemas

II Bibliografische Angaben
06a. Bibliografie nach ZfS

III Studienmerkmale – Formal
07a. zeitliche Dimension
08a. Erhebungsmethode
09a. Designperspektive
10a. Grundgesamtheit
11a. Umfang der Bruttostichprobe
12a. Auswahlprinzip
13a. Fall-Kontroll-Design
14a. Erhebungszeitpunkt
15a. Ort in dem die Erhebung für die Studie vorgnommen wurde

IV Deskriptive Daten
geschlossene Liste mit 54 Variablen

IV Deskriptive Daten – Freie Angaben

V Bivariate Analysen

VI Multivariate Analysen

VII Anmerkungen und Ergänzungen zu einzelnen Variablen

Wie aus der folgenden Abbildung 4.2 hervorgeht, ist das endgültig entwickelte Screeningschema V2.2 (im Folgenden einfach nur „Screeningschema" genannt) in neun Themenfelder untergliedert. Zunächst (I) werden damit Meta-Daten (wie z. B. Verkoderkürzel) und bibliografische Angaben (II) erhoben. Danach werden formale Studienmerkmale (III) bezüglich der zeitlichen Dimensionierung der Studie (Querschnitt vs. Längsschnitt) festgehalten. Weitere erhebungsrelevante Studienmerkmale betreffen den „Untersuchungsgegenstand der Studie" (IV), die in den jeweiligen Studien analysierten Probandengruppen (V) und die Art der darin durchgeführten statistischen Untersuchungen (VI–IX). Dabei werden z. B. für die univariaten Analysen (VI) insgesamt 44 Studienmerkmale abgefragt, wozu u. a. auch jene

Variablen gehören, die häufig bei der Erforschung des Zusammenhangs zwischen pädosexueller Viktimisierung und pädosexueller Delinquenz als unabhängige Variablen berücksichtigt werden.

Abbildung 4.2: Schematischer Aufbau des Screeningschemas (Version 2.2)

I **Meta-Daten**
01. Verkoderkürzel
02. No. des Screeningschemas

II **Bibliografische Angaben**
03. Bibliografie nach ZfS

III **Studienmerkmale – Formal**
04a. zeitliche Dimensionierung

IV **Untersuchungsgegenstand der Studie**
05a. Untersuchungsgegenstand war
(Passendes ankreuzen – Mehrfachnennung möglich)

V **Gruppen**
06a. Daten wurden für folgende Gruppe(n) analysiert

VI **Univariate Analysen**
07a.–50a. Teil 1–4
51a.–66a. Teil 5 und 6 – offene Nennung weiterer Variablen

VII **Bivariate Analysen**
67a.–3a. Variable A
76b.–103b. Variable B
76c.–103c. Verfahren
76a.–103d. Gruppe(n)/N

VIII **Multivariate Analysen – symmetrisch**
104a.–114a. Variablen
104b.–114b. Verfahren
104c.–114c. Gruppe(n)/N

IX **Multivariate Analysen – asymmetrisch**
115a.–125a. UVs
115b.–125b. AV
115c.–125c. Verfahren
115d.–125d. Gruppe(n)/N

An die Kategorien/Fragen zum Themenfeld der univariaten Analysen schließt sich im Screeningschema das Themenfeld zur Erfassung von Merkmalen der bivariaten Analysen an (VII). Darin wird z. B. auch nach den Fallzahlen in den entsprechenden Analysen gefragt, da sich diese in Abhängigkeit von den verwendeten Analysemodellen und den darin berücksichtigten Daten verändern können.

Auch bei der sich daran anschließenden Erfassung der Merkmale von symmetrischen (VII) und asymmetrischen multivariaten Analysen (IX) sind bei Einsatz des Schemas immer die in der jeweiligen Primärstudie angewendeten Analyseverfahren, die dabei berücksichtigten Variablen und die untersuchten Probandengruppen (mit Gruppengrößen) zu erfassen.

Die Struktur des letztendlich in der Erhebung eingesetzten Screeningschemas wird in Abbildung 4.2 veranschaulicht. Neben den neun Themenfeldern des Schemas listet die Abbildung auch die jeweils verwendeten Variablennummern auf, womit ein Abgleich von Inhalten dieser Darstellung mit den im Anhang abgedruckten Teilbereichen des Screeningschemas (Anhang A3) möglich wird.

In welcher Weise die einzelnen Teilbereiche des Screeningschemas noch weiter ausdifferenziert sind, zeigt die Abbildung 4.3 beispielhaft anhand: „IV Untersuchungsgegenstand der Studie“. Darin sind die verschiedenen Zusammenhänge zwischen Viktimisierung und Delinquenz aufgelistet, nach denen die Verkoder in den einzelnen Primärstudien suchen sollten.

Weitere Ausschnitte aus dem Original des vollständigen Screeningschemas (Version 2.2) sowie weitere Zusatzmaterialien, die in den folgenden Abschnitten erörtert werden, befinden sich im Anhang A3.

Der Screeningprozess wurde auch durch Vorgaben gesteuert, die auf „Beiblättern zum Screeningschema“ an die Kodierer weitergereicht wurden. Diese Beiblätter hatten für die Kodierer weitgehend die Funktion, den Verkodungsprozess zu erleichtern, und sollten auch die Ergebnisse der Verkodungsarbeit von mehreren Verkodern vergleichbar machen.

Das Beiblatt No. 1 (vgl. Anhang A4) gibt Hinweise zum Umgang mit der Benennung der „Gruppe(n)“, die in der jeweiligen Primärstudie analysiert worden war/en (siehe: *06a. Daten wurden für folgende Gruppe(n) analysiert*). Es enthält eine Auflistung von 23 verschiedenen Gruppenbezeichnungen. Die Verkoder werden angewiesen, diese Benennungen bei der Charakterisierung der in den Primärstudien analysierten Gruppen (wenn möglich) anzuwenden. Auf diese Weise konnten beim Screening die Gruppenbezeichnungen vereinheitlicht werden und konnten in der späteren Meta-Analyse alle Studien mit gleichen Probandengruppen leicht zusammengeführt werden.

Abbildung 4.3: Kategorie „IV Untersuchungsgegenstand der Studie“ des Screeningschemas, Auszug aus dem Originalformular des Screeningschemas (Version 2.2)

IV Untersuchungsgegenstand der Studie	
05a. **Untersuchungsgegenstand war** (bitte Passendes ankreuzen – Mehrfachnennung möglich) Zusammenhang zwischen… o pädosexueller Viktimisierung und pädosexueller Delinquenz o pädosexueller Viktimisierung und pädosexueller sowie nicht-pädosexueller Delinquenz o pädosexueller Viktimisierung und nicht-pädosexueller Delinquenz o nicht-pädosexueller Viktimisierung und pädosexueller Delinquenz o nicht-pädosexueller Viktimisierung und pädosexueller sowie nicht-pädosexueller Delinquenz o keiner der oben genannten Zusammenhänge trifft zu o Opfermerkmale o Tätermerkmale o Studie war KEINE empirische Studie	05as.

Das Beiblatt No. 2 (vgl. Anhang A4) enthält die geschlossene alphabethische Liste aller Benennungen von Untersuchungsthemen, die bei der Verkodung von univariaten Analysen zu beobachten sind (siehe: *VI Univariate Analysen – Teil 1–4*). Zudem enthält es auch einen Bereich für die offene Verkodung von Studienmerkmalen, die nicht standardisiert erhoben werden konnten (siehe: *VI Univariate Analysen – Teil 5 und 6 – offene Nennung weiterer Variablen*). Dies erleichterte auch den Verkodungsvorgang bei der Erfassung der bi- und multivariaten Analysen, da der Verkoder auch dabei die Liste der alphabetisch geordneten Analysethemen benutzen konnte.

Das Beiblatt No. 3 (vgl. Anhang A4) enthält Hinweise zur terminologischen Verkodung der Methodiken, die in den ausgewerteten Primärstudien bei der Durchführung von bi- und multivariaten Analysen eingesetzt worden waren (siehe: *VI Univariate Analysen – 07b.*). Es enthält Abkürzungen zur Beschreibung aller gängigen methodischen Verfahren, die in den untersuchten Primärstudien anzutreffen waren.

Insgesamt betrachtet haben die Beiblätter zum Screeningschema also zwei Funktionen übernommen: sie haben die Effizienz des Screeningverfahrens gesteigert (1) und sie haben die Fehleranfälligkeit des Verkodungsprozesses reduziert (2). Im Ergebnis konnte dadurch eine hohe Qualität der erhobenen Daten erreicht werden.

Zur Qualitätssicherung im Screeningverfahren wurden auch Kodiererregeln formuliert, die den Kodierern im Kodier-Training vermittelt wurden, die ihnen aber auch als Informationsblätter ausgehändigt wurden (vgl. dazu Anhang A4). Auf diese Weise sollte eine möglichst einheitliche Kodierungsarbeit bei allen Mitarbeiterinnen und Mitarbeitern sichergestellt werden (Interkoderreliabilität). Die Aufstellung, Weiterentwicklung und Optimierung dieser Regeln erfolgte analog zur beschriebenen Entwicklung der Screeningschemata.

Die Screeningregeln (vgl. Anhang A4) beginnen mit der Benennung der Voraussetzungen, unter denen ein Screening abzubrechen war.

Den Abbruchregeln folgt der Hinweis darauf, dass in allen Teilen des Screeningbogens jeweils ein spezielles Ausfüllbeispiel als Orientierungshilfe für die Kodierer zu finden ist.

Im Anschluss daran finden sich detaillierte Regeln zur Benennung der Probandengruppen, die in einer Primärstudie untersucht wurden. So wird z.B. darauf hingewiesen, dass zwecks einer einheitlichen Gruppenbenennung durch alle Verkoder und zwecks einer einfacheren und fehlerfreien Auswertung der Screeningergebnisse für die Gruppenbezeichnungen nur diejenigen Nummern zu verwenden sind, welche die Gruppen laut Beiblatt No. 1 erhalten.

Die Regeln zur Kodierung von univariaten Analysen beziehen sich auf den Umgang mit der geschlossenen und der offenen Variablenliste (s.o.). So wird z.B. darauf hingewiesen, dass bei offener Variablenbenennung immer die in der Primärstudie verwendeten Originalbezeichnungen der Variablen zu notieren sind (insbesondere wenn die Primärstudie in englischer Sprache verfasst ist).

Die Ergebnisse des Literaturscreenings wurden in einer Screeningdatenbank abgespeichert. Diese Datenbank enthielt vor allem Informationen zum Status des Screeningprozesses für jede berücksichtigte Studie. Die Statusangaben reichten dabei von „Studie wurde gescreent und als relevant bewertet“ (Statuscode „1“) bis zu „Studie befindet sich noch im Screeningprozess“ (Statuscode „6“). Alle verwendeten Statusangaben zeigt die Abbildung 4.4.

Abbildung 4.4: Verwendete Statusangaben in der Screeningdatenbank

Statusangaben
1 = gescreent und relevant
2 = gescreent und NICHT relevant
3 = vorhanden (d.h. liegt vor und kann gescreent werden)
4 = bestellt
5 = muss bestellt werden
6 = im Screeningprozess

In dieser Datenbank wurden aber auch Informationen über das Ergebnis des jeweiligen Studienscreenings abgelegt. So wurden im Screening u. a. die Studien, die sich als tatsächlich relevant erwiesen haben, hinsichtlich ihrer thematischen Ausrichtung typisiert und einem bestimmten Relevanztypus zugeordnet. Insgesamt wurden dabei sechs verschiedene Relevanztypen unterschieden:

Typ 1: „Untersuchung des Zusammenhang zwischen pädosexueller Viktimisierung und pädosexueller Delinquenz";
Typ 2: „Untersuchung des Zusammenhangs zwischen pädosexueller Viktimisierung und pädosexueller sowie nicht-pädosexueller Delinquenz";
Typ 3: „Untersuchung des Zusammenhangs zwischen pädosexueller Viktimisierung und nicht-pädosexueller Delinquenz";
Typ 4: „Untersuchung des Zusammenhangs zwischen nicht-pädosexueller Viktimisierung und pädosexueller Delinquenz";
Typ 5: „Untersuchung des Zusammenhangs zwischen nicht-pädosexueller Viktimisierung und pädosexueller sowie nicht-pädosexueller Delinquenz".

Nachträglich musste auch noch der „Typ 13" definiert werden, da einige Studien als abhängige Variable „adultsexuelle Delinquenz" benutzten und somit für erweiterte Analysen in unserem Projekt verwendet werden konnten.

Die nachfolgende Abbildung 4.5 zeigt die genannten Relevanztypen noch einmal im Überblick. Die Spalte rechts neben den Typ-Beschreibungen in Abbildung 4.5 informiert über die Anzahl der Studien, die letztlich für jeden Typ gefunden werden konnten. Daraus ist zu ersehen, dass die meisten der tatsächlich relevanten Studien (N = 55) dem Relevanztyp 1 entsprechen. Den zweitgrößten Anteil stellen mit 28 Studien diejenigen Studien, in denen die Delinquenten nicht eindeutig differenziert werden können. Den drittgrößten Anteil (N = 26) machen die Studien aus, bei welchen die Probanden nicht-sexuell delinquent geworden sind. Die übrigen Typen sind in deutlich geringerer Zahl vertreten.

Alle Studien, die sich im Screening als NICHT relevant erwiesen haben, wurden anhand der Zuordnung zu einem der folgenden Typen genauer spezifiziert:

Typ 6: „Studie beschäftigt sich weder mit Aspekten der Viktimisierung noch mit Aspekten der sexuellen Delinquenz";
Typ 7: „Studie thematisiert nur Opfermerkmale";
Typ 8: „Studie thematisiert nur Tätermerkmale";

Typ 9: „Studie erweist sich als nicht-empirische Studie";
Typ 10: „Studie benutzt ausschließlich Kinder als Probanden";
Typ 11: „Studie ist eine Meta-Studie";
Typ 12: „Studie ist nicht in englischer oder deutscher Sprache verfasst";
Typ 13: siehe Abbildung 4.5
Typ 14: „Studienergebnisse wurden nicht zwischen 1980 und 2010 veröffentlicht".
Typ 15: Studien, in denen der Zusammenhang zwischen pädosexueller inklusive nicht-pädosexueller Viktimisierung und nicht-pädosexueller Delinquenz untersucht wird, wurden als nicht relevant für das MAPS-Projekt deklariert. Denn in diesen Studien ist nicht eindeutig bestimmbar, ob ein potenzieller Zusammenhang zwischen Viktimisierung und Delinquenz auf die pädosexuelle Viktimisierung oder auf die nicht-pädosexuelle Viktimisierung oder auf eine Interaktion der beiden Viktimisierungsformen zurückzuführen ist.

Abbildung 4.5: Relevanztypen tatsächlich relevanter Studien (d. h. mit Screeningstatus „1")

		N
1 =	Zsh. zw. pädosexueller Viktimisierung und pädosexueller Delinquenz[a]	55
2 =	Zsh. zw. pädosexueller Viktimisierung und pädosexueller sowie nicht-pädosexueller Delinquenz	28
3 =	Zsh. zw. pädosexueller Viktimisierung und nicht-pädosexueller Delinquenz	26
4 =	Zsh. zw. nicht-pädosexueller Viktimisierung und pädosexueller Delinquenz	1
5 =	Zsh. zw. nicht-pädosexueller Viktimisierung und pädosexueller sowie nicht-pädosexueller Delinquenz	3
13 =	Zsh. zw. pädosexueller Viktimisierung und adultsexueller Delinquenz	8
Gesamt		121

a) Diese 55 Studien werden in Anhang A8 aufgelistet.

Die folgende Abbildung 4.6 zeigt die oben erläuterte Typisierung für nicht-relevante Studien im Überblick. Demnach fallen die meisten, als potenziell relevant eingestuften Studien aus unserem Sample heraus, weil sie den uns interessierenden Zusammenhang nicht in thematisch ausreichender Weise und nicht spezifisch genug untersuchen (N = 56). Auch Studien, die deshalb nicht berücksichtigt werden konnten, weil sie nur Opfer- (im Sinne pädosexueller Viktimisierung) oder nur Tätermerkmale (im Sinne pädosexueller Delinquenz) untersuchen, waren häufig vertreten (N = 28/41). Zudem mussten zahlreiche Studien aus unserem Sample ausgeschlossen werden, weil sie entweder überhaupt nicht oder nur in ungenügender Weise empirisch durchgeführt worden sind (N = 33).

Abbildung 4.6: Relevanztypen NICHT relevanter Studien (d. h. mit Screeningstatus „2“)

		N
6 =	keiner der in Abbildung 4.5 genannten Zusammenhänge wird untersucht	56
7 =	nur Opfermerkmale	28
8 =	nur Tätermerkmale	41
9 =	Studie ist KEINE empirische Studie	33
10 =	Kinder missbrauchen Kinder	1
11 =	Meta-Studie	3
12 =	keine englisch- oder deutschsprachige Studie	2
13 =	siehe Abbildung 4.5	
14 =	Veröffentlichung nicht im Zeitraum 1980 bis 2010	1
15 =	Zsh. zw. pädosexueller inkl. nicht-pädosexueller Viktimisierung und nicht-pädosexueller Delinquenz	1
Gesamt		166

Hinsichtlich der Strukturierung der von uns benutzten Screeningdatenbank ist noch zu erwähnen, dass darin auch vermerkt wurde, ob sich veröffentlichte Studien auf gleiche Untersuchungsstichproben bezogen haben. Diese Information war für unsere Meta-Analysen insofern wichtig, als derartige Studien nicht mehrfach sondern nur gemeinsam als eine Untersuchungseinheit (Primärstudie) in die späteren Meta-Analysen aufgenommen werden durften.

4.3 Kodierung

Im Anschluss an das Screeningverfahren zur Bestimmung der relevanten Primärstudien (Kap. 4.2) wurden die zur Überprüfung der POTT-These notwendigen Inhalte dieser Studien kategorisiert (kodiert) und für die Meta-Analyse aufbereitet. Dabei erfolgte die Kodierung mittels eines Kodierschemas, das auf der Basis des in Kapitel 4.2 beschriebenen Screeningschemas entwickelt wurde.

Wie bereits erläutert, ergab die zuvor durchgeführte, allgemeine Verkodung mittels des kompletten Screeningschemas, dass 55 der 287 als „potenziell relevant“ eingestuften Primärstudien auch dem Relevanztyp 1 zugeordnet werden konnten. Aus diesen 55 Studien mussten nunmehr die speziellen Daten für die von uns angestrebten Meta-Analysen entnommen werden. Zur Erhebung dieser Daten wurde ein „spezielles“ Kodierschema (im Unterschied zum „allgemeinen“ Kodierschema des Screeningverfahrens) entwickelt.

Zu den wichtigsten Daten, die mittels des speziellen Kodierschemas aus jeder Primärstudie des Relevanztyps 1 zu entnehmen waren, gehören Informationen über das in jeder Studie benutzte Untersuchungsdesign. Denn jede Studie, die in die Meta-Analyse aufzunehmen war, muss ein Fallkontrolldesign aufweisen (d.h. sie muss eine Unterscheidung zwischen zumindest einer Untersuchungs- und zumindest einer Kontrollgruppe vorgenommen haben) sowie eine eindeutige Operationalisierung ihrer unabhängigen Variablen (vor allem: „pädosexuelle Viktimisierung“) und ihrer abhängigen Variablen (vor allem: „pädosexuelle Delinquenz“) benutzen.

Des Weiteren wurden mittels des Kodierschemas alle empirischen und statistischen Merkmale derjenigen Studieninhalte erfasst, die als weitere unabhängige (d.h. erklärende) Variablen in den Primärstudien benutzt worden waren, oder die als potenziell moderierende Variablen einen Einfluss auf die in den Studien ermittelte Stärke und Richtung des Zusammenhangs zwischen pädosexueller Viktimisierung und pädosexueller Delinquenz haben.

Um dies zu erreichen, musste noch vor Beginn der Datenerhebung eindeutig festgelegt werden, welche Studienmerkmale, welche empirischen Messungen und welche statistisch berechneten Effektstärken jeweils zu kodieren waren. Die dementsprechenden Festlegungen erfolgten a) durch geschlossene Kategorisierungen im Kodierschema (Teilbereiche daraus in Anhang A5) sowie b) durch explizit formulierte Kodierregeln (vgl. Anhang A6).

Die Kategorisierungen des Kodierschemas sind in elf Blöcken untergliedert (vgl. dazu die folgende Abbildung 4.7). Nach eher formalen Informationsabfragen werden ab Block III die inhaltlich bedeutsamen Studienmerkmale und -ergebnisse abgefragt. Block III enthält Kategorien, mit denen Studienmerkmale erfasst werden sollen, die als potenziell relevante, methodische bzw. formale Moderatoren des Zusammenhangs zwischen pädosexueller Viktimisierung und pädosexueller Delinquenz zu untersuchen sind und die nicht als Probandenmerkmale (wie z.B. Geschlecht) ausgewertet werden können. Hierzu zählten:

- der Erhebungszeitraum jeder Primärstudie;
- die Art der Operationalisierung der unabhängigen Variablen;
- die Art der Operationalisierung der abhängigen Variablen;
- Eigenschaften der Gesamtstichprobe:
  - Umfang (Fallzahl)
  - Informationsquelle für unabh. Variable „pädosexuelle Viktimisierung"
  - Informationsquelle für abhängige Variable „pädosexuelle Delinquenz"
  - Rekrutierungsort(e) für Untersuchungs- und Kontrollgruppe(n)

Der sich daran anschließende, vierte Themenblock (IV) des Kodierschemas betrifft die in den einzelnen Primärstudien unterschiedenen Untersuchungs- und Kontrollgruppen sowie deren Mitglieder. Dazu sollte den einzelnen Studien entnommen werden, ob es sich bei den verwendeten Untersuchungsgruppen (UG) um „pädosexuelle Täter" oder um „adultsexuelle Täter" gehandelt hat. Informationen, die für diese Unterscheidung notwendig waren, wurden als „Kodierregeln" (s. u.) an die Kodierer weitergereicht.

Des Weiteren mussten die Kodierer ermitteln, ob die UG in jeder Primärstudie als homogene Gruppe zu betrachten ist *(„UG aus mehreren Gruppen zusammengefasst: nein")*, oder ob diese Gruppe aus Mitgliedern von unterschiedlichen Gruppen zusammengesetzt wurde *(„UG aus mehreren Gruppen zusammengefasst: ja")*. Zudem war für die Untersuchungsgruppe zu ermitteln, ob eine oder mehrere der folgenden Variablen als Kriterium für die Probandenauswahl herangezogen worden war/en:[56]

- Alter des Opfers (Proband = Täter)
- Alter des Probanden zum Erhebungszeitpunkt
- Geschlecht der Probanden
- Geschlecht des Opfers
- physische Viktimisierung als Kind
- physische Gesundheit oder physische Krankheit
- Schweregrad der Tat

Diese Angaben mussten auch für bis zu drei Kontrollgruppen beobachtet werden. Die Kontrollgruppen waren zu kategorisieren als „keine Straftäter",

56 Die Erfassung dieser Informationen war notwendig, da, wenn die Probandenauswahl auf einer oder mehreren der genannten Variablen beruht, darf bzw. dürfen diese nicht als potenzielle Moderatoren des Zusammenhangs zwischen pädosexueller Viktimisierung und pädosexueller Delinquenz in der Meta-Analyse untersucht werden.

„adultsexuelle Täter“, „nichtsexuelle Straftäter“ sowie „Straftäter (nicht ersichtlich welcher Art)“. Diese Kategorien wurden ebenfalls in den Kodierregeln genauer definiert. Zudem sollte bezüglich der Kontrollgruppen erfasst werden, ob die Auswahl der Kontrollpersonen mittels eines Matching (in Form eines „Individual-Matching“ (matched pairs) oder mittels eines „Frequency-Matching“) vorgenommen wurde (mehr dazu im Folgenden).

Im fünften Block (V) des Kodierschemas wird nach der Probandenanzahl und den Prozentangaben für jede Ausprägung *(ja vs. nein)* der metaanalytisch wichtigen, unabhängigen Variablen „pädosexuelle Viktimisierung als Kind (uV1)“ gefragt (separat für Untersuchungsgruppe und erste Kontrollgruppe). Zudem waren hier die statistischen Kennwerte zu notieren, die ggf. für die Berechnung von Effektstärken benutzt werden können (r, χ^2, t, p, F; vgl. dazu Kap. 3.2). Diese Angaben waren ggf. auch für die Variablen „physische Viktimisierung als Kind (uV2)“ und „emotionale Viktimisierung als Kind (uV3)“ festzuhalten (exaktere Vorgaben dazu enthielten die Kodierregeln, s. u.).

Der sechste Themenblock (VI) dient der Kodierung potentieller, empirisch-inhaltlicher Moderatoren, d. h. solcher Probandenmerkmale, die evtl. für die Stärke des Zusammenhangs zwischen pädosexueller Viktimisierung und pädosexueller Delinquenz verantwortlich sein können. Hierzu zählten u. a. Informationen über Alter, Geschlecht, erlittene Viktimisierungsschwere und -häufigkeit der in jeder Studie untersuchten Probanden. Festgehalten wurden alle univariaten statistischen Kennwerte, die dazu in jeder Studie mitgeteilt werden (u. a.: Mittelwerte, Ranges, Standardfehler, Standardabweichungen, relative und absolute Häufigkeiten) sowie alle diesbezüglichen bivariaten statistischen Kennwerte, die zur Berechnung von Effektstärken (vgl. Kap. 3.2) notwendig sind (u. a.: Korrelationskoeffizienten, Chi-Quadrat-Werte und Signifikanzwerte).

Die weiteren Themenfelder des Kodierschemas (VII und VIII) dienen der Erfassung der in Block V und VI beschriebenen Informationen für die zweite Kontrollgruppe (KG2). Die daran anschließenden Themenfelder (IX und X) dienen wiederum der Erfassung der entsprechenden Informationen für die dritte Kontrollgruppe (KG3).

Das Kodierschema endet im elften Block (XI) mit einem vom Kodierer auszufüllenden persönlichen „Kodiercheck“. Darin ist der subjektiv vom Kodierer eingeschätzte Schwierigkeitsgrad der Kodierung sowie die subjektiv eingeschätzte methodische Güte der Studie mit einer von sechs möglichen Bewertungen anzugeben *(„sehr schwer“* bis *„sehr leicht“* bzw. *„sehr gut“* bis *„ungenügend“).*

Einen Überblick über den strukturellen Aufbau des hier beschriebenen, speziellen Kodierschemas vermittelt die folgende Abbildung 4.7.

Abbildung 4.7: Schematischer Aufbau des speziellen Kodierschemas

I **Meta-Daten**
- Studien ID
- Studien ID alt
- Verkoderkürzel

II **Bibliografische Angaben (nach ZfS)**

III **Studienmerkmale (potenzielle methodische Moderatoren)**
- Erhebungszeitpunkt
- Operationalisierung „pädosexuelle Viktimisierung“
- Operationalisierung „pädosexuelle Delinquenz“
- Umfang der Gesamtstichprobe
- Altersdurchschnitt/Altersrange
- Anteil der Weißen in der Gesamtstichprobe
- Erfassung der „pädosexuellen Delinquenz“
- Erfassung der „pädosexuellen Viktimisierung“
- Rekrutierungsorte der UG und der KG1 bis KG3

IV **Gruppen UG:**
- Pädosexuelle oder Adultsexuelle Täter (inklusive pädosexuellen)
- Umfang der UG
- Kriterien der Probandenauswahl

KG1 bis KG3:
- Adultsexuelle Täter (exkl. pädosexuelle), nichtsexuelle Straftäter oder keine Straftäter
- Umfang der KG
- Kriterien der Probandenauswahl
- Auswahl der Kontrollpersonen (ggf. Matchingvariablen)

V **Unabhängige Variable für UG und KG1**
- Pädosexuelle Viktimisierung als Kind
- Physische Viktimisierung als Kind
- Emotionale Viktimisierung als Kind

VI **Potentielle inhaltliche Moderatoren (für die UG und die KG1)**
- Alter des Opfers (für Proband=Täter und für Proband=Opfer)
- Geschlecht des Opfers bzw. des Täters
- Schweregrad der Tat
- Täter-Opfer-Beziehungen
- Anzahl der Täter
- Misshandlungshäufigkeit
- Psychische Krankheit des Probanden

VII **Unabhängige Variablen für UG und KG2 (vgl. V)**

VIII **Potentielle inhaltliche Moderatoren (für die UG und die KG2) (vgl. VI)**

IX Unabhängige Variablen für UG und KG3 (vgl. V)

X Potentielle inhaltliche Moderatoren (für die UG und die KG3) (vgl. VI)

XII Kodiercheck
- Schweregrad der Kodierung
- Subjektiv eingeschätzte methodische Güte
- Anmerkungen

Neben dem Kodierschema wurden zur Durchführung der speziellen Literatur-Kodierung auch explizite Kodierregeln formuliert (die diesbezüglichen Kodieranweisungen finden sich im Anhang A6). Alle an der Kodierung beteiligten Kodierer wurden im Gebrauch dieser Kodierregeln trainiert und erhielten die Kodieranweisungen auch in schriftlicher Form ausgehändigt.

Die Kodierregeln betreffen zum einen generelle Kodieranweisungen, zum anderen informierten sie über die Durchführung von Kategorisierungen und Kodierungen bei nur schwierig zu erfassenden Inhalten der auszuwertenden Primärliteratur.

Die generellen Kodieranweisungen instruieren die Kodierer u. a. darüber, was zu tun ist, wenn in einer Primärstudie nur Informationen über einzelne Gruppen enthalten sind (wenn z.B. nur Prozentwerte über psychisch erkrankte, viktimisierte Probanden in der Untersuchungsgruppe aber nicht über Probanden in der Kontrollgruppe vorgelegen haben). Zudem wird in den generellen Kodieranweisungen auch festgelegt, dass als erste Kontrollgruppe (KG1), sofern vorhanden, immer „adultsexuelle Akteure" zu kodieren sind. Des Weiteren wurde in den Kodieranweisungen festgelegt, dass auch, wenn die Probandenauswahl oder das Matching der Kontrollgruppe (s. u.) über eine der im Kodierschema aufgeführten Variablen erfolgt, für diese Variable entsprechende Informationen zu erheben sind.

Besonders wichtig für den Kodierungsprozess war, dass in den generellen Kodieranweisungen diejenigen Kriterien definiert werden, die eine Primärstudie zu erfüllen hat, damit sie in die POTT-bezogene Meta-Analyse aufgenommen werden kann. Diese Inklusionskriterien waren:

1. Das Jahr der Veröffentlichung/Publikation der Studienergebnisse muss zwischen 1980 (inkl.) und 2010 (inkl.) liegen.
2. Die Studie muss in deutscher oder englischer Sprache verfasst sein.
3. Die Studie muss einen Vergleich von pädosexuellen oder adultsexuellen Akteuren mit den Akteuren einer Kontrollgruppe enthalten.

4. Die Studie muss Informationen darüber enthalten, ob in der Kindheit der Probanden eine Viktimisierung erfolgt ist oder nicht, und wenn ja, muss sie über die Art der Viktimisierung informieren.

Sofern eines dieser Inklusionskriterien nicht erfüllt war, musste entsprechend der Kodierregeln die Verkodung der betroffenen Studie abgebrochen werden.

Der zweite Teil der Kodieranweisungen betrifft insbesondere Regeln zur Kodierung von Studienangaben bezüglich des Rekrutierungsorts von Mitgliedern der Untersuchungsgruppe (UG) und von Mitgliedern der jeweiligen Kontrollgruppe/n (KG).[57] Dafür standen die fünf Kategorien zur Verfügung:

- „Therapie“
- „Justizvollzugsanstalt (Gefängnis)“
- „Normalbevölkerung“
- „unklar“
- „keine Angabe“

Sofern also die Probanden einer Primärstudie in einer therapeutischen Einrichtung rekrutiert worden waren, wurde dies durch die Kategorie „Therapie“ verkodet. In diesem Falle war auch zwischen den beiden Therapieformen „stationär“ und „ambulant“ zu unterscheiden. Wenn jedoch die Probanden aus der nicht delinquent aufgefallenen „Normalbevölkerung“ (im Sinne des Untersuchungsthemas) gewonnen worden waren, war zusätzlich noch die evtl. berichtete Zugehörigkeit der Probanden zu einer speziellen Bevölkerungsgruppe (z. B. „Studenten“) bei der Kodierung festzuhalten.

Im speziellen Teil der Kodieranweisungen werden auch Regeln zur Kodierung der Zugehörigkeit von Probanden zu bestimmten Untersuchungs- und Kontrollgruppen) formuliert. Probanden waren als „pädosexuelle Akteure/Täter“ zu kodieren, sofern ihre pädosexuelle Delinquenz ermittelt worden war (sie z. B. als verurteilte pädosexuelle Straftäter zu identifizieren gewesen waren). Zur erweiterten Kategorie der „adultsexuellen Akteure (inklusive pädosexueller Akteure)“ gehörten diejenigen Probanden, deren pädosexuelle Delinquenz im Kontakt zu Kindern, zu Jugendlichen und/oder zu Erwachsenen entstanden war. Hingegen gehörten zur Kategorie der „adultsexuellen Akteure (exklusive pädosexueller Akteure)“ nur diejenigen Probanden, deren sexuelle Delinquenz durch einen strafbaren sexuellen Kontakt mit Jugendlichen und/oder Erwachsenen entstanden war.

57 Die Anweisungen zur Kodierung weiterer Primärstudienangaben (z. B. Erhebungszeitraum, Operationalisierung von „pädosexueller Viktimisierung“ und „pädosexueller Delinquenz“ sowie Eigenschaften der Gesamtstichprobe) wurden zuvor bereits im Rahmen der Vorstellung des Kodierschemas erläutert.

Probanden waren als Mitglieder der Kontrollgruppe „nichtsexuelle Straftäter“ zu kodieren, wenn die Probanden ausschließlich andere, nichtsexuelle Straftaten begangen haben (z. B. Gewaltverbrechen mit/ohne Körperverletzung). Ging aus den Angaben der Primärstudie nicht hervor, ob als Probanden ausschließlich adultsexuelle Täter oder nichtsexuelle Täter untersucht worden waren, oder bildeten adultsexuelle Täter und nichtsexuelle Straftäter eine gemeinsame Probandengruppe, so war die diesbezügliche Gruppe als „Straftäter (nicht ersichtlich welcher Art)“ zu kodieren.

Für den Fall, dass mehrere Gruppen der Primärstudie vom Kodierer zu einer umfassenden Untersuchungs- oder Kontrollgruppe zusammengefasst werden mussten, wurden in den Kodierregeln genaue Anweisungen zur Aggregation der betreffenden Mittelwerte und Standardabweichungen gegeben. So mussten z. B. zur Berechnung eines gemeinsamen Mittelwertes über mehrere Gruppen gruppenspezifische Gewichtungen mit den jeweiligen Fallzahlen erfolgen (vgl. dazu die Informationen zur Berechnung aggregierter Mittelwerte und Standardabweichungen im Anhang A6).

Des Weiteren wurde in den Kodierregeln genau festgelegt, wann welche der vier Kategorien zur „Auswahl der Kontrollgruppenpersonen“ gewählt werden musste. Wenn die Auswahl der Kontrollgruppen-Probanden in einer Primärstudie unabhängig von Merkmalen der Probanden der Untersuchungsgruppe erfolgt war, so war dies als Auswahl „ohne Matching“ zu kategorisieren. Die Kategorie „mit Matching“ sollte eine Auswahl von Kontrollgruppen-Probanden abhängig von bestimmten (Verteilungs-)Merkmalen der Probanden in der Untersuchungsgruppe kennzeichnen. Dann waren die Probanden der UG und der KG so ausgewählt worden, dass sie in Bezug auf bestimmte soziobiografische Kriterien (z. B. Geschlecht, sozioökonomischer Status, Altersgruppe etc.) übereinstimmten. In diesem Fall war (sofern möglich) bei der Kodierung auch zu bestimmen, ob es sich beim Matching um ein „Individual-Matching“ oder um ein „Frequency-Matching“ gehandelt hat. Beim „Individual-Matching“ war in der jeweiligen Primärstudie für jeden Proband der UG ein hinsichtlich der gewählten Kriterien übereinstimmender Proband für die KG ausgewählt worden, während beim „Frequency-Matching“ die Auswahl der Probanden so erfolgt war, dass die gruppenbezogenen Verteilungen der entsprechenden Kriterien in UG und KG übereinstimmen (so mussten z. B. bei einem 80-prozentigen Frauenanteil in der UG auch in der KG ca. 80 % der Probanden weiblich sein). Zur Kodierung der Kriterien des Matchings wurden entsprechend der Kodierregeln folgende Kategorien benutzt:

- Alter des Opfers (Proband = Täter)
- Alter des Probanden zum Erhebungszeitpunkt
- Geschlecht des Probanden

- Geschlecht des Opfers
- physische Viktimisierung als Kind
- psychische Erkrankung des Probanden
- erlebter Schweregrad des Missbrauchs

In besonderer Weise beziehen sich die Kodierregeln auf die Kodierung des Schweregrads der in den Primärstudien untersuchten pädosexuellen Straftaten. Dabei war entsprechend der terminologischen Differenzierung zwischen „hands off"- und „hands on"-Delikten zu kodieren, ob in den Primärstudien zwischen Viktimisierungen mit und ohne Körperkontakt unterschieden worden war und ob bei ausgewiesenem Körperkontakt auch Informationen über die Art des Kontakts gegeben wurden (z.B. Liebkosung oder (versuchte) Penetration). Bei der Kodierung des Schweregrads der untersuchten Missbrauchsfälle wurde zudem nach Angaben zur Viktimisierung „mit vs. ohne Gewalt und/oder Drohung" gesucht. Zum Studienmerkmal „Schweregrad der untersuchten Delikte" gehörte auch die „Misshandlungshäufigkeit". Hier standen zur Kodierung die beiden Ausprägungen „einmal vs. mehrere Male" zur Verfügung.

4.4 Datenerhebung (inkl. Nachfassaktion)

Das in Kapitel 4.3 vorgestellte Kodierschema und auch die dort erläuterten Kodierregeln wurden von zwei unabhängig voneinander arbeitenden Kodierern bei der Auswertung von fünf Primärstudien getestet. Während sich das Kodierschema schon in der ersten Testphase ohne Einschränkungen bewährte, mussten die Kodierregeln noch mehrfach reformuliert werden, um damit eine eindeutige Kodierung sicherstellen zu können.

Die Kodierung aller 55 als „tatsächlich relevant" ausgewählten Primärstudien erfolgte „doppelt". Bei dieser doppelten Kodierung kategorisierten zwei Projektmitarbeiter die Inhalte jeder Primärstudie unabhängig voneinander. Um eine hohe Interrater-Reliabilität, d.h. ein hohes Ausmaß an Übereinstimmung bei der Kategorisierung der Studieninhalte, zu erreichen, verglich ein dritter Projektmitarbeiter die beiden Kodierungen. Bei Diskrepanzen überprüfte zunächst jeder der Kodierer seine entsprechenden Angaben. Schon alleine dadurch ließen sich die meisten Unterschiede in den Kodierungen (wie bspw. Abschreibfehler bei statistischen Kennwerten oder falsche Übersetzungen vom Englischen ins Deutsche) beseitigen. Sofern nach einer wiederholten Kodierung noch immer Diskrepanzen zwischen beiden Kodierungen bestanden, erfolgte eine gemeinsame Kodierung durch beide Kodierer, bei der nach einer einvernehmlichen Lösung des Kodierungsproblems gesucht wurde.

Ein solches Vorgehen war allerdings nur bei drei Studien erforderlich gewesen (Christopher et al. 2007; McCormack/Hudson 2002; Strickland, 2008). Im Folgenden werden die mit diesen drei Studien verbundenen Kodierungsprobleme und die von uns eingeschlagenen Wege zur Problembeseitigung ein wenig ausführlicher beschrieben. Auf diese Weise können hier einige allgemeine Einsichten in teilweise recht schwierige Kodierungsproblematiken vermittelt werden.

Bei den drei oben genannten Studien entstanden u.a. deshalb Kodierungsprobleme, weil darin keine Angaben über die Fallzahlen (relativ oder absolut) der dort analysierten (pädosexuell) viktimisierten Probanden gegeben werden. Da diese Zahlen aber benötigt werden, um die für jede Studie zu ermittelnde Effektstärke (Odds-Ratio) zu berechnen, mussten die entsprechenden Fallzahlen von uns geschätzt werden. Das war möglich, weil in allen drei Studien auch Skalen verwendet worden sind, aus denen das Ausmaß der untersuchten (pädosexuellen) Viktimisierung abzuleiten ist.

Zur Erfassung der sexuellen Missbrauchserfahrungen bzw. der Schwere dieser Erfahrungen verwenden die Studie von Christopher et al. (2007) und die Studie von Strickland (2008) das Instrument des „Children Trauma Questionnaire" (CTQ) während die Studie von McCormack/Hudson (2002) dazu eine eigene 1-Item-Skala einsetzt. Zunächst soll hier der Gebrauch des CTQ kurz erläutert werden.

Im „Children Trauma Questionnaire" (CTQ) kommen fünf Items zum Einsatz. Jedes Item erfasst, ob ein bestimmtes (sexuelles Missbrauchs-)Ereignis in der Kindheit vorgekommen ist und wenn ja, in welchem Ausmaß dies der Fall gewesen ist. Dazu werden verschiedene Viktimisierungserfahrungen vorgegeben (u.a. „being touched in a sexual way", „being threatened physically unless she/he performed a sexual act"), deren subjektive Gültigkeiten auf einer 5-stufigen-Ratingskala (1 = „never true" bis 5 = „very often true") von den Befragten eingeschätzt werden müssen (vgl. Christopher et al. 2007: 876).

In den beiden Studien, die den CTQ einsetzten, errechnen die Autoren aus den oben beschriebenen Einschätzungen einen ungewichteten, additiven Index (mit Werten von 5 bis 25). Dabei indiziert ein Wert von 5, dass ein befragter Proband die fünf vorgegebenen Missbrauchserfahrungen niemals erlebt hat. Wenn es nun möglich ist zu schätzen, wie viele Probanden einen Index-Messwert von 5 aufweisen, kann der Anteil der nicht pädosexuell missbrauchten und (im Umkehrschluss) der pädosexuell missbrauchten Probanden geschätzt werden (vorausgesetzt, dass dieses Merkmal in beiden Probandengruppen normalverteilt auftritt, s.u.). Zur Schätzung wurde zunächst ein Skalenwert von 5,9 ausgewählt, der indiziert, dass ein befragter Proband keine Missbraucherfahrungen gemacht hat (Missbrauchserfahrungen liegen erst ab einem Skalenwert von 6,0 vor).[58] Dieser Wert wurde z-transformiert, sodass aus einer theoretischen z-Verteilung abgelesen werden kann, wie viel Prozent der Probanden einen Skalenwert größer bzw. kleiner des z-transformierten Wertes aufweisen.

Tatsächlich sind die betroffenen Verteilungen nicht normalverteilt.[59] Dennoch bietet dieses Verfahren die einzige Möglichkeit, die Verteilung der interessierenden Merkmale (pädosexuelle und physische Viktimisierung) zu schätzen. Und da die Normalverteilungsannahme höchstwahrscheinlich in beiden Gruppen (UG und KG) nicht erfüllt ist, könnten die Schätzungen in beiden Gruppen annähernd in ähnlicher Weise verzerrt sein, sodass sich bei Berechnung des Odds-Ratios (u. a. als Verhältnis aus beiden geschätzten Prozentwerten) die dabei entstehende Verzerrung in Grenzen halten könnte.

Die Schätzung ergab recht hohe Anteile an viktimisierten Probanden (in der Studie von Christopher et al. (2007): 92,5 % unter den Sexualdelinquenten und 79,4 % unter den sonstigen Delinquenten; in der Studie von Strickland (2008): 89,4 % unter den Sexualdelinquenten und 74,9 % unter den sonstigen Delinquenten). Allerdings ist bei der Interpretation der Schätzergebnisse zu berücksichtigen, dass in beiden Studien ausschließlich weibliche Delinquenten untersucht wurden und auch andere Studien berichten, dass die prozentualen Anteile pädosexuell viktimisierter Personen in Studien mit ausschließlich weiblichen Probanden fast immer etwa doppelt so hoch sind, wie in Studien mit männlichen Probanden (vgl. Dhaliwal et al. 1996; Finkelhor 1986). Daher sind die von uns geschätzten Werte durchaus plausibel und daher dürfte auch das daraus ermittelte Odds-Ratio noch in einer tolerierbaren Weise verzerrt sein.

Auch zur Auswertung der Studie von McCormack/Hudson (2002) wurde das oben erläuterte Schätzverfahren eingesetzt. Die dabei ermittelten Verteilungswerte passen zu den Befunden der anderen Studien (mit männlichen Probanden), die wir für unsere Meta-Analyse ausgewertet haben. So ergab sich ein Anteil von 50,4 % pädosexuell viktimisierter Personen unter den pädosexuellen Delinquenten. Und unter den Sexualstraftätern, die ausschließlich erwachsene Opfer wählten, fand sich unter den Probanden ein

58 Der Wert von 5,9 war empirisch in der Variablenverteilung nicht enthalten, wurde aber als „Korrekturmaßnahme“ bezüglich der nicht vorliegenden Normalverteilung gewählt. Inhaltlich ist das dadurch zu rechtfertigen, dass diejenigen Probanden, die den künstlichen Wert von 5,9 aufweisen könnten, bei keinem der fünf Items mit „2“ (= „trifft geringfügig zu“) geantwortet haben können und daher als nicht viktimisiert gelten müssen.

59 Das lässt sich daraus ersehen, dass die Subtraktion der doppelten Standardabweichung vom Mittelwert dazu führt, dass ein Wert kleiner als der niedrigste Skalenwert entsteht. Da aber 2,5 % der Probanden kleinere Werte als diesen aufweisen müssten, ist deutlich erkennbar, dass hier keine Normalverteilung vorliegen kann.

Anteil von 26,4 % mit pädosexuellen Viktimisierungserfahrungen. Auch dies kann wiederum als Indiz dafür gewertet werden, dass die bei dieser Studie von uns geschätzten prozentualen Anteile und die daraus berechneten Odds-Ratios nur geringfügig verzerrt sein sollten.

Neben diesen Werten wurden mit dem hier beschriebenen Schätzverfahren für die Studien von Strickland (2008) und McCormack/Hudson (2002) auch die Anteilswerte zur physischen Viktimisierung ermittelt. Auf diese Weise konnten die genannten drei Studien dem Pool der Studien zur angestrebten Meta-Analyse zugeführt werden.

Insgesamt wurden somit die Inhalte von 55 Primärstudien in die Verkodung einbezogen (diese Studien werden im Anhang A8 alphabetisch aufgelistet). Allerdings musste die Verkodung in 25 Fällen abgebrochen werden, da diese Studien die Inklusionskriterien für unsere Meta-Analyse nicht erfüllten.[60]

Während zwei dieser Kriterien (Veröffentlichungsjahr zwischen 1980 und 2010, deutsche oder englische Veröffentlichungssprache) von allen Studien erfüllt wurden, hatten nicht alle Studien den geforderten Vergleich zwischen „pädosexuellen Tätern" bzw. „adultsexuellen Tätern" und den Delinquenten einer Kontrollgruppe durchgeführt. Auch fehlte oftmals die von uns unabdingbar benötigte Varianz beim Vergleichskriterium „erlebte pädosexuelle Viktimisierung (ja/nein)". So waren z.B. in zwölf Primärstudien alle untersuchten Probanden als Kind pädosexuell viktimisiert worden, sodass diese Studien für unsere Meta-Analyse unbrauchbar waren.[61]

Ein weiterer Abbruchsgrund für die Kodierung war das Fehlen einer Kontrollgruppe in der jeweiligen Primärstudie. Dies traf für drei Studien zu, in denen ausnahmslos alle befragten Probanden auch pädosexuelle Täter gewesen waren.

---

60 Diese Inklusionskriterien wurden in Kapitel 4.3 vorgestellt. Hier seien sie zur Erinnerung noch einmal aufgeführt:

1) Das Jahr der Veröffentlichung/Publikation der Studienergebnisse muss zwischen 1980 und 2010 (jeweils inklusive) liegen.
2) Die Studie muss in deutscher oder englischer Sprache verfasst sein.
3) Die Studie muss einen Vergleich von pädosexuellen oder adultsexuellen Akteuren mit den Akteuren einer Kontrollgruppe enthalten.
4) Die Studie muss Informationen darüber enthalten, ob in der Kindheit der Probanden eine Viktimisierung erfolgt ist oder nicht, und wenn ja, muss sie über die Art der Viktimisierung informieren.

61 Die genannten Studien konnten nicht bereits im Screeningverfahren ausgeschlossen werden, weil erst bei der Kodierung und dem Einsatz des dementsprechenden Kodierschemas eine genauere Betrachtung der Unterscheidung zwischen Untersuchungsgruppe (UG) und Kontrollgruppe (KG) sowie eine genauere Betrachtung der dabei verwendeten Gruppen-Definitionen erfolgte.

Die Kodierung von weiteren fünf Studien musste abgebrochen werden, weil die Probanden in diesen Studien nicht der in den Kodierregeln festgelegten Definition von „pädosexuellen Tätern" entsprachen.

In einem weiteren Fall wurden in der Primärstudie keine speziellen Angaben bezüglich der pädosexuellen Viktimisierung von Probanden in Untersuchungs- und Kontrollgruppe gemacht, sodass auch diese Studie aus der Meta-Analyse ausgeschlossen werden musste.[62]

Zudem mussten zwei Primärstudien aus der weiteren Analyse entfernt werden, weil bei der Kodierung erkannt wurde, dass diese Studien in der Screeningphase fälschlicherweise in den Pool tatsächlich relevanter Studien aufgenommen worden waren. In beiden Studien war keine rein pädosexuelle Viktimisierung untersucht worden.

Schließlich mussten noch zwei Studien ausgeschlossen werden, weil in einem Fall auch die Missbrauchserfahrungen 18-Jähriger als pädosexuelle Viktimisierung behandelt wurden und weil im anderen Fall auch Straftaten berücksichtigt wurden, die vor der Vollendung des 18. Lebensjahres verübt worden waren (und somit nicht das Erwachsenenstrafrecht zur Anwendung kam, weshalb die Vergleichbarkeit dieser Studie mit den übrigen Primärstudien beeinträchtigt gewesen wäre).

In der folgenden Abbildung 4.8 werden die einzelnen Abbruchsgründe und die diesbezüglichen Häufigkeiten im Überblick aufgeführt.

Abbildung 4.8: Gründe für den Ausschluss von Primärstudien aus der weiteren Analyse

Abbruchsgrund	N
alle Probanden wurden als Kind pädosexuell viktimisiert	12
alle Probanden sind pädosexuelle Täter	3
keine pädosexuellen Täter	5
keine separaten Daten bezüglich pädosexueller Viktimisierung in UG und KG	1
nur allgemeine Viktimisierung wurde analysiert	2
die Altersgrenze für eine pädosex. Viktimisierung lag bei 18 Jahren	1
Delinquenz wurde auch für unter 18-Jährige als abh. Variable analysiert	1
Gesamt	25

62 Auch der Ausschluss dieser Studie konnte erst nach Gebrauch des Kodierschemas erfolgen, weil zuvor im Screening eine exakte Unterscheidung zwischen UG und KG noch nicht vorgenommen worden war.

Die vollständigen bibliografischen Angaben zu den 25 Studien, die aus der weiteren Meta-Analyse ausgeschlossen wurden, können dem Anhang A8 entnommen werden.

Aufgrund des Ausschlusses von 25 Studien konnten somit von den 55 in der Kodierung berücksichtigten Primärstudien insgesamt 30 Studien in die Meta-Analyse einbezogen werden.

Die 30 Studien, die in die Meta-Analyse einbezogen wurden, werden im Anhang A8 alphabetisch aufgelistet (und sind dort mit Sternchen gekennzeichnet).

Wie sich nach Kodierung der 30 für die Meta-Analyse ausgewählten Primärstudien (s. o.) herausstellte, fehlten auch bei einigen dieser Studien noch immer wesentliche Informationen, sodass sie hinsichtlich ihrer Operationalisierung von „(pädosexueller) Viktimisierung" nicht eindeutig kategorisiert werden konnten. Zudem wurden in mehr als der Hälfte der Primärstudien zu wenig Informationen vermittelt, um eine Kodierung von „Viktimisierung" nach den diesbezüglichen Kodierregeln (vgl. Kap. 4.3) vornehmen zu können. Auch wurden in vielen Primärstudien keine ausreichenden Angaben zum Alter der Opfer zum Zeitpunkt der Viktimisierung gegeben.

Aus diesen Gründen wurde im Projekt versucht, die fehlenden Studieninformationen mittels Direktkontakt zu den Studienautoren „nachträglich" (d. h. nach Veröffentlichung der jeweiligen Studien) zu beschaffen. Bei der dazu durchgeführten sog. „Nachfassaktion" wurden die Autoren von 20 Primärstudien via email und briefpostalisch angeschrieben und um zusätzliche Angaben zu Inhalten ihrer Studien gebeten.

Für die Nachfassaktion wurden nach erfolgter Kodierung diejenigen Primärstudien herausgesucht, deren Angaben zur Operationalisierung von „pädosexueller Viktimisierung" und/oder von „pädosexueller Delinquenz" nur als „unklar" kategorisiert werden konnten. Dies galt für sieben Studien, in denen die Angaben zur Operationalisierung von „pädosexueller Viktimisierung" nicht eindeutig vermittelt wurden und für drei weitere Studien, in denen die Operationalisierung von „pädosexueller Delinquenz" nicht ausreichend beschrieben wurde. In zehn Primärstudien waren sogar beide Operationalisierungen nur unvollständig erläutert worden.

Zur Durchführung der Nachfassaktion wurden die Kontaktadressen der Autoren dieser 20 Studien in einer aufwendigen Online-Recherche ermittelt. Auf diese Weise konnte für jede Studie zumindest einer der Autoren ausfindig gemacht und kontaktiert werden.

Die Onlinerecherche nach den jeweiligen Kontaktadressen erwies sich teilweise als schwierig, da in den Publikationen oftmals neben den Autorennamen keine weiteren relevanten Informationen bezüglich der Autoren (wie bspw. deren Zugehörigkeit zu einer Universität) enthalten waren. Kontaktprobleme entstanden auch häufig nachdem die jeweiligen Email-Adressen aufgefunden waren, weil sich diese Adressen in vielen Fällen als nicht mehr aktuell bzw. ungültig herausstellten. Dann wurde versucht, die jeweiligen Postadressen zu ermitteln und anzuschreiben.

Letztlich gelang es allerdings, die Kontaktdaten der Autoren aller 20 Primärstudien herauszufinden.

Alle Autoren erhielten ein an ihre Studie angepasstes Schreiben, in dem die fehlenden Angaben zur Operationalisierung von „pädosexueller Viktimisierung" und/oder von „pädosexueller Delinquenz" erfragt wurden. Zudem wurden die Autoren häufig nach der in ihrer Studie benutzten Altersgrenze gefragt, bis zu der ihre Probanden bzw. bis zu der die Opfer ihrer Probanden als „Kind" betrachtet worden waren. Auch wurde oftmals nach der durchschnittlichen Altersdifferenz zwischen Tätern und Opfern in der jeweiligen Studie gefragt.

Um den Aufwand zur Beantwortung unserer Fragen für die Autoren möglichst gering zu halten und damit die Chance einer Antwort zu erhöhen, wurden die Autoren gebeten, die entsprechenden Angaben in einem beigelegten, standardisierten Formular einzutragen.

Von den kontaktierten Autoren der 20 Primärstudien, die in der Nachfassaktion berücksichtigt wurden, antworteten 12 Angeschriebene, wobei aber 3 der erhaltenen Antworten keine verwertbaren Informationen lieferten.

Die durch die Nachfassaktion neu hinzugewonnenen Informationen wurden zur Vervollständigung des Datensatzes benutzt, der über den Inhalt, die Methodik und die erzielten Ergebnisse einer jeden einzelnen kodierten Primärstudie im Projekt angelegt wurde (im SPSS-Format).

Im Anhang A9 des vorliegenden Buches werden die empirischen Häufigkeitsverteilungen von einigen Studienmerkmalen, die als Variablen in diesem Datensatz abgespeichert wurden, wiedergegeben. Dazu gehören z. B. die Studienmerkmale bzw. die Studienvariablen „Inhaltliche Definition von pädosexueller Viktimisierung" und „Umfang der Stichprobe".

Kapitel 5
Ergebnisse der meta-analytischen Datenauswertung

5.1 Effektstärken und Homogenitäten (nach kMA)

Wie in Kapitel 3.2 erläutert, basiert die quantitative Meta-Analyse im Wesentlichen auf einer Untersuchung der einzelnen, in den ausgewählten Primärstudien ermittelten Effektstärken, mit denen der Einfluss einer bestimmten unabhängigen Variablen bzw. eines bestimmten unabhängigen Ereignisses (hier: pädosexuelle Viktimisierung) auf die Ausprägung einer abhängigen Variablen bzw. einer bestimmten Gruppenzugehörigkeit (hier: Zugehörigkeit zur Gruppe pädosexueller Straftäter (UG) versus Zugehörigkeit zu einer Kontrollgruppe (KG)) quantifiziert wird. Als Effektstärkemaß wird für die folgenden Meta-Analysen das „Odds-Ratio" (vgl. Kap. 3.2) benutzt.

Zur Erinnerung: Das Odds-Ratio entspricht dem Verhältnis zweier Chancen und ist definiert als Chance für ein bestimmtes Ereignis in der einen Gruppe (z. B. Untersuchungsgruppe) relativ zu der Chance des gleichen Ereignisses in einer anderen Gruppe (z. B. Kontrollgruppe). Ein Odds-Ratio größer 1,0 bedeutet, dass die Chance für das Ereignis in der Untersuchungsgruppe größer ist als in der Kontrollgruppe. Ein Odds-Ratio kleiner 1,0 besagt, dass die Chance des Ereignisses in der Untersuchungsgruppe geringer ist als in der Kontrollgruppe. Ein Odds-Ratio von 1,0 bedeutet, dass zwischen beiden Gruppen kein Unterschied besteht.

In der folgenden Tabelle 5.1 werden die Odds-Ratio (OR) für alle 30 Studien aufgeführt. Zusätzlich wird angegeben, welche Odds-Ratios mit einer 5-prozentigen und welche mit einer 10-prozentigen Irrtumswahrscheinlichkeit von einem Wert von 1,0 (= kein Effekt) abweichen (in Tabelle 5.1 mit zwei bzw. einem Sternchen gekennzeichnet).

Geordnet sind die Studien in drei Analysegruppen, die jeweils nach der in den Studien benutzten Kontrollgruppe (KG) gebildet wurden: Analysegruppe 1: KG = adultsexuelle Täter (Tabelle 5.1a); Analysegruppe 2: KG = nichtsexuelle Straftäter (Tabelle 5.1b); Analysegruppe 3: KG = Nicht-Täter bzw. Probanden aus der Normalbevölkerung (Tabelle 5.1c).

Tabelle 5.1: Effektstärken des Einflusses von pädosexueller Viktimisierungserfahrung auf Gruppenzugehörigkeit (Odds-Ratios) in 30 Primärstudien

Tabelle 5.1a: Analysegruppe 1: UG = pädosex. Straftäter, KG = adultsex. Straftäter (N = 16)

Studie	Odds-Ratio
Bard et al. (1987)	4,41**
Connolly & Woollons (2008)	0,37*
Coxe & Holmes (2001)	3,34**
Craissati & Beech (2004)	2,83**
Craissati et al. (2008)	7,61**
Ford & Linney (1995)	6,60**
Freund et al. (1990)	2,10
Freund & Kuban (1994)	1,76
Höing et al. (2010)	3,21
McCormack et al. (2002)	2,85**
Overholser & Beck (1990)	4,20
Seghorn et al. (1987)	4,60**
Tingle et al. (1986)	2,05
Urban & Lindhorst (2003)	4,91
Worling (1995a)	0,91
Worling (1995b)	3,14**

Tabelle 5.1b: Analysegruppe 2: UG = pädosex. Straftäter, KG = nicht-sex. Straftäter (N = 8)

Studie	Odds-Ratio
Beck-Sander (1995)	2,83
Benoit & Kennedy (1992)	4,04**
Christopher et al. (2007)	2,98**
Green & Kaplan (1994)	5,40
Kukla (2003)	2,58**
Marshall et al. (2000)	0,82
Stirpe & Stermac (2003)	5,83**
Strickland (2008)	3,68**

Tabelle 5.1c: Analysegruppe 3: UG = pädosex. Straftäter, KG = Nicht-Täter bzw. Personen aus der Normalbevölkerung (N = 6)

Studie	Odds-Ratio
Cohen et al. (2010)	7,93**
Cohen et al. (2002a)	34,50**
Cohen et al. (2002b)	33,22**
Glasser et al. (2001)	4,50**
Marshall & Mazzucco (1995)	7,50**
Sawle & Kear-Colell (2001)	96,77**

Anmerkung: Auf dem 5-%-Niveau signifikante Odds-Ratios sind mit zwei Sternchen (**) gekennzeichnet. Auf dem 10-%-Niveau signifikante Odds-Ratios sind mit einem Sternchen (*) gekennzeichnet.

Wie Tabelle 5.1a ausweist, ist in 14 der 16 Studien aus Analysegruppe 1 die Chance, als Kind pädosexuell viktimisiert worden zu sein, unter den pädosexuellen Tätern größer als unter den adultsexuellen Tätern. In acht dieser Studien erweist sich die Effektstärke auch als signifikant.

Von den acht Primärstudien, in denen pädosexuelle Täter mit nichtsexuellen Straftätern verglichen werden (Analysegruppe 2), berichten sieben Studien von einer unter den pädosexuellen Tätern größeren Chance, als Kind sexuell viktimisiert worden zu sein, wobei fünf dieser Gruppenunterschiede auch signifikant sind.

Die sechs Primärstudien in Analysegruppe 3, die pädosexuelle Täter und Nicht-Täter hinsichtlich ihrer pädosexuellen Viktimisierungsgeschichte miteinander vergleichen, berichten alle einen signifikanten Unterschied zwischen beiden Gruppen. Die Chance, als Kind sexuell misshandelt worden zu sein, ist in all diesen Studien unter den pädosexuellen Tätern signifikant größer als unter den „Nicht-Tätern“ aus der Vergleichsgruppe bzw. unter den Probanden aus der Normalbevölkerung. In drei dieser Studien (Cohen et al. 2002a; 2002b; Sawle/Kear-Colell 2001) ist das Odds-Ratio sogar überdurchschnittlich hoch. Eine potenzielle Erklärung hierfür könnte sein, dass diese drei Studien alle Mitglieder ihrer Untersuchungsgruppen in ambulanten Therapieeinrichtungen rekrutiert haben, während sich die Kontrollgruppe aus Freiwilligen aus der „Normalbevölkerung“ zusammensetzt, die mittels eines Aufrufs in Lokalzeitungen rekrutiert wurden. Demgegenüber stammen sowohl die Probanden der Kontrollgruppen in den zwei anderen Studien mit geringeren Odds-Ratios (Cohen et al. 2010; Glasser et al. 2001) als auch die Mitglieder der Untersuchungsgruppen aus Therapieeinrichtungen.[63]

Im folgenden Abschnitt wird kurz das methodische Vorgehen bei der Berechnung der mittleren Effektstärken sowie bei der Durchführung von Homogenitätstests erläutert. Hierzu wird zunächst noch einmal kurz auf die beiden Modellierungsstrategien, die einer Meta-Analyse zugrunde liegen können, eingegangen.[64]

Meta-Analysen basieren zumeist entweder auf dem sog. „random-effects"-Modell oder auf dem sog. „fixed-effects"-Modell.

Das Random-Effects-Modell nimmt an, dass alle in die Analyse eingehenden Primärstudien aus verschiedenen Populationen kommen können, in denen unterschiedliche „wahre" Effektstärken bestehen. Folglich kann auch der wahre Effekt von Primärstudie zu Primärstudie variieren. Beispielsweise könnte die wahre Effektstärke in Studien, in denen die Probanden älter sind, höher sein als in Studien, in denen die Probanden jünger sind. Eine Random-Effects-Modellierung eignet sich folglich vor allem dann für eine Meta-Analyse, wenn die in die Analyse einbezogenen Primärstudien operativ nicht identisch sind bzw. sich hinsichtlich der Definition von Untersuchungs- und Kontrollgruppen oder hinsichtlich der Operationalisierung von zentralen Analysefaktoren unterscheiden. Im Random-Effects-Modell der Meta-Analyse besteht also das generelle Untersuchungsziel in der Gewinnung genereller Aussagen über Einflussbeziehungen zwischen verschiedenen empirischen Faktoren, die aus unterschiedlichen empirischen Szenarien in unterschiedlicher Weise kommen und unterschiedlich ausgeprägt sein können.

Die Fixed-Effects-Modellierung hingegen geht davon aus, dass es bei einer echten Zufallsauswahl von Primärstudien und trotz möglicherweise unterschiedlicher Studienpopulationen nur eine einzige wahre Effektstärke geben sollte, sodass ein mittlerer Effekt, der aus allen Effekten, die in den ausgewählten Studien ermittelt wurden, errechnet wird, eine zuverlässige Schätzung für eine gemeinsame bzw. einheitliche wahre Effektstärke sein kann und alle empirischen Unterschiede zwischen den studienspezifischen Einzeleffekten auf Stichprobenfehler zurückgeführt werden müssen (Borenstein et al. 2009: 61).

Somit eignet sich eine Fixed-Effects-Modellierung in der Meta-Analyse vor allem dann, wenn alle Primärstudien, die in die Analyse eingehen, konzeptionell (d.h. empirisch-analytisch) und operativ (d.h. methodisch) auf die Erforschung nur einer Population ausgerichtet sind und wenn das Ziel

63 In einer weiteren Studie aus Analysegruppe 3 (Marshall/Mazzucco 1995) wurden die Probanden der Kontrollgruppe aus einer Datenbank des Arbeitsamts ausgewählt und für ihre Teilnahme bezahlt.

64 Vgl. dazu und zum Folgenden insbesondere Borenstein et al. 2009: 61–84.

der Meta-Analyse die Berechnung einer für diese Population gültigen Effektstärke ist.

Im Unterschied dazu basieren die folgenden Meta-Analysen auf den Grundgedanken einer Random-Effects-Modellierung. Denn es wird von keiner operativen Gleichheit der ausgewerteten Primärstudien ausgegangen, und es wird auch davon ausgegangen, dass in der Meta-Analyse populationsspezifisch variierende, wahre Effekte empirisch geschätzt und generalisierend interpretiert werden sollten.

Bei Durchführung der praktischen Meta-Analyse wurde die mittlere Effektstärke des Zusammenhangs zwischen pädosexueller Viktimisierung und pädosexueller Delinquenz zunächst für die 16 Studien der Analysegruppe 1 (Vergleich von pädosexuellen Tätern mit adultsexuellen Tätern) berechnet.

Zudem wurden noch einmal separat für eine Subgruppe mit denjenigen Studien aus Analysegruppe 1, in denen neben der pädosexuellen Viktimisierung auch eine physische Viktimisierung der Täter (als Kind) berücksichtigt wird ($N = 7$), die Effektstärken und die mittlere Effektstärke berechnet.[65]

Des Weiteren wurden die mittlere Effektstärke von pädosexueller Viktimisierung für die acht Studien (Analysegruppe 2), in denen pädosexuelle Täter mit nichtsexuellen Tätern verglichen werden, sowie für die sechs Studien (Analysegruppe 3), in denen pädosexuelle Täter mit Nichttätern verglichen werden, kalkuliert.

Zu allen berechneten mittleren Effektstärken wurde ein Homogenitätstest durchgeführt, um das Ausmaß an Gleichartigkeit der in die Berechnung einbezogenen studienspezifischen Effektstärken zu überprüfen.[66] Dieser, auf der chi^2-verteilten Q-Statistik basierende Homogenitätstest, postuliert eine homogene Verteilung der Effektstärken in der Grundgesamtheit (Nullhypothese). Je nach Höhe der Q-Statistik (dazu mehr in Kap. 5.2) ist die Nullhypothese der Gleichartigkeit der Effektstärken entweder beizubehalten oder zu verwerfen: Wenn der empirische Q-Wert den kritischen Wert der chi^2-Verteilung übersteigt, kann die Nullhypothese verworfen werden (mit einer entsprechenden Irrtumswahrscheinlichkeit). Wenn also der Wert „$Q_{empirisch}$" größer ist als der kritische, chi^2-verteilte Q-Wert „$Q_{kritisch}$", kann davon ausgegangen werden, dass im jeweiligen Sample eine heterogene Verteilung vorliegt, die durch Untersuchung des Einflusses potenzieller Moderatorvariablen erforscht werden kann (Wagner/Weiß 2006: 492; Borenstein et al. 2009: 105 ff.).

65 Die physische Viktimisierung als Gruppenmerkmal konnte bei den beiden Analysegruppen 2 und 3 aufgrund einer nicht ausreichenden Datenbasis nicht untersucht werden.

66 Die Statistiken zur Effektstärke und zum Q-Test wurden mit dem EDV-Programmpaket „Comprehensive Meta-Analysis" (CMA, Vers. 2.0) durchgeführt. Vgl. dazu Borenstein et al. 2009: 395–398.

Dies bedeutete für unsere Meta-Analyse: Im Fall von signifikanter Heterogenität der Effektstärken sollten die Primärstudien entsprechend spezifischer Studienmerkmale gruppiert werden und sollte mittels uni- und multivariater Gruppenvergleiche eine Moderatoranalyse durchgeführt werden (dazu mehr in Kap. 5.2 und 5.3).

Welche Ergebnisse erbrachten nun unsere ersten Meta-Analysen?

Zunächst wurden die Forschungsergebnisse aus den 16 Primärstudien der Analysegruppe 1 ausgewertet (mit insgesamt N = 1 177 padosexuellen Straftätern und N = 902 adultsexuellen Straftätern).

Die Chance, als Kind sexuell missbraucht worden zu sein, ist in 14 der 16 Primärstudien unter den pädosexuellen Tätern größer, als unter den adultsexuellen Tätern. In 8 Studien ist dieser Gruppenunterschied eindeutig signifikant (alle $p < 0{,}05$).

Insgesamt ist die Prävalenzrate der pädosexuellen Viktimisierung unter den pädosexuellen Tätern signifikant größer als unter den adultsexuellen Tätern ($OR = 2{,}76$; $p < 0{,}05$).

Der Homogenitätstest zeigte, dass die Effektstärken auch signifikant heterogen sind ($Q(15) = 38{,}26$; $p = 0{,}02$), sodass in den folgenden Meta-Analysen für diese Analysegruppe der Einfluss von potenziellen Moderatorvariablen zu untersuchen war (vgl. Tabelle 5.3).

Diese Analysen wurden auch noch einmal mit den Studien einer speziellen Untergruppe von Analysegruppe 1 durchgeführt. Diese umfasst 7 der 16 Primärstudien aus Analysegruppe 1, in denen auch die physische Viktimisierungsgeschichte der Täter (als Kind) untersucht wird. Diese 7 Studien wurden somit als spezifische Untergruppe der Analysegruppe 1 ausgewertet (Untergruppe 1.1, vgl. die folgende Tabelle 5.2).

Die Chance einer physischen (nichtsexuellen) Viktimisierung von Tätern (in ihrer Kindheit) ist in 4 dieser 7 Studien unter den pädosexuellen Täter größer als unter den adultsexuellen Tätern. In keiner dieser Studien ist jedoch der Gruppenunterschied signifikant (alle $p > 0{,}10$). Die mittlere Effektstärke über alle 7 Studien beträgt 1,08. Folglich unterscheiden sich die beiden Tätergruppen nicht signifikant hinsichtlich einer physischen Viktimisierung als Kind. Zudem zeigt der Homogenitätstest, dass in dieser Untergruppe eine homogene Verteilung der entsprechenden Effektstärken vorliegt ($Q(6) = 2{,}43$; $p > 0{,}10$), sodass in der Meta-Analyse keine weitere Überprüfung von Moderatoreffekten notwendig wird.

Im Unterschied zum Effekt der physischen Viktimisierung zeigte sich aber auch in dieser Untergruppe sehr wohl der bedeutsame Effekt einer pädosexuellen Viktimisierung. Die mittlere Effektstärke für pädosexuelle Viktimisierung erwies sich auch in den 7 Primärstudien dieser Untergruppe als signifikant ($OR = 3{,}81$; $p < 0{,}05$). Die Chance einer pädosexuellen Viktimisierung ist unter den pädosexuellen Tätern in 5 der 7 Studien signifikant größer (alle p < 0,05). Und der Homogenitätstest zeigte, dass in dieser Untergruppe die Effektstärken homogen sind (Q(6) = 4,86; p = 0,56), sodass auch hier eine Untersuchung des Einflusses von potenziellen Moderatorvariablen nicht notwendig wurde (zu allen hier berichteten Ergebnissen vgl. Tabelle 5.2).

Zusammenfassend kann also festgehalten werden, dass die Prävalenzrate der pädosexuellen Viktimisierung unter pädosexuellen Tätern signifikant höher ist als unter adultsexuellen Tätern (Analysegruppe 1: OR = 2,76) (vgl. Tabelle 5.3).

Dies trifft hingegen nicht auf die Prävalenzrate physischer Viktimisierung zu. Denn in einer kleinen Untergruppe solcher Primärstudien, in denen sowohl die Bedeutung einer sexuellen als auch einer physischen Viktimisierung in der Kindheit von Straftätern untersucht wird (Analysegruppe 1.1), unterscheiden sich die pädosexuellen Täter nicht signifikant von den adultsexuellen Tätern bezüglich ihrer physischen Viktimisierungsgeschichte (s. o.). Jedoch gibt es auch in dieser Untergruppe deutliche Hinweise auf die Bedeutung pädosexueller Viktimisierung (s. o.).

Die folgende Tabelle 5.2 zeigt diese Analyseergebnisse für die Untergruppe 1.1 nochmals im Überblick: die Effektstärken (Odds-Ratio) werden dort jeweils für die pädosexuelle Viktimisierung und für die physische Viktimisierung angezeigt. Zudem werden die beiden mittleren Effektstärken („Gesamt") aufgeführt.

Tabelle 5.2: Effektstärken des Einflusses von pädosexueller und physischer Viktimisierungserfahrung auf Gruppenzugehörigkeit (Odds-Ratios) in Untergruppe 1.1 (Vergleichsgruppe: adultsexuelle Täter/N = 7)

	pädosexuelle Viktimisierung	**physische Viktimisierung**
Studie	**Odds-Ratio**	**Odds-Ratio**
Gesamt	3,81*	1,08
Bard et al. (1987)	4,41*	0,94
Craissati & Beech (2004)	2,83*	1,01
Craissati et al. (2008)	7,61*	1,20
Overholser & Beck (1990)	4,20	1,46
Seghorn et al. (1987)	4,60*	0,99
Tingle et al. (1986)	2,05	0,87
Urban & Lindhorst (2003)	4,91	2,75

Anmerkung: Auf dem 5-%-Niveau signifikante Gruppenunterschiede sind mit Sternchen (*) versehen.

Im Anschluss an die Studien aus der Analysegruppe 1 wurden die Studien aus der Analysegruppe 2 meta-analytisch ausgewertet. Diese Gruppe umfasst 8 Studien, die insgesamt 333 pädosexuelle Täter und 416 nichtsexuelle Straftäter hinsichtlich ihrer pädosexuellen Viktimisierungsgeschichte miteinander vergleichen (vgl. Tabelle 5.1b).

Die Meta-Analyse ergab, dass die Prävalenzrate der pädosexuellen Viktimisierung unter den pädosexuellen Tätern im Vergleich zu nichtsexuellen Tätern signifikant größer ist ($OR = 3{,}01$; $p < 0{,}05$) (vgl. Tabelle 5.3).

Mit Ausnahme von einer Studie (Marshall et al. 2003) ist die Chance pädosexueller Täter, als Kind sexuell viktimisiert worden zu sein, in allen Primärstudien größer als die gleiche Chance von nichtsexuellen Tätern. In fünf dieser sieben Studien ist der Gruppenunterschied signifikant (alle $p < 0{,}05$). Und der Homogenitätstest belegt, dass die Effektstärken in dieser Analysegruppe als homogen angenommen werden müssen ($Q(7) = 8{,}65$; $p > 0{,}10$). Eine Untersuchung des Einflusses von Moderatorvariablen war folglich für die Studien dieser Analysegruppe nicht notwendig.

Im letzten Arbeitsschritt dieser ersten Meta-Analysen wurden die Ergebnisse der sechs Primärstudien aus Analysegruppe 3 ausgewertet (vgl. Tabelle 5.1c). In diesen Studien wird die pädosexuelle Viktimisierungsgeschichte von insgesamt 364 pädosexuellen Tätern (UG) und 702 Nicht-Tätern bzw. Personen aus der nicht-straffällig gewordenen Normalbevölkerung (KG) erforscht.

Die Analyse zeigte, dass die Prävalenzrate der pädosexuellen Viktimisierung unter den pädosexuellen Tätern im Vergleich zur Prävalenzrate unter den Nicht-Tätern signifikant höher ist ($OR = 9{,}82$; $p < 0{,}05$).

Die Chance, als Kind sexuell viktimisiert worden zu sein, ist in allen sechs Primärstudien unter den pädosexuellen Tätern signifikant größer als unter den Nicht-Tätern (alle $p < 0{,}05$).

Der diesbezügliche Homogenitätstest zeigt, dass in dieser Analysegruppe eine marginal signifikante, heterogene Verteilung der berichteten Effektstärken vorliegt ($Q(5) = 10{,}84$; $p = 0{,}06$), sodass im Verlauf der weiteren Meta-Analysen auch für die Studienergebnisse dieser Analysegruppe der Einfluss potenzieller Moderatorvariablen zu untersuchen war. Es kann aber bereits an dieser Stelle vorweggenommen werden, dass die zur Moderatoranalyse benutzten Variablen nur eine unzureichende[67] Informationsmenge aufwie-

---

67 Mit „unzureichend“ ist hier gemeint, dass für einige der zu untersuchenden Merkmale nicht in allen Studien aus Analysegruppe 3 auch empirische Angaben gemacht werden, weshalb die diesbezüglichen Variablen viele „fehlende Werte“ (missings) aufweisen. Sind diese zu zahlreich, können keine substanziellen Aussagen über (Sub)Gruppendifferenzen, die von diesen Variablen ausgelöst werden, gemacht werden.

sen, sodass die diesbezüglichen Moderatoranalysen in dieser Analysegruppe zu keinem Ergebnis führten.

Die Ergebnisse der hier erörterten Meta-Analysen werden in der folgenden Tabelle 5.3 noch einmal im Überblick dargestellt.

Tabelle 5.3: Mittlere Effektstärken (OR) und Ergebnisse der Homogenitätstests in drei Analysegruppen (1/2/3) und einer Analyseuntergruppe (1.1)

Untersuchungs- vs. Kontrollgruppe	OR	Q	df(Q)	p
Analysegruppe 1 (N = 16) pädosex. vs. adultsex. Delinquenten				
pädosexuelle Viktimisierung	2,76*	28,29	15	,02
Analyseuntergruppe 1.1 (N = 7)				
physische Viktimisierung	1,08	2,43	6	,88
pädosexuelle Viktimisierung	3,81*	4,86	6	,56
Analysegruppe 2 (N = 8) pädosex. vs. nicht-sex. Delinquenten				
pädosexuelle Viktimisierung	3,01*	8,65	7	,28
Analysegruppe 3 (N = 6) pädosexuelle Del. vs. Nicht-Straftäter				
pädosexuelle Viktimisierung	9,82*	10,84	5	,06

Anmerkungen: Auf dem 5-%-Niveau signifikante Gruppenunterschiede sind mit Sternchen (*) versehen. Der p-Wert der Irrtumswahrscheinlichkeit in der letzten Spalte der Tabelle bezieht sich auf den Homogenitätstest Q und nicht auf das OR.

Wie in der Tabelle ersichtlich, ist in Analysegruppe 1 die Prävalenzrate der pädosexuellen Viktimisierung unter den pädosexuellen Tätern signifikant größer als unter den adultsexuellen Tätern (OR = 2,76; $p < 0,05$).

Dies wird auch von denjenigen Studien bestätigt, die sowohl nach einer sexuellen als auch nach einer physischen Viktimisierungserfahrung in der Kindheit der Delinquenten fragten (Unteranalysegruppe 1.1). In diesen Studien ist der Gruppenunterschied für pädosexuelle Viktimisierung (OR = 3,81) beträchtlich größer als der Gruppenunterschied für physische Viktimisierung (OR = 1,08), der nicht signifikant ist.

Auch im Vergleich zu nichtsexuellen Straftätern ist die Prävalenzrate der pädosexuellen Viktimisierung unter den pädosexuellen Tätern signifikant höher (OR = 3,01).

Zudem ist auch im Vergleich zu Nicht-Tätern der Anteil der als Kind sexuell viktimisierten pädosexuellen Täter signifikant höher ($OR = 9{,}82$; $p < 0{,}05$).

Tabelle 5.3 zeigt ebenfalls noch einmal die Ergebnisse der Homogenitätstests. Demnach sind allein in den Analysegruppen 1 und 3 die Streuungen der Effektstärken so stark ausgeprägt, dass die Effektstärken dieser Studien einer Moderatoranalyse unterzogen werden sollten (mehr dazu im folgenden Kap. 5.2).

5.2 Moderatoreffekte (nach kMA)

Die in Kapitel 5.1 berichteten Ergebnisse zur Homogenität der in den verschiedenen Primärstudien ermittelten Effektstärken von pädosexueller Viktimisierung zeigten, dass in Analysegruppe 1 und Analysegruppe 3 sehr unterschiedliche Effektstärken in den einzelnen Primärstudien zu beobachten sind. Von daher sollte im Anschluss an die Homogenitätstests versucht werden, mittels Moderatoranalysen[68] zu ermitteln, ob die Schwankungen der Effektstärken in systematischer Weise mit einzelnen Studienmerkmalen in Verbindung stehen. Die dazu durchgeführten Subgruppenanalysen basieren auf den Annahmen des Random-Effects-Modells (vgl. dazu auch Kap. 5.1).

Das Random-Effects-Modell diente als Basis unserer Subgruppenanalysen, weil die in die Meta-Analysen einbezogenen Primärstudien häufig mit unterschiedlichen Probandengruppen, mit unterschiedlichen Messmethoden und mit unterschiedlichen Auswertungsmethoden durchgeführt worden waren, und somit höchstwahrscheinlich populationsspezifische bzw. „wahre" Unterschiede zwischen den erforschten Effekten bestehen. So durfte eine wahre Variation der Effekte zwischen einzelnen Subgruppen der Analyse nicht ausgeschlossen werden. Deshalb eignete sich für unsere Meta-Analysen eher eine Random-Effects- als eine Fixed-Effects-Modellierung. Denn Fixed-Effects-Modelle postulieren, dass, anders als es im Falle unseres Projektes anzunehmen war, alle ausgewerteten Primärstudien eine gemeinsame populationsweit gültige Effektstärke untersuchen (vgl. dazu auch Kap. 3.2 und 5.1).

Entsprechend des Grundgedankens von Random-Effects-Modellierungen musste zur Durchführung von effektbezogenen Moderatoranalysen die Varianz der wahren Effektstärke (Tau^2) mittels der Ergebnisse aus den einzelnen Primärstudien geschätzt werden (Borenstein et al. 2009: 162f.). Und da in unserem Anwendungsfall anzunehmen war, dass der wahre Wert von

68 Zur Logik und Technik von Moderatoranalysen vgl. Urban/Mayerl 2011: 294ff.

Tau^2 zwischen subgruppenspezifischen Studien variiert, wurde für jede Subgruppe ein separater mittlerer Schätzer und dessen Varianz berechnet (vgl. Kap. 5.1). Sodann wurde ein statistischer Test zur Überprüfung der Nullhypothese durchgeführt, nach der kein bedeutsamer Unterschied zwischen den Effektstärken in den untersuchten Subgruppen besteht. Zur Überprüfung dieser Hypothese wurde ein „between-groups Q-Wert" mit Random-Effects-Gewichtungen berechnet.[69] Der Q-Wert ist ein Schätzwert für die wahre Varianz der Effektstärke in einer jeweiligen (Sub)Population und basiert auf der Summe der gewichteten Varianzen der Effektstärken in den einzelnen Primärstudien. Der $Q_{between}$-Wert ergibt sich aus der Differenz zwischen einerseits dem Q-Wert für alle Studien in allen Subgruppen und andererseits der Summe der gruppenspezifischen Q-Werte (= Q_{within}). Somit gilt also: $Q_{between} = Q - Q_{within}$ (zur Methodik vgl. Borenstein et al. 2009: 164 ff.). Mit Hilfe dieser Statistik lässt sich bestimmen, ob die Differenz der mittleren Effektstärken zwischen untersuchten Subgruppen statistisch signifikant ist. Dies ist immer dann der Fall, wenn mit einer Irrtumswahrscheinlichkeit von $p < 0{,}05$ der empirische $Q_{between}$-Wert größer als ein kritischer, theoretisch bestimmter Q-Wert[70] ist ($Q_{between} > Q_{kritisch}$).

Für die Durchführung von Moderatoranalysen bedeutet der Q-Test, dass die darin berücksichtigten Subgruppen entsprechend der Ausprägungen einer bestimmten Moderatorvariablen gebildet werden müssen. Erbringt dann der Q-Test ein signifikantes Ergebnis, so ist davon auszugehen, dass die Effektstärke mit den Ausprägungen der entsprechenden Moderatorvariablen zusammenhängt.

Für die im Folgenden beschriebenen Moderatoranalysen wurden zwei Gruppen von Variablen unterschieden:

a) inhaltsbezogene Moderatorvariablen und
b) erhebungsbezogene Moderatorvariablen.

Die Variablen dieser zwei Gruppen waren im Einzelnen:

ad: a) inhaltsbezogene Moderatorvariablen:
- Alter des Opfers (Proband = Opfer)
- Geschlecht der Probanden
- Geschlecht des Täters (Proband = Opfer)

69 Sofern eine Subgruppe aus fünf oder weniger Primärstudien besteht, wurde im Projekt, basierend auf einer Empfehlung von Borenstein et al. (2009: 164), zur Berechnung des Schätzers die „pool within-group estimates of tau-squared"-Option herangezogen.

70 Der Q-Wert ist chi-quadrat verteilt mit $df = p - 1$ (p: Anzahl der Subgruppen).

- Schweregrad der Tat (Proband = Opfer): Körperkontakt (mit vs. ohne Körperkontakt)
- Schweregrad der Tat (Proband = Opfer): Penetration (mit vs. ohne)
- Schweregrad der Tat (Proband = Opfer): Gewalt/Drohung (ja vs. nein)
- Täter-Opfer-Beziehung (Proband = Opfer)
- Anzahl der Täter (Proband = Opfer)
- Missbrauchshäufigkeit (Proband = Opfer)
- psychische Krankheit der Probanden (krank vs. nicht krank)

ad: b) erhebungsbezogene Moderatorvariablen:
- Operationalisierung der „pädosexuellen Delinquenz" (eng vs. weit)
- Operationalisierung der „pädosexuellen Viktimisierung" (eng vs. weit)
- Berichtsquelle über „pädosexuelle Viktimisierung" (Fremd- vs. Selbstbericht)
- Berichtsquelle über „pädosexuelle Delinquenz" (Fremd- vs. Selbstbericht)
- Rekrutierungsort der Untersuchungsgruppe (JVA vs. therapeutische Einrichtung)

Leider erwies sich nach der Verkodung der Primärstudien (vgl. Kap. 4.3), dass in zu wenig Primärstudien empirische Daten zu den inhaltsbezogenen Moderatorvariablen enthalten waren, sodass mit der vorhandenen Datenbasis keine aussagekräftigen Moderatoranalysen durchgeführt werden konnten.

So berichten z.B. nur 2 der 16 in Analysegruppe 1 enthaltenen Studien das Alter der Opfer. Und Informationen zum Geschlecht der Täter sowie zur Täter-Opfer-Beziehung werden lediglich in drei Studien mitgeteilt. Zudem waren auch die Varianzen einiger der oben aufgeführten Moderatorvariablen oftmals so gering, dass sie sich zu einer Moderatoranalyse nicht eigneten. So war z.B. das Geschlecht der Probanden in allen bis auf einer Studie „männlich".

Aus diesen Gründen konnten die Moderatoranalysen nur mit den erhebungsbezogenen Moderatorvariablen (s.o.) duchgeführt werden. Die Inhalte dieser Variablen und die Ergebnisse der diesbezüglichen Moderatoranalysen werden im Folgenden vorgestellt:

ad: Operationalisierung der „pädosexuellen Delinquenz" (eng vs. weit)

Unter einer „engen" Operationalisierung wurde eine pädosexuelle Delinquenz verstanden, bei welcher der Täter auch Körperkontakt mit dem Opfer hatte. Demgegenüber umfassten „weite" Operationalisierungen von pädosexueller Delinquenz solche Taten, die sowohl Handlungen mit als auch ohne Körperkontakt beinhalten („offenses ranged from masturbation in front of a child to complete intercourse or sodomy with force" (McCormack et al. 2002: 87)) sowie Taten, bei denen nicht klar ist, ob es sich um Taten mit oder ohne Körperkontakt handelte (z.B. „sexual assault" (Bard et al. 1987: 207) oder „child molestation crime" (Connolly/Woollons 2008: 121)). Von den 16 Studien der Analysegruppe 1 benutzen 7 eine „enge" und 9 eine „weite" Definition von pädosexueller Delinquenz.

Es wurde postuliert, dass Primärstudien, denen eine „enge" Operationalisierung der pädosexuellen Delinquenz zugrunde liegt, eine höhere Effektstärke ermitteln als Studien, die eine „weite" Operationalisierung verwenden.

Die Moderatoranalyse mit den Studien der Analysegruppe 1 ergab, dass die Art der Operationalisierung der „pädosexuellen Delinquenz" (eng vs. weit) nur einen marginal signifikanten Einfluss auf die geschätzte Effektstärke hat ($Q_{between} = 2{,}97 < Q_{kritisch(1)} = 3{,}84$; $p < 0{,}10$). Es zeigt sich aber zumindest eine Tendenz in die postulierte Richtung: die mittlere Effektstärke in der Subgruppe der Studien, die eine „enge" Operationalisierung der pädosexuellen Delinquenz verwendet haben, ist größer (OR = 3,67) als die mittlere Effektstärke in der Subgruppe der Studien, denen eine „weite" Operationalisierung zugrunde liegt (OR = 2,08).

Auch für die Studien der Analysegruppe 3, in denen pädosexuelle Täter mit Nicht-Tätern verglichen werden (N = 6), konnte der moderierende Einfluss der Operationalisierung von pädosexueller Delinquenz (eng vs. weit) getestet werden. In zwei der sechs Studien wird eine „enge" Operationalisierung und in vier Studien eine „weite" Operationalisierung von pädosexueller Delinquenz benutzt. Die Moderatoranalyse zeigt, dass in dieser Analysegruppe die Operationalisierung der pädosexuellen Delinquenz ebenfalls nur einen marginal signifikanten Einfluss auf den Zusammenhang zwischen pädosexueller Viktimisierung und pädosexueller Delinquenz hat ($Q_{between} = 3{,}39 > Q_{kritisch(1)} = 3{,}84$; $p < 0{,}10$). Jedoch indizieren die beiden Odds-Ratios eine andere Tendenz, als sie in Analysegruppe 1 zu finden war (s.o.). Denn hier weisen Studien mit „weiter" Operationalisierung der pädosexuellen Delinquenz einen deutlich höheren Zusammenhang zwischen pädosexueller Viktimisierung und pädosexueller Delinquenz auf als die Studien, die eine „enge" Operationalisierung verwenden. Allerdings kann daraus aufgrund der großen Heterogenität der studienspezifischen Effektstärken kein eindeutiger Moderatoreffekt der „Delinquenz-Operationalisierung" abgeleitet werden (vgl. Tabelle 5.1c).

ad: Operationalisierung der „pädosexuellen Viktimisierung“ (eng vs. weit)

Die Kategorisierung dieser Moderatorvariablen definierte eine „enge“ Operationalisierung als sexuellen Missbrauch eines Kindes, das sich in einer Opferrolle sieht und fühlt. Hingegen wurden Operationalisierungen als „weit“ kategorisiert, die unter „pädosexueller Viktimisierung“ auch ggf. einvernehmliche sexuelle Handlungen von „Kindern“ (< 16 Jahre) mit Erwachsenen (Personen über 18 Jahre; Altersunterschied zwischen Opfer und Täter mind. 5 Jahre) zählen (vgl. Kap. 2.1). Durch diese Kategorisierung konnten alle Studien der Analysegruppe 1 einer der beiden Kategorien (eng vs. weit) zugeordnet werden: 6 Primärstudien verwenden eine „enge“ Operationalisierung und 10 Studien eine „weite“ Operationalisierung.

Ziel der Moderatoranalyse war es, die Auswirkung der beiden Operationalisierungen (eng vs. weit) zu vergleichen und zu überprüfen, ob die Effektstärke mit der Art der Operationalisierung der pädosexuellen Viktimisierung in der Primärstudie zusammenhängt.

Es wurde postuliert, dass Primärstudien, denen eine „enge“ Operationalisierung der pädosexuellen Viktimisierung zugrunde liegt, eine höhere Effektstärke ermitteln als Studien, die eine „weite“ Operationalisierung verwenden.

Die Ergebnisse der Moderatoranalyse zeigten, dass die Art der Operationalisierung von „pädosexueller Viktimisierung“ (eng vs. weit) keine Bedeutung für die Effektstärke hat ($Q_{between} = 0{,}51 < Q_{kritisch(1)} = 3{,}84$; $p > 0{,}10$). Dennoch ergab sich zumindest eine Tendenz in die postulierte Richtung: die mittlere Effektstärke in den Studien mit „enger“ Operationalisierung von pädosexueller Viktimisierung ist größer (OR = 3,32) als die mittlere Stärke in den Studien mit einer „weiten“ Operationalisierung (OR = 2,49).[71]

ad: Berichtsquelle über „pädosexuelle Viktimisierung“ (Fremd- vs. Selbstbericht)

In Forschungsarbeiten und in Meta-Analysen, die sich mit dem pädosexuellen Opfer-Täter-Kreislauf beschäftigen, wird auf den potenziell moderierenden Einfluss der Berichtsquelle für pädosexuelle Taten auf Viktimisierungs-Delinquenz-Zusammenhänge verwiesen (z.B. Jespersen et al. 2009; Seto/Lalumière 2010). Es wird argumentiert, dass aufgrund des Bekanntheitsgrads der pädosexuellen Opfer-Täter-Hypothese und der Möglichkeit, dass Unbeteiligte eher Mitleid und Sympathie äußern, wenn sie von erlitte-

71 Für die Studien der Analysegruppe 3, in denen pädosexuelle Täter mit Nicht-Tätern verglichen werden (N = 6), konnte aufgrund fehlender Daten keine sinnvolle Moderatoranalyse durchgeführt werden. Lediglich eine der sechs Studien verwendet eine „enge“ Operationalisierung von pädosexueller Viktimisierung.

nem, pädosexuellem Missbrauch erfahren, pädosexuelle Straftäter mit einer größeren Wahrscheinlichkeit von einer eigenen pädosexuellen Viktimisierung berichten, um auf diese Weise ihr eigenes Verhalten zu rechtfertigen (Jespersen et al. 2009: 186).

Um zu überprüfen, ob eine Selbstberichtsverzerrung die unter den Studien der Analysegruppe 1 herausgefundene Gruppendifferenz bei der Effektstärke von pädosexueller Viktimisierung erklären kann, wurde eine Moderatoranalyse mit der Moderatorvariablen „Berichtsquelle" durchgeführt.

Basierend auf den oben skizzierten Überlegungen wurde postuliert, dass die Effektstärke zwischen pädosexueller Viktimisierung und pädosexueller Delinquenz größer ist, wenn die Information über eine pädosexuelle Viktimisierung per Selbstbericht (bspw. über Direktinterviews und nicht über Fremdberichte, wie z.B. über Einträge in Gefängnis- oder Psychotherapieakten, eingeholt wird).

Von den insgesamt 16 Studien der Analysegruppe 1 erheben 12 Primärstudien die auszuwertenden Daten über eine pädosexuelle Viktimisierungsgeschichte mittels Selbstbericht und nur 4 Studien mittels Fremdbericht.

Die Moderatoranalyse zeigte, dass die Operationalisierung der „Erfassung von pädosexueller Viktimisierung" (Selbst- vs. Fremdbericht) keinen signifikanten Einfluss auf die Effektstärke hat ($Q_{between} = 0{,}04 < Q_{kritisch(1)} = 3{,}84$; $p > 0{,}10$).

Es deutete sich auch keine Tendenz in die angenommene Richtung an: die mittlere Effektstärke der Studien, welche die Selbstberichte als Informationsquelle heranziehen, ist mit OR = 2,70 sogar geringfügig niedriger als die mittlere Effektstärke bei den Studien, die Fremdberichte benutzen (OR = 2,94).[72]

ad: Berichtsquelle über „pädosexuelle Delinquenz" (Fremd- vs. Selbstbericht)

Ziel der Moderatoranalyse war es zu testen, ob die Art der Berichtsquelle über pädosexuelle Delinquenz (Fremd- vs. Selbstbericht) einen moderierenden Einfluss auf den Zusammenhang zwischen pädosexueller Viktimisierung und pädosexueller Delinquenz hat.

Jedoch konnte mit den Studien aus Analysegruppe 1 der Einfluss der potenziellen Moderatorvariablen „Berichtsquelle über pädosexuelle Delinquenz" (Selbst- vs. Fremdbericht) nicht untersucht werden, da 15 der 16 Studien die pädosexuelle Delinquenz mittels Fremdbericht erhoben ha-

---

72 Auch hier konnten wiederum aufgrund fehlender Werte keine Moderatoranalysen für die Analysegruppe 3 durchgeführt werden.

ben und lediglich eine Studie (Craissati et al. 2008) sowohl mit Fremd- als auch mit Selbstberichten gearbeitet hat.

Unter den Studien aus Analysegruppe 3, in denen pädosexuelle Täter mit Nicht-Tätern verglichen werden, hatten fünf der sechs Studien ihre Informationen über pädosexuelle Delinquenz mittels Fremdbericht und nur eine Studie (Cohen et al. 2010) sowohl mittels Fremd- als auch mittels Selbstbericht erhalten, sodass auch hier keine sinnvolle Moderatoranalyse durchgeführt werden konnte.

ad: Rekrutierungsort der Untersuchungsgruppe (JVA vs. therapeutische Einrichtung)

Es wurde überprüft, ob der Rekrutierungsort der Probanden einen moderierenden Einfluss auf den Zusammenhang zwischen pädosexueller Viktimisierung und pädosexueller Delinquenz hat.

Insgesamt 7 der 16 Primärstudien aus Analysegruppe 1 hatten ihre Probanden (die pädosexuellen Delinquenten) in Justizvollzugsanstalten rekrutiert. Weitere 7 Studien hatten die Probanden für ihre Untersuchungsgruppe in Therapieeinrichtungen anwerben können (zwei Primärstudien machten keine Angaben zum Rekrutierungsort).

Die Moderatoranalyse ergab, dass die Variable „Rekrutierungsort der Probanden“ den Zusammenhang zwischen pädosexueller Viktimisierung und pädosexueller Delinquenz nicht moderiert ($Q_{between} = 1{,}28 < Q_{kritisch(1)} = 3{,}84$; $p > 0{,}10$).

Tendenziell zeigte sich aber, dass der Zusammenhang zwischen pädosexueller Viktimisierung und pädosexueller Delinquenz unter den in JVAs rekrutierten Probanden höher ist (OR = 3,66) als unter den Probanden, die sich in Therapie befanden (OR = 2,74).

Mit den Studien aus Analysegruppe 3, in denen pädosexuelle Täter mit Nicht-Tätern verglichen werden, konnte keine Moderatoranalyse durchgeführt werden, da alle sechs Primärstudien ihre Probanden in Therapieeinrichtungen rekrutiert hatten.

5.3 Effektstärken und Homogenitäten (nach MEMA)

Aufgrund der Analysen, die in den vorangegangenen Kapiteln vorgestellt wurden, dürfte deutlich geworden sein, was den Kern einer Meta-Analyse ausmacht. Eine jede Meta-Analyse zielt auf die Schätzung der mittleren Effektstärke von Einflussbeziehungen, die in einer möglichst großen Auswahl/Stichprobe von Primärstudien untersucht worden sind, sowie auf die Ermittlung der Varianz dieser Effektstärke über die verschiedenen Studien hinweg. Wird dann festgestellt, dass die Varianz der Effektstärke signifikant ist und somit nicht von einer Homogenität der Studienergebnisse auszugehen ist, kann die Meta-Analyse mittels verschiedener Formen von Moderatoranalysen ermitteln, ob die Varianz der Effektstärke von Merkmalen der untersuchten Primärstudien (wie z.B. von unterschiedlichen Operationalisierungen zentraler Konzepte) abhängt.

Wie in Kapitel 5.2 ausgeführt, wird in der klassischen Meta-Analyse (kMA) je nach zugrundeliegender Annahme die mittlere Effektstärke aufgrund einer Fixed- oder einer Random-Effects-Modellierung ermittelt. Immer wenn davon ausgegangen wird, dass die Ergebnisse zwischen Studien in systematischer Weise variieren, sollte die mittlere Effektstärke unter Verwendung eines Random-Effects-Modells bestimmt werden. Denn dieses Modell berücksichtigt, dass die untersuchten Ergebnisse von Studie zu Studie variieren und dass in den verschiedenen Studien zumeist unterschiedliche Messinstrumente mit unterschiedlichen Reliabilitäten zur Anwendung kommen.[73]

Folglich ist es in der Forschungspraxis eher üblich, Meta-Analysen mit einer Random-Effects-Modellierung durchzuführen. Dabei wird berücksichtigt, dass eine vorgefundene Variation sowohl durch zufällige Effekte, wie bspw. zufällige Unterschiede zwischen den Experimental- und Kontrollgruppen verschiedener Studien (vgl. Raudenbush/Bryk 2002: 206), als auch durch systematische Unterschiede zwischen den Studien, wie bspw. unterschiedliche methodische Vorgehensweisen, erzeugt werden kann. Somit besteht die „Zufallskomponente" (Random-Effect) der Random-Effects-Modelle aus zufälligen und systematischen Unterschieden zwischen den Studien.[74]

Der Anteil der systematischen Varianz zwischen den Studien kann im Kontext einer Mehrebenen-Meta-Analyse (MEMA) ermittelt werden (ausf. Informationen dazu und zum Folgenden finden sich in Anhang A10). In der MEMA wird der Anteil der systematischen Varianz an der Gesamtvarianz mittels eines sog. „Intraklassenkorrelationskoeffizienten" (ICC) nach der Formel $\rho = \sigma^2_u/(\sigma^2_u + \sigma^2_e)$ geschätzt (σ^2_u steht für die systematische Varianz der Effektstärke, σ^2_e steht für die Varianz des zufälligen Fehlers e_j).

Um also den ICC zu berechnen, wird neben der systematischen Varianz auch die Varianz des zufälligen Fehlers benötigt. Diese Varianz wird auch als Studienvarianz σ^2_e bezeichnet. Bei ihr handelt es sich um die Varianz der Effektkoeffizienten innerhalb jeder untersuchten Studie. Diese kann im Rah-

73 Zudem ist auch mit unterschiedlichen Reliabilitäten verschiedener Kodierer zu rechnen (vgl. Hox 2010: 210).

74 Hedges/Olkin (1985) und Lipsey/Wilson (2001) beschreiben Methoden, mit denen die identifizierte Varianz in die beiden Komponenten systematischer und zufälliger Variation aufgeteilt und der systematische Anteil auf Signifikanz hin getestet werden kann.

men einer MEMA nicht direkt geschätzt werden, da dort nur Aggregatdaten (Studienmerkmale) und keine Individualdaten zur Verfügung stehen (mehr dazu im Folgenden). Deshalb wird die Studienvarianz in der MEMA in einem gesonderten Verfahrensschritt modellextern berechnet.

Wenn die Studienvarianz ermittelt wurde, kann die MEMA durchgeführt werden. Bei dieser Analyse wird zunächst ein Linearmodell mit der abhängigen Variablen „Effektstärke" geschätzt, das als „Nullmodell" spezifiziert wird. In diesem Nullmodell wird nur ein Interceptwert und dessen Varianz unter Ausschluss unabhängiger Variablen geschätzt.[75] Der Anteil der systematischen Varianz zwischen den Studien kann dann, wie oben erläutert, mittels des Intraklassenkorrelationskoeffizienten (ICC) bestimmt werden. Können sodann mittels Schätzung weiterer Linearmodelle, in die unterschiedlichste Studienmerkmale als unabhängige Variablen einbezogen werden, bedeutende Anteile systematischer Varianz der Effektstärke gebunden werden, sodass diese Merkmale einen Einfluss auf das Ausmaß und die Richtung von Veränderungen der Effektstärke haben, können auf diese Weise wichtige Moderatorvariablen aufgedeckt werden.

Der ICC verringert sich in dem Maße, in dem die im Modell berücksichtigten erklärenden (Moderator-)Variablen die beobachtete systematische Varianz der abhängigen Variablen statistisch erklären bzw. binden. Eine starke Verringerung der systematischen Varianz (und damit des ICC) indiziert somit, welche Studienmerkmale für die Variation der Effektstärke zwischen den Studien in welcher Weise verantwortlich sind. Somit interessiert in der MEMA nicht nur die Signifikanz der geschätzten Regressionskoeffizienten bestimmter Moderatorvariablen, sondern auch das Ausmaß mit dem diese Variablen den ICC zu reduzieren vermögen.

Wenn es in den Random-Effects-Modellen einer MEMA nicht möglich ist, den Anteil statistisch erklärter Varianz durch die Einbeziehung von potenziellen Moderatorvariablen (als erklärende Variablen) deutlich zu erhöhen, können in der MEMA auch Fixed-Effects-Modelle geschätzt werden. So plädieren Hunter/Schmidt (2004) erst dann für die Spezifizierung von Fixed-Effects Modellen, wenn der Anteil an systematischer Varianz zwischen den Studien bei mindestens 25% liegt. Demgegenüber verweist allerdings Hox (2010) darauf, dass bei signifikanter Zufallskomponente auf Studienebene (σ^2_u; $p < 0{,}05$) deren Nichtberücksichtigung (durch Spezifizierung eines Fixed-Effects-Modells) zu einer Verzerrung bzw. zu einer Unterschät-

75 Dieses Nullmodell einer MEMA entspricht dem Random-Effects-Model der kMA nach Hedges/Olkin (vgl. Hox 2010: 209). Auch darin wird durch die Bestimmung der Varianz von σ^2_u die Variation der Effektstärke ermittelt und durch die Bestimmung einer Irrtumswahrscheinlichkeit p ein indirekter Homogenitätstest vorgenommen.

zung von Konfidenzintervallen führe (ebd. 210f.) und somit die Gefahr, einen α-Fehler zu begehen, zunähme (fälschliches Beibehalten der Nullhypothese; vgl. Urban/Mayerl 2011: 138ff.).

Da jedoch in Meta-Analysen generell davon auszugehen ist, dass eine substanzielle Varianz zwischen den Studien vorliegt (s. o.), ist sowohl bei der kMA als auch bei der MEMA die Anwendung von Random-Effects-Modellierungen angeraten.

Ein Vorteil der MEMA gegenüber der klassischen Vorgehensweise ist, dass die Schätzung der mittleren Effektstärke über alle Studien und die Schätzung von deren Varianz (zwischen den Studien) nicht in zwei separaten Schritten erfolgen muss. In der MEMA kann eine kombinierte Schätzung der mittleren Effektstärke und der Zwischen-Studienvarianz vorgenommen werden. Auch können in der MEMA mehrere Moderatorvariablen simultan in einer multivariate Modellschätzung eingebunden werden, womit deren partieller (bzw. drittvariablen-kontrollierter) Einfluss sowohl auf die mittlere Effektstärke als auch auf die Zwischenstudien-Varianz getestet werden kann (vgl. dazu auch die Ausführungen in Kap. 3.3). Das bedeutet, dass in der MEMA die Stärke des Einflusses von Moderatorvariablen in multivariaten Modellschätzungen unmittelbar sichtbar gemacht werden kann.

In Anhang A10 und A11 wird die MEMA-Logik und die praktische Vorgehensweise bei einer MEMA unter Verwendung des Softwarepakets HLM (Version 7.0) ausführlich vorgestellt.

Im Folgenden werden die Ergebnisse der MEMA-basierten Schätzungen von mittlerer Effektstärke und deren Variation sowie die Ergebnisse der Moderatoranalysen erörtert. Dazu werden zuvor noch einmal die diesbezüglichen Ergebnisse der kMA (aus Kap. 5.1 und 5.2) in Erinnerung zurückgerufen, bevor dann diese Ergebnisse mit den Resultaten aus der MEMA verglichen werden.

In der folgenden Tabelle 5.4 werden die wesentlichen Ergebnisse der kMA bei der Schätzung der mittleren Effektstärken und der Durchführung der diesbezüglichen Homogenitätstests erneut vorgestellt.

Das Ausmaß des identifizierten Effektes von pädosexueller Viktimisierung fällt je nach betrachteter Vergleichsgruppe unterschiedlich groß aus (zu den Vergleichsgruppen vgl. Kap. 5.1). So liegt z. B. in der Analysegruppe 1, bei welcher die adultsexuellen Delinquenten die Kontrollgruppe bilden, die mittlere Effektstärke bei OR = 2,76 und in Analysegruppe 2, bei der sich die Kontrollgruppen aus Gewaltstraftätern (keine sexuelle Gewalt) zusammensetzen, bei OR = 3,01.

Das Ausmaß der Heterogenität unter den einzelnen Effektstärken in jeder Analysegruppe lässt sich am Ergebnis der drei Homogenitätstests ablesen. Dabei beschreibt der Q-Wert das Ausmaß der beobachteten Heterogenität, und das p in der letzten Spalte der Tabelle informiert über die Irrtumswahrscheinlichkeit, die mit einer Zurückweisung der Nullhypothese (nach der die Variation der Studienergebnisse nur zufällig ist) verbunden ist. Demnach lässt sich in Tabelle 5.4 erkennen, dass in Analysegruppe 1 eine nichtzufällige Variation der Effektstärken vorliegt, die dann auch im Rahmen von Moderatoranalysen weiter analysiert werden kann bzw. muss. Eine solche nichtzufällige Variation der Effektstärken ist für die Studien in Analysegruppe 2 quasi auszuschließen, während sie für die Studien in Analysegruppe 3, auch wenn dort die Signifikanzschwelle von 0,05 knapp überschritten wird, noch immer von beträchtlichem Ausmaß ist (Q = 10,84; p = 0,06).

Tabelle 5.4: Mittlere Effektstärken und Homogenitätstests nach kMA

	OR	Q	df(Q)	p
Analysegruppe 1 (N = 16)	2,76	28,29	15	,02
Analysegruppe 2 (N = 8)	3,01	8,65	7	,28
Analysegruppe 3 (N = 6)	9,82	10,84	5	,06

Anmerkung: Der p-Wert der Irrtumswahrscheinlichkeit in der letzten Spalte der Tabelle bezieht sich auf den Homogenitätstest und nicht auf das OR.

Vergleichen wir also nunmehr diese kMA-basierten Resultate mit den Ergebnissen der Mehrebenen-Meta-Analyse (MEMA).

Die folgende Tabelle 5.5 zeigt die Ergebnisse der MEMA bei der Schätzung von drei Nullmodellen (s.o), mit denen für die drei Analysegruppen die mittleren Effektstärken ermittelt sowie die Ergebnisse der Homogenitätstests der kMA überprüft werden können.

Die Ergebnisse zur mittleren Effektstärke lassen sich aus der Zeile mit der Beschriftung „Konstante" und der jeweiligen Spalte, die mit „OR" überschrieben ist, entnehmen.

Das Ausmaß der Variation der Effektstärken zwischen den Studien bzw. deren Heterogenität lässt sich aus der Zeile „Level 2" und den Spalten „VAR" ablesen. Die Irrtumswahrscheinlichkeit, die jeweils in der dritten Spalte einer jeden Teiltabelle enthalten ist, informiert über die Irrtumswahrscheinlichkeit bezüglich der Annahme, dass die Variation zwischen den Studien nicht zufällig ist. Das Ergebnis dieser Signifikanztests ist folglich mit den Homogenitätstests aus der kMA gleichzusetzen.

Die Zeile „Level 1" enthält die Studienvarianz (Varianz der Effektkoeffizienten bzw. des Odds-Ratios) innerhalb der jeweiligen Studien. Diese sind, wie oben erläutert, vor Durchführung der MEMA mit dem EDV-Programm HLM „händisch" zu berechnen und einzulesen.

Tabelle 5.5: Schätzungen der mittleren Effektstärke und Varianz mittels MEMA (RML-Methode)

	Analysegruppe 1			Analysegruppe 2			Analysegruppe 3			alle Studien		
	exp(g)	p		exp(g)	p		exp(g)	p		exp(g)	p	
Konstante	2,74	0,00		3,02	0,00		10,07	0,00		3,41	0,00	
	VAR	Chi^2	p	VAR	Chi^2	p	VAR	Chi^2	p	VAR	Chi^2	p
Level 2	0,24	28,40	0,02	0,11	8,70	0,27	0,45	21,52	0,00	0,26	59,50	0,00
Level 1	0,38			0,40			0,94			0,50		
ICC	0,39			0,22			0,32			0,34		
DEV_{RML}	54,50			22,49			19,35			109,35		
DEV_{FML}	54,73			23,22			21,01			109,07		
	N = 16			N = 8			N = 6			N = 30		

DEV_{RML} = Deviance der RML-Schätzung; DEV_{FML} = Deviance der FML-Schätzung.

Zur Interpretation der Tabelle vgl. die Erläuterungen in Kapitel A10 (Anhang).

Neben der ermittelten Varianz auf Studienebene (Level 2) wird in Tabelle 5.5 noch ein weiteres Kriterium zur Beurteilung der vorliegenden Studienvarianz ausgewiesen. Gemeint ist der Wert des oben erläuterten Intraklassenkorrelationskoeffizienten (ICC). Wie erinnerlich sollte der ICC nach Hunter/Schmidt (2004) oberhalb von 0,25 liegen, damit von einem substanziellen Ausmaß an Studienvarianz gesprochen werden kann.

Aus den ersten drei Teiltabellen geht hervor, dass auch auf Grundlage von Schätzungen mittels MEMA (unter Verwendung der RML-Schätzmethode) die Befunde der kMA sowohl hinsichtlich der mittleren Effektstärken als auch hinsichtlich der Homogenitätstests bestätigt werden können. Insbesondere die numerischen Werte für die Odds-Ratios stimmen dabei recht genau mit den Ergebnissen der kMA überein.[76] Allein in Analysegruppe 3 gibt es deutliche Unterschiede zwischen den beiden MA-Methoden. Dort fällt das Ergebnis bezüglich des Homogenitätstests, anders als bei der kMA, sehr eindeutig zugunsten einer Zurückweisung der Homogenitätsannahme aus.

Ansonsten bestätigt auch der ICC mit Werten deutlich über 0,25 (in Analysegruppe 1 und 3: ICC = 0,39/0,34) bzw. knapp unter 0,25 (in Analysegruppe 2: ICC = 0,22) die komplette Befundlage aus der kMA.

Zu weiteren Validierungszwecken wurden alle Analysen auch mit dem FML-Algorithmus durchgeführt (dazu mehr in Anhang A10). Auch diese Schätzungen zeigen in der Substanz die gleichen Befunde und unterscheiden sich nur geringfügig hinsichtlich der absoluten Koeffizientenschätzwerte. Damit lässt sich aus diesen Ergebnissen insgesamt zweifelsfrei ableiten, dass einerseits eine vollständige Validierung der kMA-Befunde gelungen ist, und, dass andererseits auch unter Verwendung der MEMA (wie bereits zuvor bei der KMA; vgl. Kap. 5.2) Moderatoranalysen in den Analysegruppen 1 und 3 notwendigerweise durchgeführt werden mussten. Darüber berichtet das folgende Kapitel 5.4.

5.4 Moderatoreffekte (nach MEMA)

Die Ergebnisse der bivariaten kMA-Moderatoranalysen (vgl. Kap. 5.2) lassen sich leicht zusammenfassen: in den Studien aus Analysegruppe 1 zeigt keine der erhebungsbezogenen Moderatorvariablen einen Einfluss auf die Stärke des Zusammenhangs zwischen pädosexueller Viktimisierung und pädosexueller Delinquenz.

---

76 Kleinere Abweichungen zwischen den Werten aus kMA und MEMA sind auf die Verwendung unterschiedlicher Algorithmen zurückzuführen. Vgl. dazu De Leeuw/Hox 2003: 339.

Tabelle 5.6: Bivariate MEMA-Moderatoranalysen (Modelle 1–3) mit den Studien aus Analysegruppe 1 (nach RML-Schätzmethode)

	Nullmodell			Modell 1			Modell 2			Modell 3		
	exp(g)	p		exp(g)	p		exp(g)	p		exp(g)	p	
Konstante	2,74	0,00		2,08	0,01		2,49	0,00		3,39	0,00	
Op-Del	–	–		1,75	0,09		–	–		–	–	
Op-Vikt	–	–		–	–		1,31	0,46		–	–	
Selbstber	–	–		–	–		–	–		0,72	0,33	
	VAR	Chi^2	p	VAR	Chi^2	p	VAR	Chi^2	p	VAR	Chi^2	p
Level 2	0,24	28,40	0,02	0,16	22,88	0,06	0,28	28,10	0,01	0,39	22,94	0,01
Level 1	0,38			0,38			0,38			0,38		
ICC	0,39			0,30			0,42			0,51		
DEV_{RML}	54,50			54,10			55,93			48,90		
DEV_{FML}	54,73			52,00			50,13			53,83		
	N = 16			N = 16			N = 16			N = 16		

DEV_{RML} = Deviance der RML-Schätzung; DEV_{FML} = Deviance der FML-Schätzung.

Zur Interpretation der Tabelle vgl. die Erläuterungen in Kapitel A10 (Anhang).

Um dieses Ergebnis mittels MEMA zu überprüfen, wurden vier Tests mit den Studien aus Analysegruppe 1 durchgeführt.[77] In diesen Tests wurde der Einfluss der Operationalisierung von pädosexueller Delinquenz (1.) und von pädosexueller Viktimisierung (2.) sowie der Einfluss der Berichtsquelle (3.) und des Rekrutierungsortes (für Mitglieder der Untersuchungsgruppe) (4.) statistisch getestet (zu den genannten Moderatorvariablen vgl. Kap. 5.2).

Die MEMA-Ergebnisse zu den Effekten von drei Moderatorvariablen (1, 2 und 3) werden in der folgenden Tabelle 5.6 gezeigt. In dieser Tabelle werden die Ergebnisse der Schätzung eines Nullmodells (vgl. Kap. 5.3) und von drei bivariaten Moderatoranalysen aufgelistet.

In Modell 1 wird die potenzielle Moderatorwirkung der Operationalisierung von pädosexueller Delinquenz (Op-Del) getestet. Diese Variable hat die beiden Ausprägungen „weit" (0) und „eng" (1) (zu diesen und den unten genannten Ausprägungen der Moderatorvariablen vgl. Kap. 5.2).

Das Modell 2 testet den Einfluss der Operationalisierung von Viktimisierung (Op-Vikt), die ebenfalls die beiden Ausprägungen „weit" (0) und „eng" (1) aufweist.

Im Modell 3 wird getestet, inwiefern die Berichtsquelle zur pädosexuellen Viktimisierung (Selbstber) einen Einfluss auf den Zusammenhang zwischen pädosexueller Viktimisierung und pädosexueller Delinquenz hat. Die Variable hat die Ausprägungen: „Selbstbericht" (1) und „Fremdbericht" (0).

Insgesamt lässt sich zu den bivariat geschätzten Effekten der drei genannten Moderatorvariablen berichten, dass keine von ihnen einen eindeutig signifikanten Einfluss auf den Zusammenhang zwischen pädosexueller Viktimisierung und pädosexueller Delinquenz hat (vgl. Tab. 5.6). Allein der Effekt der Moderatorvariablen „Operationalisierung von Delinquenz" erreicht eine marginal signifikante Stärke (OR = 1,75; p < 0,09), die aber nicht dafür ausreicht, dass die Konstante ihre eindeutige Signifikanz verliert. So werden mit diesen bivariaten MEMA-Schätzungen die diesbezüglichen kMA-Ergebnisse bestätigt und die im Nullmodell beobachtete, systematische Varianz muss auf andere Ursachen zurückgeführt werden. Denn die Signifikanz der Konstanten bleibt in allen drei bivariaten Modellschätzun-

77 Wie in Kapitel 5.2 ausgeführt, waren in den Studien aus Analysegruppe 3 nicht immer genügend Informationen zur Messung der hier in die Analyse aufgenommenen, erhebungsbezogenen Moderatorvariablen enthalten, sodass die Studien dieser Gruppe zunächst unberücksichtigt bleiben mussten (später, bei Verwendung von auswertungsbezogenen Moderatoren (s. u.), wurden diese Studien wieder in die Analyse aufgenommen). Die Primärstudien aus Analysegruppe 2 blieben nach wie vor auch aus den hier und im Folgenden beschriebenen Moderatoranalysen ausgeschlossen, weil sie keine genügend große Heterogenität der Effektstärken aufweisen (vgl. Kap. 5.1).

gen erhalten. Folglich wurden in unserer Meta-Analyse weitere Moderatoranalysen notwendig, um den evtl. vorhandenen Einfluss von Studienmerkmalen auf die geschätzten Effektstärken zu ermitteln.

In einer ersten, zusätzlichen Moderatoranalyse untersuchten wir den Einfluss, den die Rekrutierung von Probanden der Untersuchungsgruppe auf die Effektstärke zwischen pädosexueller Viktimisierung und Delinquenz hat. Die diesbezüglichen Ergebnisse werden in der folgenden Tabelle 5.7 ausgewiesen.

Tabelle 5.7: Bivariate MEMA-Moderatoranalyse (Modell 4) mit den Studien aus Analysegruppe 1 (nach RML-Schätzmethode)

	Nullmodell			**Modell 4**		
	exp(g)		p	exp(g)		p
Konstante	2,68		0,00	3,25		0,00
Therapie	–		–	0,80		0,39
	VAR	Chi²	p	VAR	Chi²	p
Level 2	0,29	28,27	0,02	0,33	28,31	0,01
Level 1	0,39			0,39		
ICC	0,43			0,46		
DEV_{RML}	53,37			50,47		
DEV_{FML}	50,13			49,99		
	N = 15			N = 15		

DEV_{RML} = Deviance der RML-Schätzung; DEV_{FML} = Deviance der FML-Schätzung.

Für die Schätzung von Modell 4 musste die Stichprobe um einen Fall reduziert werden, da bei einer Studie der Rekrutierungsort nicht eindeutig einer Haftanstalt oder einer therapeutischen Einrichtung zuzuordnen war. Zur Interpretation der Tabelle vgl. die Erläuterungen in Kapitel A10 (Anhang).

Die Tabelle 5.7 zeigt die Ergebnisse der Moderatoranalyse mit der vierten Moderatorvariablen „Therapie" (Modell 4). Die Variable „Therapie" wurde mit „1" kodiert, wenn die pädosexuellen Delinquenten aus einer therapeutischen Einrichtung (stationär oder ambulant) stammen. Ein Variablenwert von „0" wurde vergeben, wenn die Probanden der Untersuchungsgruppe über eine Vollzugsanstalt rekrutiert wurden.

Im ersten Teil von Tabelle 5.7 befindet sich wiederum die Schätzung des Nullmodells (bei einer um einen Fall reduzierten Analysegruppe 1; vgl. dazu die Anmerkung unterhalb von Tabelle 5.7). Das signifikante Ergebnis für die mittlere Effektstärke und für die Varianz auf der zweiten Ebene kann als eine neuerliche Replikation der Ergebnisse aus der kMA verstanden werden.

Die Ergebnisse im zweiten Tabellenteil zeigen, dass auch die potenzielle Moderatorvariable „Therapie" keinen signifikanten Einfluss auf die hier untersuchte Effektstärke hat. Zudem wird auch in dieser Modellschätzung die Signifikanz sowie das Ausmaß der Variation auf der zweiten Ebene durch die Berücksichtigung der Moderatorvariablen kaum verändert (vgl. Zeile „Level 2", Spalte „VAR" von Modell 4).

Somit bestätigt auch die letzte der vier, hier vorgestellten Untersuchungen, dass die Ergebnisse der bivariaten MEMA-Moderatoranalysen die Befunde der kMA (mit Verwendung der Studien aus der ersten Analysegruppe) nicht widerlegen können.

Zur Überprüfung der Ergebnisse aus den oben vorgestellten, vier bivariaten Moderatoranalysen (Tab. 5.6 und 5.7) wurden auch multivariate Moderatormodelle geschätzt. In diesen Modellen werden die Effekte der zuvor separat getesteten Moderatorvariablen gemeinsam bzw. simultan ermittelt. Das erste multivariate Modell (Modell 5 in Tabelle 5.8a) enthält die drei Moderatorvariablen aus den bivariaten Modellen 1 bis 3 (Tabelle 5.6). Das zweite multivariate Modell (Modell 6 in Tabelle 5.8b) enthält alle vier Moderatorvariablen aus den bivariaten Modellen 1 bis 4 und kann folglich nur auf Grundlage von 15 der 16 Fälle aus Analysegruppe 1 berechnet werden (vgl. die Anmerkung zu Tabelle 5.8b).

Daneben enthalten die Tabellen 5.8a/b auch die beiden Nullmodell-Schätzungen für den vollständigen und den um einen Fall reduzierten Datensatz aus der ersten Analysegruppe. Diese beiden Nullmodelle entsprechen den Nullmodellen aus Tabelle 5.6 und 5.7.

Den Modellschätzungen (Tab. 5.8a/b) ist zu entnehmen, dass auch die multivariate Schätzung von Moderatoreffekten weder dazu führt, dass eine der berücksichtigten Variablen aufgrund von Auspartialisierung (vgl. Urban/Mayerl 2011: 86 ff.) einen signifikanten statistischen Erklärungsbeitrag für die Variation der Effektkoeffizienten leistet (keines der Odds-Ratios hat eine Irrtumswahrscheinlichkeit kleiner 10 % geschweige denn kleiner 5 %), noch dass damit auch nur im Mindesten die Studienvarianz auf der zweiten Ebene reduziert werden kann.

So ist das wichtigste Ergebnis der multivariaten Schätzungen, dass in der multivariaten Schätzung von Modell 5 die Konstante im Vergleich zur Nullmodell-Schätzung ihre Signifikanz verliert, was bedeutet, dass bei simultaner Schätzung mit 3 Moderatorvariablen der Effekt von päsosexueller Viktimisierung auf pädosexuelle Delinquenz nicht mehr signifikant ist. Allerdings zeigt ein Vergleich der FML-Devianzwerte von Nullmodell und Schätzmodell, dass die multivariate Modellierung gemessen an der Veränderung der Devianzwerte keine bessere statistische Anpassung an die empirische Datenlage liefern kann (vgl. dazu die Informationen in Anhang A10). Somit lässt sich auch aus den Ergebnissen der multivariaten Schätzungen kein überzeugender Hinweis gegen die Gültigkeit der POTT-These ableiten.

Tabelle 5.8a: Multivariate MEMA-Moderatoranalyse (Modell 5) mit den 16 Studien aus Analysegruppe 1 (nach RML-Schätzmethode)

	Nullmodell			Modell 5		
	exp(g)		p	exp(g)		p
Konstante	2,74		0,00	1,80		0,26
Op-Del	–		–	2,15		0,16
Op-Vikt	–		–	0,82		0,65
Selbstber	–		–	1,18		0,74
Therapie	–		–	–		–
	VAR	Chi^2	p	VAR	Chi^2	p
Level 2	0,24	28,40	0,02	0,23	22,24	0,04
Level 1	0,38			0,38		
ICC	0,39			0,38		
DEV_{RML}	54,50			53,06		
DEV_{FML}	54,73			51,32		
	N = 16			N = 16		

DEV_{RML} = Deviance der RML-Schätzung; DEV_{FML} = Deviance der FML-Schätzung.
Zur Interpretation der Tabelle vgl. die Erläuterungen in Kapitel A10 (Anhang).

In der Modellschätzung 6 (vgl. Tab. 5.8b) nähern sich die Effekte der Moderatorvariablen „Operationalisierung von pädosexueller Delinquenz“ und „Auswahl des Rekrutierungsorts“ mit Irrtumswahrscheinlichkeiten von 7 % deutlich der 5-%-Signifikanzgrenze an. Sie unterscheiden sich damit recht eindeutig von den Ergebnissen der bivariaten Schätzungen. Dort wies z.B. die Koeffizientenschätzung zum Einfluss des Rekrutierungsorts noch eine Irrtumswahrscheinlichkeit von rund 40 % auf (Tab. 5.7, Modell 4). Zwar ist auch in Modellschätzung 6 die Konstante größer als 1,00 und statistisch signifikant, womit auch in dieser Modellschätzung die POTT-Hypothese bestätigt wird, aber diese Modellschätzung gibt doch erste Hinweise darauf, dass Studienmerkmale den geschätzten POTT-Zusammenhang beeinflussen können.

Tabelle 5.8b: Multivariate MEMA-Moderatoranalyse (Modell 6) mit 15 Studien aus Analysegruppe 1 (nach RML-Schätzmethode)

	Nullmodell			Modell 6		
	exp(g)		p	exp(g)		p
Konstante	2,68		0,00	2,98		0,05
Op-Del	–		–	3,02		0,07
Op-Vikt	–		–	0,73		0,42
Selbstber	–		–	1,19		0,73
Therapie	–		–	0,46		0,07
	VAR	Chi^2	p	VAR	Chi^2	p
Level 2	0,29	28,27	0,02	0,23	18,19	0,05
Level 1	0,39			0,39		
ICC	0,43			0,37		
DEV_{RML}	53,37			48,90		
DEV_{FML}	50,13			43,89		
	N = 15			N = 15		

DEV_{RML} = Deviance der RML-Schätzung; DEV_{FML} = Deviance der FML-Schätzung.

Für die Schätzung von Modell 6 musste die Stichprobe um einen Fall reduziert werden, da bei einer Studie der Rekrutierungsort nicht eindeutig einer Haftanstalt oder einer therapeutischen Einrichtung zuzuordnen war. Zur Interpretation der Tabelle vgl. die Erläuterungen in Kapitel A10 (Anhang).

So könnte vermutet werden, dass (möglicherweise) die beiden Moderatorvariablen zur Operationalisierung der pädosexuellen Delinquenz („Op-Del") und zum Rekrutierungsort („Therapie") in einer auf diese zwei Prädiktoren reduzierten Modellschätzung signifikante Koeffizientenschätzwerte erreichen. Zwar würde eine solche Variablenauswahl infolge ihres doch recht explorativen Vorgehens eher „unorthodox" erscheinen, jedoch wird dieses

Vorgehen gerade aufgrund der zumeist geringen Fallzahlen (auf zweiter Ebene) und einer im Verhältnis dazu oftmals sehr groß werdenden Modellkomplexität von vielen Autoren in der MEMA-Methodenliteratur empfohlen (vgl. Hox 2010: 221).[78] Dementsprechend haben wir für eine erneute multivariate Moderatorenanalyse mit reduzierter Prädiktorenanzahl das folgende Schätzmodell 7 spezifiziert und geschätzt.

In Modellschätzung 7 wurden nur die beiden Moderatorvariablen „Operationalisierung der pädosexuellen Delinquenz“ und „Rekrutierungsort“ als unabhängige Variablen berücksichtigt.[79] In der folgenden Tabelle 5.8c werden die Ergebnisse dieser neuen Modellschätzung aufgelistet (das Nullmodell in der ersten Spalte ist identisch mit dem Nullmodell aus Tabelle 5.8b).

Wie den Zahlen (in Tab. 5.8c) zu entnehmen ist, ist auch in diesem Schätzmodell die Konstante signifikant ($p < 0,01$) und größer als 1,00, sodass auch mit dieser Modellschätzung die POTT-Hypothese nicht verworfen werden kann. Die Passung von Modell 7 ist gemessen an der Differenz der FML-Devianzwerte (vgl. Anhang A10) besser als die seines Nullmodells. Folglich ist Modell 7 dem Nullmodell vorzuziehen (vgl. Anhang A10, Absatz „MEMA-Schätzmethode (RML vs. FML) und Moderatoranalyse“). Vergleicht man zudem die Passungen der beiden Modelle 6 und 7, so ist zu erkennen, dass auch in diesem Vergleich das Modell 7 vorzuziehen wäre, da Modell 6 trotz zweier zusätzlicher Variablen nur einen geringfügig kleineren Devianzwert aufweist.

Für die beiden Prädiktorvariablen in Modellschätzung 7 ergibt sich nun folgender Befund: Der Effekt der Moderatorvariablen „Operationalisierung der pädosexuellen Delinquenz“ wird signifikant ($p = 0,05$) und auch der Effekt der Variablen „Rekrutierungsort“ verfehlt die 5-%-Signifikanzgrenze nur knapp ($p = 0,06$). Da zudem die Varianzkomponente der Konstanten bestenfalls noch marginal signifikant ist ($p = 0,08$), ergibt sich in diesem Modell ein nicht unerheblicher Erfolg bei der Varianzaufklärung (die Varianz der Konstanten reduziert sich von 0,29 im Nullmodell auf 0,15 in Modell 7, was eine Reduktion um etwa die Hälfte bedeutet).

---

78 Dabei ist allerdings auch zu berücksichtigen, dass bei dem von Hox (2010: 221) vorgeschlagenen Vorgehen, welches die Schätzung vieler sparsamer Modelle und daran im Anschluss die Schätzung eines großen Modells unter Einschluss der „erfolgreichen“ Prädiktoren empfiehlt, auch Gefahren entstehen. Denn bei zu „sparsamer“ Modellspezifizierung kann das Verfahren dazu führen, dass die entscheidenden Variablenkombinationen aufgrund fehlender Auspartialisierungseffekte gar nicht erst gefunden werden (vgl. Urban/Mayerl 2011: 94 f.). So ist bspw. der Rekrutierungsort im bivariaten Modell eindeutig nicht signifikant (s. o.) und wird erst unter der Berücksichtigung der übrigen drei Prädiktoren (immerhin) marginal signifikant.

79 Da Modellschätzung 7 eine Fortführung von Modellschätzung 6 ist, wurden zur Schätzung auch nur 15 Studien aus Analysegruppe 1 herangezogen.

Tabelle 5.8c: Multivariate MEMA-Moderatoranalyse (Modell 7) mit 15 Studien aus Analysegruppe 1 (nach RML-Schätzmethode)

	Nullmodell			Modell 7		
	exp(g)		p	exp(g)		p
Konstante	2,68		0,00	3,20		0,00
Op-Del	–		–	2,27		0,05
Therapie	–		–	0,50		0,06
	VAR	Chi^2	p	VAR	Chi^2	p
Level 2	0,29	28,27	0,02	0,15	19,21	0,08
Level 1	0,39			0,39		
ICC	0,43			0,28		
DEV_{RML}	53,37			48,44		
DEV_{FML}	50,13			44,86		
	N = 15			N = 15		

DEV_{RML} = Deviance der RML-Schätzung; DEV_{FML} = Deviance der FML-Schätzung.

Für die Schätzung von Modell 7 musste die Stichprobe um einen Fall reduziert werden, da bei einer Studie der Rekrutierungsort nicht eindeutig einer Haftanstalt oder einer therap. Einrichtung zuzuordnen war. Zur Interpretation der Tabelle vgl. die Erläuterungen in Kapitel A10 (Anhang).

Interpretiert man die Ergebnisse inhaltlich, lässt sich mit Blick auf die Konstante festhalten, dass pädosexuell viktimisierte Straftäter im Unterschied zu nicht viktimisierten Straftätern eine erhöhte Chance haben, ein pädosexuelles Delikt (anstatt eines adultsexuellen Delikts) zu begehen. Und der Einfluss der Variablen zur Operationalisierung indiziert, dass Studien mit einer „engen" Definition pädosexueller Delinquenz einen stärkeren diesbezüglichen Zusammenhang aufdecken als Studien, die eine „weite" Definition verwenden.

Der marginal signifikante Einfluss des Rekrutierungsortes (mit einer geschätzten Einflussstärke von 0,50, vgl. Tab. 5.8c) kann so interpretiert werden (unter Vorbehalt), dass tendenziell für solche Straftäter der Untersuchungsgruppe (d.h. für pädosexuelle Delinquenten), die aus therapeutischen Einrichtungen rekrutiert wurden, der aufgedeckte Zusammenhang zwischen Viktimisierung und Delinquenz geringer ausfällt. Das scheint zunächst kontraintuitiv, da anzunehmen ist, dass die in Therapie befindlichen Straftäter eher schwerwiegende Viktimisierungsbiografien aufweisen und deshalb auch häufiger Opfer pädosexuellen Missbrauchs gewesen sein sollten. Tatsächlich ist es jedoch so, dass in 12 der 13 Studien, in welchen die Probanden der Untersuchungsgruppe in therapeutischen Einrichtungen rekrutiert wurden, auch die Mitglieder der Vergleichsgruppe aus solchen Einrichtungen stammen und diese dann ebenfalls eine vergleichbare Biografie aufweisen könnten. Deshalb muss in diesen Fällen der Effekt der Viktimisierung geringer ausfallen.

Die bislang erzielten MEMA-Befunde lassen sich kurz wie folgt zusammenfassen: Die Ergebnisse der bivariaten MEMA sind unabhängig von den betrachteten Moderatorvariablen substanziell mit den Ergebnissen der kMA identisch.

Die Ergebnisse zum Effekt der Moderatorvariablen „Operationalisierung der pädosexuellen Viktimisierung“ konnten repliziert werden (mit den Studien aus Analysegruppe 1). Es zeigte sich, dass unabhängig von der Operationalisierung („eng“ vs. „weit“) die Art der Erhebung pädosexueller Missbrauchserfahrungen keinen Einfluss auf die gefundenen Effektstärken hat.

Dass für die Moderatorvariable „Operationalisierung der pädosexuellen Viktimisierung“ kein signifikanter Effekt gefunden werden konnte, lässt sich inhaltlich so interpretieren, dass sexuelle Missbrauchserfahrungen unabhängig von deren Intensität (abgebildet durch die unterschiedliche Operationalisierung „eng“ vs. „weit“) einen positiven Einfluss auf pädosexuelles Delinquenzverhalten haben.

Im Unterschied dazu ist für die Beziehung zwischen Viktimisierung und Delinquenz die Kategorisierung des relevanten Delinquenzverhaltens von Bedeutung. Das lässt den Schluss zu, dass eine eindeutige Definition pädosexueller Delinquenz im Sinne „schwerwiegender“ Taten notwendig ist, um den Einfluss der entsprechenden Missbrauchserfahrungen in seiner vollen Stärke erfassen zu können. Daraus lässt sich auch folgern, dass bei weiteren Studien im hier erforschten Themenfeld die Operationalisierung von Delinquenz sehr sorgfältig bedacht werden sollte.

Für weitere Studien im Themenfeld dürfte es auch interessant sein, dass nach unseren Ergebnissen der Rekrutierungsort von Probanden der Untersuchungsgruppe zumindest einen marginal signifikanten Einfluss auf die geschätzte Effektstärke hat.

Ingesamt betrachtet besagt die Befundlage nach all den hier referierten Moderatoranalysen, dass für den untersuchten Zusammenhang (POTT-These) mittels multivariater Analysen zwar zwei wichtige, erhebungsbezogene Moderatorvariablen identifiziert werden konnten, dass aber bei weitem keine befriedigende, statistische Erklärung der systematischen Variation der hier interessierenden Effektstärken auf der zweiten Ebene der Studien geleistet werden konnte.[80]

Zur weiteren Klärung dieses Sachverhalts wurden zusätzliche bi- und multivariate Moderatoranalysen durchgeführt, in denen stärker methodenorientierte Moderatoreffekte untersucht wurden. Die Ergebnisse dieser Analysen werden im Folgenden vorgestellt.

Neben den zuvor beschriebenen Moderationstests mit den vier oben erläuterten erhebungsbezogenen Moderatorvariablen (u. a.: Operationalisierung von pädosexueller Viktimisierung und Delinquenz) können für eine angemessene Bewertung der MEMA-Schätzungen auch die Effekte von verschiedenen auswertungsbezogenen, eher formalen Moderatorvariablen überprüft werden. Da diese Variablen (fast) jeder der von uns ausgewählten Studien entnommen werden konnten, ist mit diesen Daten auch ein Test von Moderatoreffekten in den Studien aus Analysegruppe 3 möglich.

Hox (2010: 217 ff.) empfiehlt mit Blick auf die formalen Modatorvariablen u. a. den Einfluss folgender Variablen zu untersuchen:

a) den Einfluss der studienspezifischen Fallzahlen,
b) den Einfluss der methodischen Güte/Qualität der Studien,
c) den Einfluss des Standardfehlers (der geschätzten Effektstärken)

Denn wenn ein Effekt dieser Variablen aufgedeckt werden könnte, so wären auch die Studienergebnisse je nach Signifikanz bzw. Nicht-Signifikanz der jeweiligen Modellkonstanten u. U. neu zu bewerten.

ad: Fallzahl

Die Fallzahl als formale Moderatorvariable hat bei diesen Analysen eine gesonderte Bedeutung, denn mit ihr ist es möglich, den sog. „Publication Bias“

---

80 Dieses Ergebnis kann auch nicht auf Multikollinearitätseffekte zurückgeführt werden. Denn erstens sind die Standardfehler nicht besonders groß ausgefallen, was daran zu erkennen ist, dass die Konfidenzintervalle nicht übermäßig breit sind. Und zweitens erweist sich die Robustheit der Koeffizientenschätzungen beim Übergang von bivariaten zu multivariaten Modellen als recht stark, was daraus zu ersehen ist, dass sich die Odds-Ratios der multivariaten Modelle aus den Tabellen 5.8a/b nur unwesentlich von den bivariaten Schätzergebnissen der Tabellen 5.6 und 5.7 unterscheiden. Keiner der Koeffizienten vergrößert sich übermäßig, wechselt das Vorzeichen oder wechselt von Nichtsignifikanz zu Signifikanz (mit Ausnahme der Konstanten, was aber wohl auf die zu geringe Teststärke bei zu vielen Variablen zurückgeführt werden muss). Folglich ist auch keine gesonderte Analyse der Multikollinearität notwendig (vgl. Urban/Mayerl 2011: 228 f.). Anders sieht dies hingegen bei den folgenden Modellen mit auswertungsbezogenen Moderatorvariablen aus. Bei diesen Modellen wurde eine Überprüfung von Multikollinearitätseffekten vorgenommen.

im Rahmen der MEMA zu testen. Sollte ein negativer Zusammenhang dieser Variablen mit der Effektstärke beobachtet werden können, wäre daraus zu folgern, dass ein „Publication Bias" vorläge bzw. dieser besonders groß sein könnte und dass in einer Meta-Analyse von der Existenz vieler kleiner Studien mit nicht-signifikanten Ergebnissen, die nicht publiziert worden sind, auszugehen wäre[81] (mehr dazu in Kapitel 6).

ad: methodische Güte

Die methodische Güte der Studien, welche nach Möglichkeit in Form eines Reliabilitätsmaßes berücksichtigt werden sollte, ist insbesondere als Prädiktor der Varianz des Intercepts und nicht (nur) als Prädiktor der Effektstärke zu verwenden. Leider war bei den im MAPS-Projekt berücksichtigten Studien eine durchgängige Erhebung eines Reliabilitätsmaßes nicht möglich, da zu wenige Studien ein solches Maß berichten. Daher wurde in den Analysen stattdessen eine Bewertung der Studienqualität durch zwei Kodierer benutzt, die diese im Kontext ihrer Kodierungsarbeit vorgenommen haben (vgl. Kap. 4.3 und 4.4). Die Variable „Güte" benutzt eine Ratingskala von 0 bis 5, wobei höhere Werte ein größeres Maß an methodischer Qualität indizieren.

ad: Standardfehler

Die Moderatorvariable „Standardfehler der Effektstärke" (SE-ES) ermöglicht einen Test der kombinierten Auswirkung von Fallzahl und Studienvariation auf die beobachtete Effektstärke. Denn letztlich ist die diesbezügliche Variable nichts anderes als die Quadratwurzel der Studienvarianz (vgl. Kap. 3.2).

Die Moderatoranalysen mit diesen drei Variablen wurden so durchgeführt, dass der Einfluss einer jeden einzelnen Variablen zunächst in einem bivariaten Modell und dann in einem multivariaten Gesamtmodell mit allen drei formalen Moderatorvariablen geschätzt wurde. Für diese Schätzungen wurden die Daten der Studien aus Analysegruppe 1 und aus Analysegruppe 3 benutzt.

Die Studien aus Analysegruppe 3 wurden deshalb berücksichtigt, weil, wie in Kapitel 5.1 und zu Anfang des vorliegenden Kapitels berichtet, der Test auf Homogenität der Studienergebnisse in dieser Analysegruppe ein marginal signifikantes Ergebnis lieferte. Zudem ist auch der ICC in dieser Gruppe größer als 0,25 ($ICC_{Gr3} = 0{,}32$) und indiziert damit die Notwendigkeit einer Moderatoranalyse (s. o.).

81 Das würde auch bedeuten, dass die Ergebnisse der Meta-Analyse in entsprechender Weise positiv verzerrt sein könnten und daher ein für diese Variable signifikant negativer Koeffizient die erzielten Ergebnisse als fragwürdig erscheinen lassen würde.

All das war für die Studien in Analysegruppe 2 nicht gegeben, sodass diese, wie auch schon zuvor bei den erhebungsbezogenen Moderatoranalysen, für die folgenden Modellschätzungen nicht berücksichtigt werden mussten.

Wie gesagt, enthalten die drei folgenden, bivariaten Modellschätzungen jeweils eine der drei formalen, auswertungsbezogenen Moderatorvariablen. In Modell 1 wird der Einfluss des Standardfehlers auf die Effektstärke getestet, in Modell 2 wird u.a. der „publication bias“ via Verwendung der rohen Fallzahlen überprüft, und in Modell 3 wird der Einfluss der methodischen Güte auf die Effektstärkeschätzung untersucht. Das Modell 4 enthält dann alle drei Prädiktorvariablen gemeinsam.

Die nachfolgende Tabelle 5.9 berichtet die diesbezüglichen Schätzergebnisse bei Verwendung der Studien aus Analysegruppe 1. Das Nullmodell ist in der Tabelle nicht enthalten. Es kann aber aus Tabelle 5.6 entnommen werden. Für alle Schätzungen wurde der RML-Algorithmus verwendet. Zusätzlich zum RML-Devianzwert wird in der Tabelle auch der Devianzwert für Modellschätzungen mittels FML-Algorithmus berichtet, der zum Vergleich geschachtelter Modellschätzungen benötigt wird (vgl. dazu Anhang A10).

Ein Blick auf die Schätzergebnisse für die Modelle 1 bis 3 (in Tab. 5.9) zeigt, dass lediglich die Güte/Qualität einer jeden Primärstudie einen signifikanten Einfluss auf die geschätzte Effektstärke hat. Dass dieser Effekt negativ ist (zu erkennen am Odds-Ratio kleiner 1,00) kann bedeuten, dass die methodisch schwächeren Studien die Stärke des Zusammenhangs zwischen pädosexueller Viktimisierung und pädosexueller Delinquenz tendenziell überschätzen. Dass dieser Befund statistisch recht „robust“ ist, ergibt sich aus der signifikanten Differenz der Devianzwerte von Nullmodell und Modell 3 nach Schätzung mittels FML-Methode.[82]

Ein weiterer bemerkenswerter Aspekt der Modellschätzung ist, dass mit der Berücksichtigung der Variablen zur methodischen Güte die Variation auf der zweiten Ebene weitgehend aufgeklärt werden kann, denn die Varianzkomponente des Intercepts ist in Modellschätzung 3 nicht mehr signifikant. Zudem bleibt dieser Effekt auch in der multivariaten Modellschätzung 4 unter Kontrolle der beiden anderen formalen Moderatorvariablen bestehen.

---

82 Bei Schätzung mit dem FML-Algorithmus liegt der Devianzwert des Nullmodells bei 54,73 und der des Modells 3 bei 48,07 woraus sich eine Differenz von 6,66 ergibt, die den kritischen Schwellenwert von 3,84 für ein Signifikanzniveau von 5 % (bei einem Freiheitsgrad) deutlich überschreitet. Die Irrtumswahrscheinlichkeit für die Annahme, dass Modell 3 eine bessere statistische Anpassung an die empirischen Daten erreicht als das Nullmodell ist sogar kleiner als ein Prozent (der Grenzwert hierzu liegt bei 6,63).

Tabelle 5.9: Bi-/Multivariate MEMA-Moderatoranalysen (Modelle 1–4) mit den 16 Studien aus Analysegruppe 1 (nach RML-Schätzmethode)

	Modell 1			Modell 2			Modell 3			Modell 4		
	exp(g)	p		exp(g)	p		exp(g)	p		exp(g)	p	
Konstante	2,85	0,01		2,53	0,01		14,47	0,00		23,35	0,01	
SE-ES	0,92	0,91		–	–		–	–		0,65	0,59	
Fallzahl	–	–		1,00	0,72		–	–		1,00	0,47	
Güte	–	–		–	–		0,55	0,04		0,53	0,03	
	VAR	Chi^2	p	VAR	Chi^2	p	VAR	Chi^2	p	VAR	Chi^2	p
Level 2	0,27	28,24	0,01	0,28	28,25	0,01	0,13	20,00	0,13	0,16	19,13	0,09
Level 1	0,38			0,38			0,38			0,38		
ICC	0,41			0,42			0,26			0,30		
DEV_{RML}	54,40			66,94			51,12			59,55		
DEV_{FML}	54,71			54,65			48,07			47,63		
	N = 16			N = 16			N = 16			N = 16		

DEV_{RML} = Deviance der RML-Schätzung; DEV_{FML} = Deviance der FML-Schätzung.

Das Nullmodell zu den Modellen 1 bis 4 kann der Tabelle 5.6 entnommen werden. Zur Interpretation der Tabelle vgl. die Erläuterungen in Kapitel A10 (Anhang).

Allerdings ist diesbezüglich zu berücksichtigen, dass die Devianzdifferenz sowohl zwischen dem Nullmodell und Modell 4 als auch zwischen Modell 3 und Modell 4 nicht ausreicht, um eine Verbesserung der Modellpassung zu indizieren. Das ist jedoch nicht weiter verwunderlich, denn schließlich werden in Modellschätzung 4 auch solche Variablen berücksichtigt („SE-ES" und „Fallzahl"), die in den bivariaten Modellen weit davon entfernt sind, einen statistischen Erklärungsbeitrag zu leisten ($p > 0{,}70$). Zwar reduziert sich in der multivariaten Modellschätzung die jeweilige Irrtumswahrscheinlichkeit aufgrund der Auspartialisierungseffekte, jedoch erreichen die betreffenden Koeffizienten damit bei Weitem noch nicht einmal eine „marginale Signifikanz".

Von besonderer Bedeutung für die Bestätigung der POTT-These ist der Befund, dass die Konstante sowohl in Modellschätzung 3 als auch in Modellschätzung 4 hoch signifikant ist[83] und folglich auch in diesen Modellen ein starker positiver Effekt von pädosexueller Viktimisierung auf pädosexuelle Delinquenz geschätzt wird. Der oben erörterte Effekt der methodischen Güte ist zwar interessant, ist aber für den substanziellen Befund hinsichtlich der POTT-Hypothese eher unbedeutend.

Neben diesen Befunden ist aufgrund der Modellschätzungen auch noch festzuhalten, dass es nach Modellschätzung 2 in unseren Daten keine Verzerrung des Viktimisierungseffekts in Form eines „Publication Bias" gibt. Die Variable „Fallzahl" ist mit einer Irrtumswahrscheinlichkeit größer 70 % weit davon entfernt, einen nicht-zufälligen Zusammenhang zu indizieren (mehr dazu in Kap. 6).

Alles in allem kann also festgehalten werden, dass auch bei Moderatoranalysen mit formal auswertungsbezogenen Moderatorvariablen und mit den Daten der Studien aus Analysegruppe 1 sowohl die bivariaten als auch die multivariaten Modellschätzungen die Bedeutung einer pädosexuellen Viktimisierung bei der Erklärung pädosexueller Delinquenz deutlich herausgestellt haben.

Werden für diese Moderatoranalysen nicht die Studien aus Analysegruppe 1 sondern die Studien aus Analysegruppe 3 benutzt, ergeben sich die folgenden, in Tabelle 5.10 aufgeführten Ergebnisse:[84]

---

83 Dies ist selbstverständlich auch in den Modellschätzungen 1 und 2 der Fall, was jedoch nicht weiter verwunderlich ist, da hier die berücksichtigten Prädiktorvariablen keine statistische Erklärungsleistung bezüglich der Effektstärke erbringen.

84 Zur Erinnerung: Wie in Kapitel 5.2 ausgeführt, waren in den Studien aus Analysegruppe 3 nicht immer genügend Informationen zur Messung der erhebungsbezogenen Moderatorvariablen enthalten, sodass die Studien dieser Gruppe zunächst unberücksichtigt bleiben mussten. Zur Analyse von auswertungsbezogenen Moderatoreffekten standen allerdings auch für diese Studien ausreichend Informationen zur Verfügung. Die Primärstudien aus Analysegruppe 2 mussten aber auch bei diesen

Im Unterschied zu den Ergebnissen mit den Studien aus Analysegruppe 1 werden in den neuen Modellschätzungen 1 und 2 (mit den Studien aus Analysegruppe 3) die geschätzten OR-Koeffizienten deutlich signifikant. Mithin haben hier der Standardfehler der Effektstärke (SE-ES) und die Fallzahl einen positiven Einfluss auf den Effektkoeffizienten. Allerdings wird nunmehr der Güte-Effekt nicht bzw. nur marginal signifikant, wenngleich auch hier der Koeffizient die gleiche Einflussrichtung wie auch schon bei den Studien aus Analysegruppe 1 signalisiert.

Alle in Tabelle 5.10 berichteten Modellschätzungen liefern bedeutsame Hinweise auf vorhandene Moderatoreffekte. Gemessen an den Differenzen der Devianzwerte von Nullmodell und Prädiktormodellen erreichen sie eine deutliche Verbesserung ihrer statistischen Anpassung an die beobachteten, empirischen Daten.

In allen bivariaten Modellschätzungen bleibt die Konstante größer als 1,00 und hochgradig signifikant, was die POTT-These bestätigt. Lediglich in Modell 4 verliert die Konstante ihre Signifikanz. Das ist jedoch insofern nicht tragisch, als dieses Modell verglichen mit den übrigen drei Modellen keine signifikant bessere Passung an die statistischen Daten liefert, was bedeutet, dass jedes der Modelle 1 bis 3 dem Modell 4 vorzuziehen wäre.

Überraschend ist, dass im multivariaten Modell 4, unter gleichzeitiger Berücksichtigung aller drei formalen Moderatorvariablen ausschließlich der Effekt des Standardfehlers der Effektstärke signifikant bleibt (vgl. Tab. 5.10). Somit sind zumindest zwei der analysierten drei Effekte stark von der Wirkung der anderen formalen Moderatorvariablen abhängig. Allein der Effekt des Standardfehlers bzw. der Variation innerhalb der einzelnen Studien scheint einen eigenständigen Einfluss auszuüben.

Wie sind nun die Ergebnisse der zuvor vorgestellten Moderatoranalysen unter Verwendung von formalen bzw. auswertungsbezogenen Moderatorvariablen in den beiden Analysegruppen 1 und 3 zu bewerten?

Hinsichtlich der mittleren Effektstärke können alle diese Analysen von Studien der Analysegruppe 1 in gleicher Weise interpretiert werden: Die Analysen bestätigen die POTT-These. Denn in jedem der vier Modelle bleibt die Konstante über 1,00 und bleibt auch signifikant.

Von den drei analysierten Moderatorvariablen hat einzig die Beurteilung der methodischen Studiengüte einen signifikanten Einfluss auf die beobachtete Effektstärke, und das auch im multivariaten Modell (Modell 4), in dem die diesbezügliche Schätzung um die Effekte der beiden anderen Variablen kontrolliert wird.

Moderatoranalysen ausgeschlossen werden, weil sie keine genügend große Heterogenität der Effektstärken aufweisen (vgl. Kap. 5.1).

Tabelle 5.10: Bi-/Multivariate MEMA-Moderatoranalysen (Modelle 1–4) mit den 6 Studien aus Analysegruppe 3 (nach RML-Schätzmethode)

	Modell 1		Modell 2		Modell 3		Modell 4	
	exp(g)	p	exp(g)	p	exp(g)	p	exp(g)	p
Konstante	3,04	0,00	15,26	0,00	25,44	0,01	1,74	0,33
SE-ES	7,33	0,00	–	–	–	–	7,06	0,04
Fallzahl	–	–	1,00	0,03	–	–	1,00	0,35
Güte	–	–	–	–	0,67	0,10	1,45	0,32

	Modell 1			Modell 2			Modell 3			Modell 4		
	VAR	Chi^2	p	VAR	Chi^2	p	VAR	Chi^2	p	VAR	Chi^2	p
Level 2	0,00	1,09	>,50	0,09	4,50	0,34	0,20	6,28	0,18	0,00	0,77	>,50
Level 1	0,38			0,38			0,38			0,38		
ICC	0,00			0,20			0,34			0,00		
DEV_{RML}	12,88			30,12			20,12			23,48		
DEV_{FML}	12,12			15,46			16,85			11,80		
	N = 6			N = 6			N = 6			N = 6		

DEV_{RML} = Deviance der RML-Schätzung; DEV_{FML} = Deviance der FML-Schätzung.

Zur Erinnerung: Analysegruppe 3 weist mit sechs Studien zehn Fälle weniger auf als Analysegruppe 1, weshalb auch die Devianz- und die Chi-Quadrat-Werte deutlich kleiner ausfallen, als bei den anderen Analysen. Die Ergebnisse der Nullmodell-Schätzung für die Studien dieser Analysegruppe finden sich in Tabelle 5.5. Zur Interpretation der Tabelle vgl. die Erläuterungen in Kapitel A10 (Anhang).

Im Unterschied dazu sind die Ergebnisse der Analysen mit Studien aus Analysegruppe 3 weit weniger eindeutig zu interpretieren. Bei diesen Analysen erbringt jede Variable in den drei bivariaten Schätzungen eine mindestens marginal signifikante Erklärungsleistung. Jedoch verliert, anders als zuvor, die Konstante im Gesamtmodell (Modell 4) ihre Signifikanz. Zwar ist nach dem statistischen Sparsamkeitsgrundsatz bei einem statistischen Vergleich der FML-Devianzwerte das bivariate Modell 1 dem multivariaten Modell 4 vorzuziehen. Jedoch ist es irritierend, dass mit dem Befund aus Modellschätzung 4 das bislang stets bestätigte Ergebnis unserer Meta-Analyse, nach dem eine pädosexuelle Viktimisierung in einem positiven Zusammenhang mit einer pädosexuellen Delinquenz steht, in Frage gestellt wird.

Allerdings ist an dieser Stelle noch einmal einschränkend darauf hinzuweisen, dass sich die Studien in Analysegruppe 3 vor allem hinsichtlich des Rekrutierungsortes der befragten Probanden (aus der Untersuchungsgruppe) sehr stark voneinander unterscheiden (vgl. Kap. 5.1)[85] und dass deshalb die Schätzergebnisse in dieser Gruppe nur sehr zurückhaltend interpretiert werden sollten. Zumindest sind diesbezüglich weitere Analysen notwendig (s. u.).

Die Studien der Analysegruppe 2 wurden im vorliegenden Kontext nicht weiter untersucht, da die Heterogenität der dort vertretenen Effektstärken für eine Moderatoranalyse nicht groß genug ist (vgl. Kap. 5.1). Dementsprechend weist die Schätzung eines diesbezüglichen Nullmodells auch ein Intercept ohne signifikante Varianzkomponente aus (vgl. Tab. 5.5), sodass mittels MEMA kein Erklärungsmodell mit den Studienvariablen der zweiten Ebene als Prädiktoren geschätzt werden konnte.

Welches abschließende Fazit kann nun hinsichtlich der Ergebnisse all der hier vorgestellten Moderatoranalysen mit unterschiedlichen Moderatorvariablen und in unterschiedlichen Analysegruppen gezogen werden?

Mit den hier erörterten Analysen sollten mehrere Ziele verwirklicht werden. Zunächst (1.) sollte mittels MEMA eine Validierung der kMA-basierten Ergebnisse durchgeführt werden. Dabei sollten vor allem die Schätzungen von signifikanten, mittleren Effektstärken zum Zusammenhang zwischen pädosexueller Viktimisierung und pädosexueller Delinquenz sowie die Berechnungen der Homogenitäten/Heterogenitäten von Effektstärken in den ausgewählten Studien überprüft werden. Zudem (2.) sollten die mittels kMA vorgenommenen Moderatoranalysen unter Verwendung der MEMA

85 Zur Erinnerung: Unter anderem wurden in drei der sechs Studien die Mitglieder der Untersuchungsgruppe in ambulanten Therapieeinrichtungen rekrutiert, und in zwei dieser drei Studien kamen die Mitglieder der Vergleichsgruppe ebenfalls aus Therapieeinrichtungen. In einer der sechs Studien wurden die Probanden über das Arbeitsamt rekrutiert und wurden für ihre Teilnahme bezahlt.

validiert werden. Auch sollten (3.) ergänzend zu den bivariaten Analysen multivariate Moderatoranalysen durchgeführt werden, wozu auch (4.) die Schätzung von auswertungsbezogenen bzw. formalen Moderatoreffekten gehörten.

Die Ergebnisse unserer Analysen lassen sich kurz und knapp wie folgt zusammenfassen: Das erste Ziel, die Validierung der Ergebnisse bezüglich der Signifikanz der mittleren Effektstärken sowie die Validierung der kMA-Tests zur Heterogenität der studienspezifischen Effektstärken wurde vollständig erreicht: Unter Verwendung beider Methoden (kMA und MEMA) werden die mittleren Effektstärken in allen drei Analysegruppen als signifikant positiv geschätzt. Hinzu kommt, dass in den Studien aus den Analysegruppen 1 und 3 die Heterogenität der Studienergebnisse als signifikant identifiziert wurde.[86]

Auch das zweite Ziel wurde erreicht. So erbrachten die bivariaten Moderatoranalysen mit den Studien aus Analysegruppe 1 unabhängig von der verwendeten Methode (kMA oder MEMA) die gleichen Ergebnisse: Keine der erhebungsbezogenen Moderatorvariablen hat einen signifikanten Einfluss auf die Effektstärke.

Hinsichtlich des dritten Ziels zeigte sich bei verschiedenen multivariaten Schätzungen, dass die beiden Moderatorvariablen „Operationalisierung der Viktimisierung“ und „Rekrutierung der Probanden“ deutlich bzw. marginal signifikante Einflüsse aufweisen, wenn sie in drittvariablen-kontrollierten Modellen geschätzt werden. Aber auch in der multivariaten Schätzung verringerte sich die Varianz des Intercepts auf der zweiten Ebene der Datenstruktur nur unbedeutsam bzw. nicht vollständig. Somit konnte mit diesen Analysen keine ausreichende statistische Erklärung für die Varianz der Effektstärken zwischen den Studien erreicht werden.

Anders sahen die Befunde aus, wenn in den Moderatoranalysen auswertungsbezogene, formale Moderatorvariablen zum Einsatz kamen. In den Analysegruppen 1 und 3 führte die Verwendung dieser Variablen dazu, dass die Varianz zwischen den Studien zu einem großen Teil statistisch aufgeklärt werden konnte (wobei glücklicherweise der problematische „publication bias“ dafür wohl eher nicht verantwortlich ist, vgl. dazu Kap. 6). Es konnte gezeigt werden, dass in den Analysen von Studien aus Analysegruppe 1 ausschließlich die Einschätzung der methodischen Studiengüte/-qualität der jeweiligen Studie einen signifikanten Erklärungsbeitrag leisten kann.

Hingegen verwiesen die Ergebnisse der Schätzmodelle mit Daten aus den Studien der Analysegruppe 3, dass insbesondere der Standardfehler der

86 Hinsichtlich der Studien in Analysegruppe 2 indizierten beide Methoden, dass keine ausreichende Heterogenität der Effektstärken für weitere Analysen vorliegt.

Effektstärke (innerhalb der einzelnen Studien) einen besonderen Erklärungsbeitrag bezüglich der Studienvarianz leisten kann. Allerdings wurde auch darauf verwiesen, dass gerade in dieser Analysegruppe eine große Variation zwischen den Merkmalen von Untersuchungs- und Kontrollgruppen besteht, die dieses Ergebnis möglicherweise eher „künstlich" erzeugen. Somit sind insbesondere zu den Ergebnissen in Analysegruppe 3 noch weitere Moderatoranalysen durchzuführen.

Darüber hinaus lassen vor allen Dingen die Unterschiede zwischen den Ergebnissen in Analysegruppe 1 und 3 weitere Replikationen/Validierungen als sinnvoll erscheinen. Dafür bieten sich vor allem Moderatoranalysen innerhalb eines gepoolten Datensatzes (mit dann 30 Studien) an (vgl. dazu Kap. 5.5). Damit lassen sich weitere multivariate Analysen durchführen, die auch zum Test der Auswirkungen unterschiedlicher Vergleichsgruppen benutzt werden können. Mit einem solchen Test könnte dann z.B. überprüft werden, ob der Zusammenhang zwischen pädosexueller Viktimisierung und pädosexueller Delinquenz für Studien aus unterschiedlichen Analysegruppen tatsächlich unterschiedlich stark ausfällt. Zudem wäre es damit möglich, auch die Analysen mit formalen Moderatorvariablen zu wiederholen und auf ihre Robustheit zu überprüfen.

Die Resultate dieser Analysen werden im folgenden Kapitel 5.5 vorgestellt.

5.5 Effektstärken und Moderatoreffekte im gepoolten Datensatz (nach MEMA)

Wie zuvor dargelegt, ließen sich keine eindeutig signifikanten Effekte der methodisch-erhebungsbezogenen Moderatorvariablen unter den Studien aus Analysegruppe 1 und 3 identifizieren. Zu überprüfen war allerdings noch, ob dieser Befund auch dann zu ermitteln ist, wenn die Moderatoranalysen mit einem gepoolten Datensatz, der zugleich die Studien aus den Analysegruppen 1, 2 und 3 enthält, durchgeführt werden. Denn mit dem gepoolten Datensatz würde nicht nur die Fallzahl in den entsprechenden Schätzmodellen sondern auch die Heterogenität der Kontrollgruppen zunehmen. Mit zunehmender Fallzahl würde die Teststärke der Schätzung ansteigen, und bei gleichzeitiger Berücksichtigung von Studien mit unterschiedlichen Vergleichsgruppen könnte auch überprüft werden, ob die Auswahl bestimmter Vergleichsgruppen für den Ausgang der Modellschätzungen relevant ist.

Die im Folgenden erörterten Analysen wurden zunächst bivariat und dann multivariat bzw. simultan mit allen Moderatorvariablen bzw. mit Moderatorvariablen und Vergleichsgruppenvariablen (s.u.) sowie mit allen

28 Studien des gepoolten Datensatzes vorgenommen.[87] Allerdings verzichten wir hier auf die Darstellung der einzelnen bivariaten Modellschätzungen und referieren nur die Ergebnisse der multivariaten MEMA-Moderatoranalysen.

In der folgenden Tabelle 5.11 werden die diesbezüglichen Ergebnisse präsentiert. Die Tabelle enthält auch die Schätzergebnisse eines Modells mit sechs Prädiktorvariablen (Modell P2). In diesem Modell wurden zusätzlich zu den vier bekannten Moderatorvariablen die beiden dichotomen Kontrollvariablen VG2 und VG3 aufgenommen. Mit diesen beiden Dummy-Variablen kann untersucht werden, ob es bei der Effektschätzung einen Vergleichsgruppeneffekt gibt, d.h. ob die Stärke des Effekts von pädosexueller Viktimisierung auf pädosexuelle Delinquenz von der Auswahl einer bestimmten Vergleichsgruppe abhängt. Zudem können mit den beiden neuen Variablen die Effektschätzungen um Einflüsse bereinigt werden, die von der Zusammensetzung der Vergleichsgruppen ausgehen.

Die erste Dummy-Variable „VG2" erhielt einen Messwert von „1", wenn nicht-sexuell ausgerichtete Gewaltstraftäter als Vergleichspersonen in den entsprechenden Studien verwendet worden sind. Die zweite Dummy-Variable „VG3" erhielt einen Messwert von „1", wenn Nichtstraftäter (also Personen aus der Normalbevölkerung) als Vergleichspersonen benutzt worden sind. Für beide Dummy-Variablen wurde die Vergleichsgruppe „adultsexuelle Straftäter" als Referenzkategorie benutzt. Damit kann die Konstante in Modell P2 (vgl. Tabelle 5.11) als die kontrollierte, mittlere Effektstärke für Studien mit der Vergleichsgruppe „adultsexuelle Straftäter" (also mit VG2 = 0 und VG3 = 0) interpretiert werden.

Für eine angemessene Beurteilung der Vergleichsgruppeneffekte in der Modellschätzung P2, wird in Tabelle 5.11 noch ein um diese beiden Variablen erweitertes „Nullmodell P2" aufgeführt. Die Bezeichnung „Nullmodell" wird hier in Anführungszeichen gesetzt, da es sich bei diesem zwar um das Modell handelt, mit welchem das vollständige Modell (Modell P2) auf seine Passung hin verglichen werden kann, es aber faktisch kein echtes Nullmodell ist, weil ein „echtes" Nullmodell keine Prädiktorvariablen enthalten dürfte.

87 Der gepoolte Datensatz enthielt ursprünglich die Daten aus 30 Studien. Da allerdings für zwei Studien aus Analysegruppe 2 nicht alle Variablenwerte, die zur Durchführung der bi-/multivariaten Moderatoranalysen notwendig sind, vorhanden waren, reduzierte sich die Fallzahl für den gepoolten Datensatz auf insgesamt 28 Studien.

Tabelle 5.11: Multivariate MEMA-Moderatoranalysen mit den 28 Studien des gepoolten Datensatzes (nach RML-Schätzmethode), methodische, erhebungsbezogene Moderatorvariablen

	Nullmodell P1			**Modell P1**			**„Nullmodell P2“**			**Modell P2**		
	exp(g)	p		exp(g)	p		exp(g)	p		exp(g)	p	
Konstante	3,37	0,00		3,10	0,00		2,68	0,00		2,37	0,02	
Op-Del	–	–		0,94	0,83		–	–		1,15	0,63	
Op-Vikt	–	–		0,92	0,73		–	–		0,84	0,53	
Selbstber	–	–		0,94	0,81		–	–		1,00	1,00	
Therapie	–	–		1,32	0,40		–	–		1,14	0,72	
VG2	–	–		–	–		1,13	0,69		1,22	0,53	
VG3	–	–		–	–		3,46	0,01		3,79	0,01	
	VAR	Chi^2	p	VAR	Chi^2	p	VAR	Chi^2	p	VAR	Chi^2	p
Level 2	0,30	58,73	0,00	0,43	56,74	0,00	0,28	55,55	0,00	0,38	55,72	0,00
Level 1	0,50			0,50			0,50			0,50		
ICC	0,38			0,46			0,36			0,43		
DEV_{RML}	103,67			103,67			95,18			94,96		
DEV_{FML}	102,86			102,72			94,51			93,81		
	N = 28			N = 28			N = 28			N = 28		

DEV_{RML} = Deviance der RML-Schätzung; DEV_{FML} = Deviance der FML-Schätzung.

Zur Interpretation der Tabelle vgl. die Erläuterungen in Kapitel A10 (Anhang).

Ein Blick auf die Ergebnisse der multivariaten Modellschätzungen zeigt, dass auch beim gleichzeitigen/simultanen Test aller methodischen Moderatorvariablen in einem einzigen Modell und unter Verwendung eines gepoolten Datensatzes (Modell P1 und Modell P2 in Tabelle 5.11) die Annahmen der POTT-These bestätigt werden. Alle hinzugezogenen Moderatorvariablen bleiben in ihrem Einfluss ohne statistische Bedeutung, während die Konstanten mit einem statistisch signifikanten Schätzergebnis deutlich oberhalb von 1,00 liegen. Dieser Befund entspricht auch den Ergebnissen, die für die multivariate Modellschätzung mit den Studien aus Analysegruppe 1 ermittelt wurde.

Daneben indiziert auch das Ergebnis des Devianz-Tests, bei dem die Devianz-Differenz der FML-Schätzung von Nullmodell und Variablenmodell (Modell P1) mit dem kritischen Wert von 9,49 (df = 4) verglichen wird und diesen nicht überschreitet, dass das Nullmodell die beste Anpassung an die beobachteten Daten liefert. Auch dieser Befund ist nahezu identisch mit den Ergebnissen, die bei Auswertung der Studien aus der Analysegruppe 1 gewonnen werden konnten.

Ein interessantes, neuartiges Resultat liefert die Modellschätzung P2: Wenn neben den bekannten Moderatorvariablen auch die Vergleichsgruppenauswahl in Form von Dummy-Variablen in das Modell aufgenommen werden (Modell P2), erhält die Variable VG3 (KG = Nichtstraftäter) einen signifikant positiven Koeffizienten ($p < 0{,}05$). Da die Zugehörigkeit zur Vergleichsgruppe der adultsexuellen Delinquenten die Referenzkategorie darstellt, kann dieser Befund so interpretiert werden, dass die mittlere Effektstärke bei Verwendung von Vergleichspersonen aus der Gruppe der Nichtstraftäter signifikant größer ausfällt als bei Verwendung von adultsexuellen Straftätern.

Dass die Kontrolle der Vergleichsgruppenzugehörigkeit für die statistische Erklärung des Zusammenhangs zwischen pädosexueller Viktimisierung und pädosexueller Delinquenz auf Grundlage aller meta-analytisch ausgewählten Studien eine große Rolle spielt, wird auch durch einen Devianz-Test mit Nullmodell P1 und „Nullmodell P2“ indiziert. Der Test zeigt, dass das kontrollierte „Nullmodell P2“ eine signifikant bessere Daten-Anpassung aufweist, als dass unkontrollierte Nullmodell (ΔDevianz = 9,03; df = 2; siehe Tabelle 5.11).

Beim Vergleich des kontrollierten „Nullmodells P2“ und des vollständigen Modells P2 wird erneut deutlich, dass auch bei Verwendung des gepoolten Gesamtdatensatzes die methodischen Moderatorvariablen keine zusätzlichen statistischen Erklärungsbeiträge liefern können. Der Devianz-Test erlaubt keine statistische Differenzierung zwischen der Modellpassung beider Modelle (ΔDevianz = 0,70; df = 4; siehe Tabelle 5.11).

Damit kann abschließend festgehalten werden, dass sich auch unter Verwendung der gepoolten Stichprobe keine neuen Befunde hinsichtlich der Relevanz der methodischen Moderatorvariablen einstellen. Wie auch bei den Tests unter separater Verwendung der Studien aus Analysegruppe 1 und Analysegruppe 3 lässt sich für keine dieser Variablen ein eindeutig signifikantes ($p < 0{,}05$) Ergebnis identifizieren.[88]

Da insbesondere in den Studien aus Analysegruppe 3 die darin berechneten Odds-Ratios sehr stark schwanken (sie liegen zwischen 4,50 und 96,76), wurden die Modelle aus Tabelle 5.11 auch noch einmal mit einem um drei Ausreißerstudien bereinigten Datensatz geschätzt.[89] Die Ergebnisse dieser Schätzungen waren allerdings nahezu identisch mit den in Tabelle 5.11 berichteten Resultaten und werden deshalb hier nicht noch einmal eigens abgedruckt.

Die hier interpretierten Analyseergebnisse zu den Auswirkungen von methodischen, erhebungsbezogenen Moderatorvariablen auf die Effektstärke von pädosexueller Viktimisierung basieren also nicht auf Schätzwerten, die durch Ausreißerfälle verzerrt wurden.

In unserer Meta-Analyse wurden in einem zweiten Untersuchungsschritt anstelle der methodischen, erhebungsbezogenen Moderatorvariablen die formalen, eher auswertungsbezogenen Moderatorvariablen in die Modellanalysen mit dem gepoolten Datensatz einbezogen. Die diesbezüglichen Schätzergebnisse werden im Folgenden vorgestellt. Wie zuvor, werden auch hier nur die Ergebnisse der multivariaten Modellschätzungen erörtert. Allerdings wurden die multivariaten Modellschätzungen nunmehr mit zwei verschiedenen gepoolten Datensätzen durchgeführt, sodass hier auch zwei verschiedene Modellschätzungen interpretiert werden:

Zunächst werden diejenigen Analysen erörtert, die mit allen 28 Studien (wie zuvor auch die Modelle mit den vier erhebungsbezogenen Moderatorvariablen) durchgeführt wurden. Sodann werden diejenigen multivariaten

---

88 Der signifikante Koeffizient für die Moderatorvariable „Operationalisierung der pädosexuellen Delinquenz“ im reduzierten Modell (vgl. Kap. 5.4) wird deshalb als nicht eindeutig bezeichnet, da er sich nur in diesem einen Modell einstellte. Zudem indizierte der Devianz-Test, dass dieses Modell keine signifikant bessere Passung auf die Daten liefert, als das Nullmodell.

89 Die Effektstärken (lnOR) von 25 der 28 Studien des gepoolten Datensatzes bewegen sich zwischen −1,04 und 2,07. Drei der Studien weisen im Vergleich dazu deutlich höhere Werte auf (3,5; 3,54; 4,57), sodass sie in etwa jenseits der mittels Daumenregel bestimmten Schwelle zur Definition von Ausreißern liegen (Schwellenwert (S) = Mittelwert + 2 × Standardabweichung; hier: Mean = 1,4; SD = 1,1; S = 3,6) (vgl. Urban/Mayler 2011: 185 f.). Deshalb wurden für den ausreißerbereinigten, gepoolten Datensatz 3 Studien von den vorhandenen 28 Studien nicht berücksichtigt, sodass dieser Datensatz insgesamt die Merkmale von nur 25 Studien enthält.

Modellschätzungen vorgestellt, die mit dem um 3 Ausreißer bereinigten Datensatz berechnet wurden.

Wie bereits zuvor bei den Analysen mit den methodischen, erhebungsbezogenen Moderatorvariablen, wurden auch die multivariaten Analysen mit den formalen, auswertungsbezogenen Moderatorvariablen in einer zweiten Modellversion um zwei VG-Kontrollvariablen (s. o.) erweitert. Deshalb finden sich auch in den folgenden Tabellen ein „echtes" und ein „falsches" Nullmodell (s. o.).

Betrachtet man zunächst das nicht um Vergleichsgruppeneffekte kontrollierte multivariate Modell (Modell P3a) ergibt sich gegenüber den bivariaten Modellschätzungen (hier nicht abgedruckt) eine erstaunliche Veränderung. Der Effekt der Variablen SE-ES wird nunmehr bei einer Irrtumswahrscheinlichkeit von kleiner 5 % signifikant, und gleiches gilt nunmehr auch für den Effekt der Variablen zur Stichprobengröße (vgl. Tabelle 5.12). Dies ist schon erstaunlich, denn der Effekt der Stichprobengröße war im bivariaten Modell mit einer Irrtumswahrscheinlichkeit von knapp 90 % nicht signifikant gewesen. Nunmehr würde mit einem signifikanten Stichprobengrößeneffekt ein deutlicher „publication bias" für die Berichterstattung über diejenigen Effektstärken, die in den ausgewählten Primärstudien ermittelt worden sind (mehr dazu in Kap. 6), nachgewiesen werden.

Daneben ist festzuhalten, dass die Einschätzung der methodischen Güte auch in diesem multivariaten Modell (Modell P3a) keinen signifikanten Effekt ausüben kann ($p > 0,10$).

Vollkommen überraschend ist allerdings, dass in Modellschätzung P3a der Wert der Konstanten von 3,37 (im Nullmodell P3a) auf einen Wert von 1,71 abfällt und dieser zudem deutlich nicht-signifikant wird ($p > 0,50$).

Das genannte „Problem" relativiert sich jedoch, wenn in der Modellschätzung zusätzlich zu den drei Moderatorvariablen die beiden Dummy-Variablen zur Vergleichsgruppenzugehörigkeit kontrolliert werden (Modell P4a). Denn der diesbezügliche Devianz-Test indiziert, dass das Modell P4a aufgrund seiner besseren Passung (ΔDevianz = 6,98; df = 2) dem Modell P3a vorzuziehen ist. Folglich kann hinsichtlich der zuvor erwähnten Implikationen signifikanter Moderatorvariableneffekte in Modell P3a auch Entwarnung gegeben werden. Zudem weist bei Kontrolle der Vergleichsgruppeneffekte keine der formalen Moderatorvariablen einen signifikanten Effekt auf.

Die Effektschätzungen der beiden Variablen zur Vergleichsgruppenzugehörigkeit entsprechen denen von Modellschätzung P2 (siehe Tabelle 5.11). Während der Effekt von Dummy-Variable VG2 weit davon entfernt ist einen signifikanten Schätzer zu besitzen, ist jener von Variable VG3 eindeutig signifikant ($p < 0,01$).

Problematisch für den POTTS-Hypothesentest ist jedoch vor allem, dass die Konstante in den Modellschätzungen P3a und P4a nicht signifikant wird. Damit könnte sich ein Widerspruch zur zentralen Annahme der POTT-Hypothese andeuten. Jedoch entspricht es wiederum der Hypothese, dass die vollständigen Modelle P3a und P4a im Vergleich zu ihrem jeweiligen Nullmodell beim Devianz-Test nicht signifikant besser abschneiden, was bedeutet, dass unter Anwendung des Einfachheitspostulats die Nullmodelle (ohne die formalen Moderatorvariablen) eine bessere Anpassung an die empirischen Daten aufweisen und deshalb eher für einen Test der POTT-Hypothese geeignet sind als die Prädiktormodelle. Und in diesen Nullmodellen sind die Konstanten mit einer Irrtumswahrscheinlichkeit kleiner einem Prozent (also signifikant) deutlich größer als 1,00, was die zentrale Annahme der POTT-Hypothese bestätigt.

Wie oben erwähnt, weisen vor allem die Primärstudien aus Analysegruppe 3 große Schwankungen bei den darin ermittelten Odds-Ratios auf. Deshalb wurden zu Validierungszwecken die Modellschätzungen P3a und P4a mit einem um Ausreißer bereinigten, gepoolten Datensatz erneut durchgeführt. Die diesbezüglichen Schätzergebnisse zeigt die folgende Tabelle 5.13.

Die Ergebnisse zeigen recht deutlich, dass die mit dem vollständigen Datensatz erzielten Befunde zu den Effekten der formalen Moderatorvariablen ausnahmslos auf Ausreißerverzerrungen zurückzuführen sind. Kein Effekt der in den beiden Modellen berücksichtigten Moderatoren weist einen signifikanten Schätzwert auf. Und die Konstantenschätzwerte werden auch wieder eindeutig signifikant.

Allerdings bestätigen die Modellschätzungen P3b und P4b (Tabelle 5.13) auch ein Ergebnis der alten Schätzungen P3a/P4a (Tabelle 5.12): Nach den Devianz-Tests liefern die Nullmodelle wiederum die besten Schätzungen und mit signifikant geschätzten Konstanten von größer 1,00 bestätigen sie auch wiederum die POTT-Hypothese.

Somit kann aus diesen Ergebnissen zweierlei abgeleitet werden: Erstens, dass für die gepoolte Stichprobe unter Ausschluss von Ausreißerwerten die formalen Moderatorvariablen keinen Einfluss auf die untersuchte Effektstärke haben. Zweitens, dass der Zusammenhang zwischen pädosexueller Viktimisierung und pädosexueller Delinquenz unabhängig vom jeweils betrachteten Modell mit unseren Daten empirisch-statistisch bestätigt werden kann.

Somit kann als zentrales Ergebnis aller hier vorgestellten Analysen festgehalten werden, dass die POTT-Hypothese bezüglich des Zusammenhangs zwischen pädosexueller Viktimisierung und pädosexueller Delinquenz ungeachtet aller untersuchten Moderator- und Kontrollvariablen bei den Modellen, die jeweils am besten zu den empirischen Daten passen, nicht verworfen werden kann. Zudem indiziert in allen Modellen eine signifikante Schätzung der Konstanten mit Werten oberhalb von 1,00, dass nach „statistischem Ermessen" der betrachtete Zusammenhang als nicht zufällig zu bewerten ist.

Tabelle 5.12: Multivariate MEMA-Moderatoranalysen mit den 28 Studien des gepoolten Datensatzes (nach RML-Schätzmethode), formale, auswertungsbezogene Moderatorvariablen

	Nullmodell			**Modell P3a**			**„Nullmodell“**			**Modell P4a**		
	exp(g)		p	exp(g)		p	exp(g)		p	exp(g)		p
Konstante	3,37		0,00	1,71		0,51	2,68		0,00	2,87		0,11
SE-ES	–		–	7,14		0,02	–		–	2,88		0,07
Fallzahl	–		–	1,00		0,03	–		–	1,00		0,97
Güte	–		–	0,78		0,20	–		–	0,80		0,29
VG2	–		–	–		–	1,13		0,69	1,16		0,99
VG3	–		–	–		–	3,46		0,01	3,63		0,00
	VAR	Chi^2	p	VAR	Chi^2	p	VAR	Chi^2	p	VAR	Chi^2	p
Level 2	0,30	58,73	0,00	0,37	54,03	0,00	0,28	55,55	0,00	0,27	42,27	0,01
Level 1	0,50			0,50			0,50			0,50		
ICC	0,38			0,42			0,36			0,37		
DEV_{RML}	103,67			110,24			95,18			103,93		
DEV_{FML}	102,86			96,07			94,51			89,09		
	N = 28			N = 28			N = 28			N = 28		

DEV_{RML} = Deviance der RML-Schätzung; DEV_{FML} = Deviance der FML-Schätzung.

Zur Interpretation der Tabelle vgl. die Erläuterungen in Kapitel A10 (Anhang).

Tabelle 5.13: Multivariate MEMA-Moderatoranalysen mit den 25 Studien des ausreißerbereinigten, gepoolten Datensatzes (nach RML-Schätzmethode), formale, auswertungsbezogene Moderatorvariablen

	Nullmodell			Modell P3b			„Nullmodell“			Modell P4b		
	exp(g)		p	exp(g)		p	exp(g)		p	exp(g)		p
Konstante	3,05		0,00	3,31		0,05	2,69		0,00	4,51		0,03
SE-ES	–		–	1,04		0,95	–		–	1,10		0,89
Fallzahl	–		–	1,00		0,28	–		–	1,00		0,98
Güte	–		–	0,83		0,33	–		–	0,82		0,34
VG2	–		–	–		–	1,12		0,70	1,21		0,62
VG3	–		–	–		–	2,08		0,01	2,33		0,00
	VAR	Chi^2	p	VAR	Chi^2	p	VAR	Chi^2	p	VAR	Chi^2	p
Level 2	0,48	45,99	0,01	0,52	41,06	0,01	0,21	38,83	0,02	0,51	36,22	0,01
Level 1	0,37			0,37			0,50			0,37		
ICC	0,56			0,58			0,36			0,58		
DEV_{RML}	87,37			95,84			84,84			93,05		
DEV_{FML}	83,47			81,54			80,25			78,53		
	N = 25			N = 25			N = 25			N = 25		

DEV_{RML} = Deviance der RML-Schätzung; DEV_{FML} = Deviance der FML-Schätzung.

Zur Interpretation der Tabelle vgl. die Erläuterungen in Kapitel A10 (Anhang).

Unter Verwendung der gepoolten Stichprobe wird in Modellschätzungen, die auch Kontrollvariablen zur Vergleichgruppenzugehörigkeit berücksichtigen, keiner der untersuchten Moderatoreffekte signifikant. Der einzige Effekt, der hier zu beobachten ist, ist der signifikant positiv verstärkende Effekt, der in Studien mit Vergleichspersonen aus der nicht-delinquenten Normalbevölkerung zu erwarten ist. Allerdings ist auch bei dieser Interpretation Vorsicht geboten, denn in der gepoolten Stichprobe befinden sich nur sechs Studien, die mit Personen aus dieser Vergleichsgruppe operieren.

Kapitel 6
Ergebnisse zur Robustheit der meta-analytischen Datenauswertung[90]

6.1 Meta-Analysen und „publication bias"

Mit den Analysen, die in Kapitel 5 vorgestellt wurden, konnte gezeigt werden, dass die POTT-Hypothese ungeachtet aller Moderator- und Kontrollvariablen und unabhängig von den betrachteten Primärstudien, nach „statistischem Ermessen" auf Grundlage der durchgeführten Analysen nicht verworfen werden kann. Dieses zentrale Resultat unserer Analysen gilt allerdings nur unter der Annahme einer unverzerrten Datenbasis.

Es stellte sich daher die Frage, inwiefern die hier verwendete Datenbasis, d.h. die zur Meta-Analyse ausgewählten Primärstudien, als unverzerrte Stichprobe zu bezeichnen ist. Um diese Frage zu beantworten, wurden die im Folgenden beschriebenen statistischen Analysen durchgeführt.

Im vorliegenden Kapitel 6 werden die Ergebnisse dieser Analysen wie folgt vorgestellt: Zunächst wird die Thematik des sog. „publication bias" vorgestellt und auch erläutert, inwieweit sich dieser Bias in den Untersuchungen des MAPS-Projekts von den potenziellen Verzerrungen anderer Meta-Analysen und Themenbereiche unterscheiden könnte. Danach werden verschiedene Diagnosemethoden erläutert, die zur Identifikation des sog. „publication bias" eingesetzt werden können und die auch im MAPS-Projekt angewendet wurden. Daran anschließend werden in Kapitel 6.2 die Ergebnisse, die mit diesen Diagnosemethoden im MAPS-Projekt erzielt wurden, vorgestellt.

In der außerwissenschaftlichen Öffentlichkeit wird den Ergebnissen von Meta-Studien häufig eine höhere wissenschaftliche Glaubwürdigkeit zugesprochen als den Resultaten einzelner Primärstudien. Es wird davon ausgegangen, dass sauber durchgeführte Meta-Studien die Ergebnisse unterschied-

---

90 Die Ausführungen im vorliegenden Kapitel 6 wurden der folgenden Schrift entnommen: Fiebig, J./Rüdebusch, G./Urban, D., Meta-Analyse und „publication bias". Eine empirisch-statistische Fallstudie. Schriftenreihe des Instituts für Sozialwissenschaften der Universität Stuttgart (SISS), 2012, Nr. 1. Gegenüber dem Original wurden die Texte leicht modifiziert.

lichster Primärstudien, die bisweilen mit ganz verschiedenen Erhebungs- und Auswertungstechniken sowie mit ganz unterschiedlichen Datenquellen operieren, zusammenführen und von ihren jeweiligen Besonderheiten bereinigen können, sodass in Meta-Studien der unverzerrte, allgemeingültige Ergebniskern vieler Primärstudien herausdestilliert und beschrieben werden könne.

Eine solche meta-analytische Zusammenführung einzelner Studienergebnisse kann jedoch eine ganz eigene Problematik aufweisen: den sog. „publication bias".

Kurz gefasst ist unter einem „publication bias" eine Verzerrung der Ergebnisse von Meta-Analysen zu verstehen, die aufgrund einer systematischen Selektivität bei der Identifikation von Primärstudien entsteht und die durch soziale Normen des wissenschaftlichen Publizierens im Kontext der jeweiligen „scientific community" hervorgebracht wird. Zu diesen sozialen Normen wissenschaftlichen Publizierens gehört z.B. die informelle soziale Regel, nach der solche Studien, die keine statistisch-signifikanten Ergebnisse erzielen, eher nicht publiziert werden sollten.

Auch kann ein „publication bias" in der meta-analytischen Forschung dadurch entstehen, dass bestimmte Primärstudien nicht in Literatur-Datenbanken aufgenommen werden und deshalb für Meta-Studien nicht zugänglich sind. Zu solchen „unsichtbaren" Primärstudien gehören z.B. sehr häufig nicht-englischsprachige Veröffentlichungen und Veröffentlichungen in eher unbekannten Online-Fachzeitschriften. Auch sog. „graue Literatur"[91] oder Forschungsergebnisse, die überhaupt nicht veröffentlicht wurden, lassen sich oftmals nur mit großem Aufwand, hoher Vertrautheit mit dem Forschungsfeld und natürlich etwas Glück sowie detektivischem Gespür ausfindig machen.

Dass Studien, die signifikante Ergebnisse erzielen, viel häufiger publiziert werden als Studien mit Ergebnissen außerhalb der statistischen Signifikanz, wird in der meta-analytischen Forschung auch als „file-drawer" Problem bezeichnet. Damit ist Folgendes verbunden: Durch die statistische Definition von Signifikanz werden bei gleichbleibender Stichprobengröße die Ergebnisse eher dann signifikant, wenn ihnen eine größere Effektstärke zugrunde liegt. Somit ist davon auszugehen, dass Ergebnisse, insbesondere von Forschungsarbeiten mit kleineren Stichproben, viel wahrscheinlicher dann publiziert werden (und damit auch einfacher gefunden werden können),

91 Als „graue Literatur" werden wissenschaftliche Texte bezeichnet, die nicht auf die klassische Weise in verlagsgebundenen Veröffentlichungen (Bücher, Zeitschriften) publiziert wurden und somit evtl. nicht sehr weit verbreitet sind oder evtl. nicht einfach zu erhalten sind, wie z.B. Konferenzpapiere, Abschlussarbeiten oder unveröffentlichte Forschungsdaten (vgl. Hopewell et al. 2005: 56).

wenn in ihnen eine höhere Effektstärke aufgedeckt wurde. Wenn hingegen nur ein geringer oder kein Effekt gefunden wurde, besteht die Gefahr, dass dementsprechende Ergebnisse nicht der wissenschaftlichen Öffentlichkeit zur Verfügung gestellt werden.

Allerdings ist hinsichtlich des File-Drawer-Problems im hier untersuchten Forschungsfeld anzumerken, dass bezüglich des Zusammenhangs zwischen pädosexueller Viktimisierung und pädosexueller Delinquenz häufig gerade solche Studien, die keinen diesbezüglichen Zusammenhang finden, in gleicher Weise als publikationswürdig angesehen werden wie Studien mit signifikanten Effekten. Denn gerade im Bereich der Forschung zur POTT-These gibt es zahlreiche Autoren, die den genannten Zusammenhang für unwahrscheinlich bzw. schon die Annahme eines solchen Zusammenhangs für abwegig halten und dies auch über die Publikation nicht-signifikanter Forschungsergebnisse belegen wollen (vgl. Kap. 2.1).

Unabhängig davon, ob es also stimmt, dass im Forschungsfeld pädosexueller Delinquenz die „file drawer"-Problematik in spezieller Weise ausgeformt ist, muss auch dort jede Meta-Analyse hinsichtlich eines möglicherweise vorhandenen „publication bias" untersucht werden. Denn auch dort besteht die Gefahr, dass ein „publication bias" aufgrund nicht zu ermittelnder Forschungsergebnisse die Resultate dieser Analysen unbrauchbar macht.

Um das Ausmaß einer solchen Gefahr abschätzen zu können, wurden Methoden entwickelt, die versuchen, generelle Hinweise zur Existenz eines „publication bias" und zu dessen erwartbaren Einflüssen auf die Ergebnisse von Meta-Analysen zu ermitteln. Mit diesen Methoden wird sowohl nach Indizien für verfälschende Ergebnisverschiebungen in Meta-Analysen als auch nach Hinweisen auf das ergebnisverzerrende Einflussgewicht von möglicherweise in Meta-Analysen fehlenden Studien gesucht (vgl. z.B. Borenstein et al. 2009; Rothstein et al. 2005; oder Sutton et al. 2000). Im nächsten Abschnitt werden Logik und Technik einiger dieser Diagnosemethoden kurz vorgestellt.

Diagnoseverfahren

Bei den Diagnosemethoden zum Nachweis eines „publication bias" handelt es sich sowohl um Methoden, die primär auf einer rein visuellen Überprüfung der gefunden Ergebnisse in Abhängigkeit von Stichprobengrößen basieren, als auch um solche, die eher mit einer statistisch-logischen Methodik das Vorhandensein bzw. das Ausmaß des „publication bias" bestimmen wollen.

Sterne et al. (2000) fanden in einer Simulationsstudie heraus, dass für eine Bias-Untersuchung mindestens zehn einzelne Studien in einer Meta-Analyse berücksichtig werden müssen. Darüber hinaus empfehlen sie, in den Meta-Analysen sowohl grafische als auch statistische Analysen durchzuführen. Weiterhin erkannten die Autoren, dass zur Untersuchung des „publication bias“ eine regressionsanalytische Vorgehensweise (s. u.) überwiegend besser geeignet ist als die sog. „rank-correlation“-Methode (nach Begg/Mazumdar 1994, s. u.). Zwar vermuten die Autoren, dass die „rank-correlation“-Methode bei nicht-linearen Zusammenhängen bessere Ergebnisse liefert, aber nach ihrer Auffassung seien solche Zusammenhänge eher als „realitätsfern“ anzusehen (vgl. Sterne et al. 2000: 1125 ff.).

In den folgenden Abschnitten werden die am häufigsten genutzten Methoden zur Analyse des „publication bias“ erläutert, welche auch im MAPS-Projekt eingesetzt wurden und über deren Ergebnisse in Kapitel 6.2 berichtet werden soll. Dazu gehören, wie bereits angesprochen, sowohl grafische Verfahren als auch regressionsanalytisch basierte Methodiken. Zudem wird hier auch die auf Kendall's tau basierende „rank-correlation“-Methode (nach Begg/Mazumdar 1994) kurz vorgestellt. Auch wird erläutert, in welcher Weise die Anzahl von möglicherweise nicht identifizierten und daher in einer Meta-Analyse nicht berücksichtigten Primärstudien berechnet werden kann. Dabei interessiert z. B. insbesondere die Anzahl von nicht-signifikanten Studien, die notwendig gewesen wäre, um die im Rahmen des MAPS-Projektes entdeckten Befunde zum Zusammenhang zwischen pädosexueller Viktimisierung und pädosexueller Delinquenz zu kompromittieren. Zuletzt wird noch eine Methode erörtert, mit der statistisch berechnet werden kann, für welche unbekannt gebliebenen Studien davon auszugehen ist, dass diese mit bestimmten Resultaten existieren bzw. (statistisch betrachtet) existieren müssten.

Natürlich gibt es darüber hinaus noch eine Vielzahl weiterer meta-analytischer Methoden, die hier nicht vorgestellt werden. Einen Überblick liefern u. a. Thornton/Lee (2000).

Grafische Analyse mittels „funnel-plot“

Der „funnel-plot“ (vgl. dessen Darstellung in Abb. 6.1) ist eine Möglichkeit zur grafischen Analyse des „publication bias“ in Meta-Analysen. Bei diesem Verfahren werden in einem Koordinatensystem die Effektstärken der für eine Meta-Studie herangezogenen Primäruntersuchungen (verortet auf der horizontalen X-Achse) gegen die Stichprobengröße der Primärstudien oder gegen eine davon abhängige Variable, die weiter unten beschrieben wird, (verortet auf der vertikalen Y-Achse) abgetragen. Davon ausgehend, dass die Präzision einer Studie mit ihrer Stichprobengröße zunimmt, wird angenommen, dass in diesem Koordinatensystem bei hoher Stichprobengröße geringere Schwankungen der Effektstärken um die mittlere Effektstärke herum auftreten. Im Umkehrschluss müssten dann die Effektstärken von Studien mit geringer Fallzahl auch stärker um die „wahre“ bzw. mittlere Effektstärke schwanken bzw. würde, grafisch gesprochen, der Plot an diesen Stellen ausfransen. Dadurch entstünde eine Verteilung, die einem umgedrehten Trichter (engl.: funnel) entspricht: oben sehr schmal und nach unten sich immer stärker öffnend. Die Primärstudien könnten dann innerhalb der Grenzen des erwarteten 95-%-Konfidenzintervalls liegen (wie auch in der folgenden Abb. 6.1 dargestellt) (vgl. dazu Sterne et al. 2005: 75 ff.).

Abbildung 6.1: Der „funnel-plot“ von Studien in einer Meta-Analyse

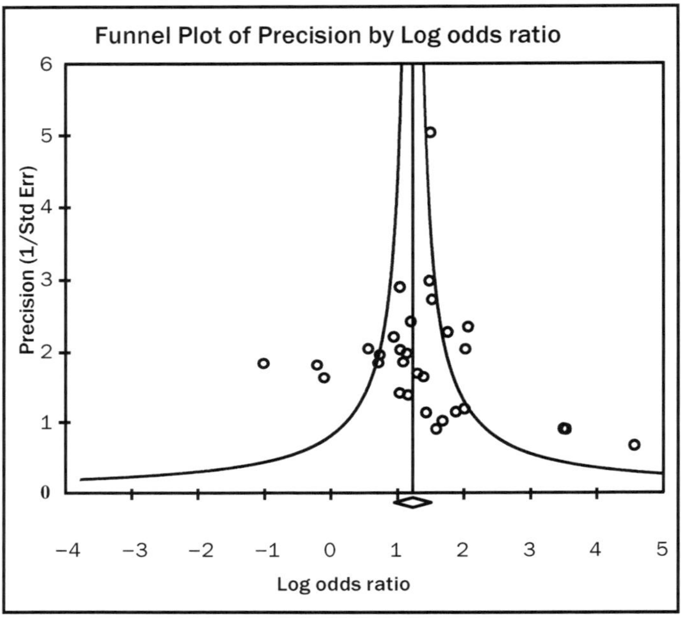

Bei Vorliegen eines „publication bias“ ist davon auszugehen, dass diejenigen Studien nicht veröffentlicht bzw. nicht gefunden wurden, die eher eine geringe Präzision, also eine geringe Fallzahl, und eher eine geringe Effektstärke aufweisen. Denn eine Kombination von geringer Präzision und kleiner Fallzahl resultiert leicht in nicht-signifikanten Ergebnissen. Somit würde bei einer grafischen Überprüfung des „publication bias“ die Verteilung der Studien im Koordinatensystem über die verschobene y-Achse asymmetrisch wirken. Die Grafik würde weniger wie ein gerader Trichter aussehen (vgl. dazu Abb. 6.1), sondern eine Delle bzw. Verformung aufweisen.

Bei Verwendung des „funnel-plot“ werden die Odds-Ratio-Werte als Schätzwerte für die Effektstärken in logarithmierter Form auf der X-Achse abgetragen. Auf der Y-Achse wird der Kehrwert des Standardfehlers abgetragen, um auf diese Weise die Präzision der Einzelstudien zu operationalisieren (vgl. Abb. 6.1).

Regressionsanalyse zum „funnel-plot"

Da die grafische Analyse von „funnel-plots" immer auch vom Auge des Betrachters abhängt, braucht es eine Methode, um den Zusammenhang zwischen Präzision und Effektstärke quantifizierbar und damit vergleichbar zu machen. Ein Wert, der dazu herangezogen werden kann, ist die „standard normal deviate" (SND):

$$\text{SND} = \frac{\text{Effektstärke}}{\text{Standardfehler}}$$

wobei die Effektstärke für solcherart ausgewerteter Studien durch das Odds-Ratio gemessen wird. Dieses Verfahren kann sowohl bei ungewichteten als auch bei gewichteten Effektstärken (dann gewichtet mit der Inversen der Varianz) benutzt werden (vgl. Macaskill 2001: 644).

Der SND-Wert wird in diesem Verfahren mittels einer linearen Regressionsschätzung auf die Präzision der in den Primärstudien ermittelten Ergebnisse zurückgeführt, wobei diese, wie zuvor erwähnt, gleichbedeutend mit der Inversen des Standardfehlers ist. Somit gilt für die Regressionsschätzung die Gleichung:

$$\widehat{\text{SND}} = a + b \cdot \text{Präzision}$$

Bei dieser Regressionsschätzung entspricht das Intercept „a" dem Steigungskoeffizienten in einer gewichteten Regressionsschätzung, bei der die Effektstärke auf den Standardfehler zurückgeführt wird. Mit dieser Konstruktion haben Studien mit geringen Fallzahlen, die eher einen hohen Standardfehler aufweisen (jeweils der Nenner der SND und der Präzision), einen SND und eine Präzision, die beide nahe bei null liegen. Studien mit großer Fallzahl haben eine hohe Präzision und je nach Effektstärke eine hohe SND.

Wenn nun eine unverzerrte Studienauswahl vorliegt, in der die Studien mit einer kleinen Fallzahl im Schnitt dieselbe Effektstärke aufweisen wie Studien mit einer höheren Fallzahl, dann läuft die Regressionsgerade durch den Ursprung des Koordinatensystems. Das ergibt sich daraus, dass kleine Studien durch einen hohen Standardfehler als Nenner sowohl bei der SND als auch bei der Präzision empirische Werte von nahe null aufweisen. Große Studien hingegen sollten bei ihrer hohen Präzision einen SND ausweisen, der in Richtung und Stärke deutlich von der gemessenen Effektstärke abhängt.

Daher gilt, dass bei einer völlig unverzerrten Studienauswahl die Regressionsgerade der SND-Schätzung durch den Ursprung des Koordinatensystems läuft und das Intercept somit gleich null ist ($a = 0$). Je weiter hingegen der y-Achsen-Abschnitt vom Ursprung entfernt ist, desto größer ist die Asymmetrie der Studienauswahl (vgl. Egger et al. 1997: 629 f.).

„rank-correlation"-Methode

Statt oder zusätzlich zu der oben beschriebenen Regressionsanalyse nach Egger kann auch ein „rank-correlation"-Test nach Begg/Mazumdar (1994) zur Überprüfung der Beziehung zwischen Stichprobengröße und Effektstärke durchgeführt werden. Dieses Verfahren bietet somit eine andere, nichtlineare Herangehensweise an die Bias-Problematik.

Die Methode basiert auf dem Prinzip des Paar-Vergleichs (Kendall's-Tau). Ermittelt wird die Rang-Korrelation zwischen der standardisierten Effektstärke (t^*) und dem Standardfehler der Effektstärkenschätzung (v).[92]

Die einzelnen Studien werden jeweils nach t^* und v sortiert und in der Reihenfolge paarweise miteinander verglichen. Nach der Logik von Kendall's-Tau werden dabei die konkordanten (x) sowie die diskordanten Paare (y) ausgezählt. Konkordante Paare bilden jene Zweierkombinationen von Studien, die sowohl bei der Sortierung nach t^* als auch bei der Sortierung nach v in der gleichen Reihenfolge stehen. Diskordant ist ein Studienpaar dann, wenn sich die Reihenfolge bei der neuen Sortierung umkehrt. Diese Paarauszählungen werden dann in die folgende standardisierte Teststatistik eingesetzt:

$$z = \frac{x - y}{\sqrt{k(k-1)(2k+5)/18}}$$

wobei k die Anzahl der Studien ist.

Der so ermittelte z-Wert kann anhand einer entsprechenden z-Verteilung auf zweiseitige Signifikanz getestet werden. Wenn ein Zusammenhang zwischen der Effektstärke und dem Standardfehler der Effektstärkenschätzung besteht, dann würde der Test positiv ausschlagen (vgl. Begg/Mazumdar 1994: 1089) und die Annahme bestätigen, dass die Asymmetrie im jeweiligen „funnel plot" (s. o.) durch einen „publication bias" verursacht wird.

Zu dieser Methode ist kritisch anzumerken, dass damit nur gute Ergebnisse erzielt werden können, wenn es eine deutliche Bandbreite der verschiedenen Studiengrößen gibt, da bei einer großen Zahl von Studien mit gleicher/ähnlicher Fallzahl bereits eine „natürliche" Variation von Standard-

---

92 Zur Standardisierung der Effektstärken vgl. Begg/Mazumdar 1994: 1089.

fehler und Effektstärke ausreichend sein kann, um entsprechende Ergebnisse zu erzielen. Auch wird von Borenstein (2005) angemahnt, dass diese Methode nur eine geringe Aussagekraft besitzt, solange kein großer „publication bias" vorhanden ist und somit die Abwesenheit eines signifikanten Testergebnisses nicht immer ein gültiger Beweis für die Abwesenheit eines „publication bias" sein muss (vgl. ebd., S. 196). Daher verwendeten wir diese Methodik auch lediglich zu Validierungszwecken bei Einsatz der anderen hier genannten Methoden.

„fail-safe N"-Methode

Eine ganz andere Logik zur Ermittlung eines möglichen „publication bias" verbirgt sich hinter der „fail-safe N"-Methode. Dabei wird die Anzahl von nicht-signifikanten Studien berechnet, welche zusätzlich in die betreffende Meta-Analyse aufgenommen werden müssten, damit die Gesamtsignifikanz eines gefundenen Effekts nicht mehr gegeben wäre. Gefragt wird also nach der Zahl von Studien, die aufgrund eines „publication bias" in eine betreffende Meta-Analyse nicht aufgenommen wurden, die aber notwendig wären bzw. existieren müssten, um die gefundenen Ergebnisse abzuändern. Wenn diese Zahl im Vergleich zur Anzahl der ausgewerteten Studien sehr hoch ist, kann davon ausgegangen werden, dass die in der Meta-Analyse gefundenen, signifikanten Ergebnisse auch Bestand haben.

Zum Verständnis dieser Methode sollte zunächst von einer eher schlechten wissenschaftlichen Praxis ausgegangen werden. In einem solchen Fall würden nur solche Studien publiziert, die signifikante Ergebnisse erzielt haben. Jedoch würden, selbst wenn in der Realität kein Effekt vorhanden wäre, bei 5 % der Studien (bei entsprechend angenommener Irrtumswahrscheinlichkeit) immer signifikante Ergebnisse auf Grund des Fehlers erster Art ermittelt werden. Die restlichen 95 % der Studien, selbst wenn sie die Realität besser widergäben, würden nach der „publication-bias"-These aufgrund der fehlenden Signifikanz nicht veröffentlicht werden.

Rosenthal (1979: 638) spricht in diesem Fall davon, dass diese Studien stattdessen in den Schubladen der Forscher verschwänden, weswegen er diese Problematik auch als „file drawer problem" (s. o.) bezeichnet.

Dieser Annahme folgend würden bei Existenz eines extremen „publication bias" aus einer Meta-Analyse von Studien in einem Themengebiet mit nicht vorhandenem Variablenzusammenhang nur jene 5 % aufgenommen werden, welche die Realität nicht richtig wiedergeben.

Leider kann auch bei Annahme einer guten wissenschaftlichen Praxis nicht ausgeschlossen werden, dass bestimmte Studien (aus welchen Gründen auch immer) nicht veröffentlicht werden. Es kann jedoch berechnet werden, wie viele unveröffentlichte Studien es ohne Zusammenhangsbefund geben müsste, damit der oben skizzierte Fall zuträfe und die Befunde einer daraus resultierenden Meta-Analyse vollständig dem Fehler erster Art unterliegen würden.

Es gibt mehrere Ansätze dazu, die Anzahl fehlender nicht-signifikanter Studien zu berechnen. Die ursprüngliche Methode wurde von Rosenthal (ebd.) vorgeschlagen. In dieser wird danach geschaut, wie viele Studien ohne Effekt (X) zu der Anzahl der tatsächlich eingebrachten Studien (k) hinzugefügt werden müssten, damit der kombinierte Z-Wert[93] (Z_c) – also der SND-Wert, der über alle Studien gilt – erreicht wird. Auf diese Weise soll getestet werden wie viele Studien notwendig sind, um die Annahme in Zweifel zu ziehen, dass kein „publication bias“ bestehe. Dazu wird folgende Formel verwendet:

$$Z_c = \frac{k\bar{Z}_k}{\sqrt{k + X}}$$

wobei $\bar{Z}_k$ das arithmetische Mittel aller Z-Werte der eingebrachten Studien ist.

Bei Annahme von $\alpha = 5\%$ und demnach $Z_c = 1{,}645$ (einseitiger Test) ergibt sich folgende Formel (aufgelöst nach X), um die notwendige Anzahl von Studien zu berechnen (vgl. ebd., S. 639):

$$X = \left(\frac{k}{2{,}706}\right) \cdot [k(\bar{Z}_k)^2 - 2{,}706]$$

Alternativ dazu hat Orwin (1983) diese Methode so abgewandelt, dass zusätzlich berücksichtigt werden kann, dass auch nur gering-signifikante Studien schwerer aufzufinden sind. Dafür ergänzt er die oben angegebene Formel in der Weise, dass dem X, also der Anzahl der gesuchten Studien, eine eigene Effektstärke mitgegeben werden kann, welche für diese nicht-gefundenen Studien angenommen wird. Diese Effektstärke sollte der geringsten Effektstärke entsprechen, bei der noch davon ausgegangen werden kann, dass entsprechende Ergebnisse nicht veröffentlicht werden.

Zudem ist es bei dieser Methode möglich, einen Schwellenwert festzulegen, auf den die Gesamteffektstärke minimal fallen darf, selbst wenn sie dann noch signifikant wäre. Die Methode berücksichtigt somit Faktoren, die aufgrund der genannten Eigenschaften näher an der tatsächlichen For-

93 Rosenthal (1979: 638) verwendet Z zur Bezeichnung des oben schon benannten SND. Doch Vorsicht: dieses Z darf nicht mit dem in der zuvor beschriebenen „rank-correlation“-Methode verwendeten kleinen z verwechselt werden. Rosenthal zeigt in einer Fußnote seines Artikels auch noch weitere Methoden auf, mit denen der SND zu berechnen ist.

schungspraxis liegen. Welche Werte für die beiden Eigenschaften jedoch in die Berechnung einfließen, liegt alleine im Ermessen des jeweiligen Anwenders. Somit kann dieser Test zur Überprüfung von bestehenden Hypothesen oder im Vergleich mit anderen Meta-Analysen eingesetzt werden. Da beides im MAPS-Projekt nicht gegeben war, wurde auf diese Art von Analysen verzichtet.

Beide Methoden, sowohl die von Rosenthal als auch die von Orwin, haben den Nachteil, dass sie keine Gewichtungen der Studien (z.B. in Bezug auf deren Fallzahl) erlauben. Gerade Meta-Analysen profitieren jedoch von eben solchen Gewichtungen, weswegen Rosenberg (2005) eine dritte Variante vorschlägt, die Gewichtungen bei „fail-safe-N"-Analysen erlaubt.[94]

„trim and fill"-Methodik

Die Methode des „trim and fill" nach Duval/Tweedie (2000a, 2000b)[95] basiert auf einem einfachen Symmetriegedanken bei Verteilungen von Werten (wie z.B. Effektstärken) um einen „wahren" Wert, ähnlich dem Gedanken der Symmetrie bei einer Normalverteilung. Bei nicht vorhandener Symmetrie einer Werteverteilung wird entsprechend der „trim and fill"-Methodik mittels einer iterativen Technik die Anzahl fehlender Studien ermittelt, die die verlangte Symmetrie herstellen könnten. Als Ergebnis wird eine neue „tatsächliche" Effektstärke berechnet, die auch bislang nicht-aufgefundene Studien berücksichtigt. Zugleich werden mit dieser Technik auch solche Studien zur Berechnung der „tatsächlichen" Effektstärke berücksichtigt, die noch gar nicht durchgeführt wurden, die aber nach der Symmetrie-Logik in Zukunft durchgeführt werden müssten.

In der „trim and fill"-Methode wird zunächst iterativ bestimmt, wie viele der in der Meta-Analyse berücksichtigten Studien mit ihrer gemessenen Effektstärke so weit von einer als „wahr" angenommenen Effektstärke (im Folgenden bezeichnet als „θ") abweichen, dass es zu ihnen auch Studien geben müsste, die genauso weit in die andere Richtung von θ abweichen. Wenn Studien ohne solche „Matching-Partner" gefunden werden, wird unter Ausschluss dieser Studien ein neuer „wahrer" Wert errechnet („trim"). Anschließend werden die nach dem Symmetriegedanken erwarteten Studien als vorhanden angenommen bzw. der Stichprobe der Meta-Analyse hinzugefügt („fill"), sodass eine neue durchschnittliche Effektstärke bestimmt werden kann, welche diese möglichen, jedoch nicht-veröffentlichten bzw.

94 Rosenberg hat zur einfachen Berechnung seines „fail-safe N" eine Software zur freien Verfügung gestellt, welche im MAPS-Projekt eingesetzt wurde (s.u.). Diese Software wird in Rosenberg (2005) beschrieben.

95 In einer früheren Version auch Taylor/Tweedie (1998).

nicht aufgefundenen und damit auch nicht in der Meta-Analyse enthaltenen Studien berücksichtigt.

Das Verfahren läuft darauf hinaus, dass nach Berechnung eines θ auf der Basis aller Studien mit Matching-Partnern jene Studien dem Studienpool hinzugefügt werden, welche hypothetisch als „Matching-Partner" existieren müssten. Es wird für jede Studie, die während der Trim-Phase wegfiel, eine solche hypothetische Studie angenommen, die denselben Standardfehler aufweist und eine Effektstärke von „$ES_{alt} - \theta$" besitzt (vgl. z. B. Duval 2005).

In einer Untersuchung von Pham et al. (2001) wurden verschiedene Messmethoden bezüglich des „publication bias" getestet. Hierbei erwies sich die „trim-and-fill"-Methode als gutes Schätzverfahren zur Ermittlung von fehlenden Studien (ebd. S. 121). Allerdings sind der „funnel-plot" und alle damit assoziierten Verfahren (also auch die „trim-and-fill"-Methode) nicht nur als Untersuchungsmethoden für einen möglichen „publication bias" oder andere, die Datengrundlage verzerrende Einflussgrößen zu verstehen. Denn die Ergebnisse der jeweiligen Analysen können auch als Sensibilitätstest für die Robustheit der in den Meta-Analysen gewonnenen Befunde verstanden werden (vgl. Duval 2005: 131).

Das bedeutet, dass für den Fall, dass ein Fehler erster Art gemacht wird, also ein „publication bias" ermittelt wird, obwohl ein solcher faktisch nicht vorliegt (vgl. u. a. Urban/Mayerl 2011: 138 ff.), das resultierende Ergebnis als Prüfung der Robustheit der Befunde verstanden werden kann. Am Beispiel der „trim-and-fill"-Methode ist dies so zu verstehen, dass, wenn die Ergebnisse nach Imputation noch signifikant sind, der tatsächliche, nicht „korrigierte" Effekt (vor Anwendung der „trim-and-fill"-Methode) auch robust ist. Und das gilt unabhängig davon, ob ein implizierter „publication bias" tatsächlich vorliegt oder dessen Vorliegen nur „fälschlicherweise" angenommen wurde.

6.2 Analysen zur Identifikation eines „publication bias"

Im Folgenden wird über die Ergebnisse unserer Analysen zum Nachweis eines „publication bias" in den von uns durchgeführten Meta-Analysen (Kap. 5) berichtet. In diesen Analysen wurden einige der in Kapitel 6.1 beschriebenen Verfahren verwendet.[96] Dabei wurde folgendes Analysedesign eingesetzt:

96 Für die Berechnungen wurde die Software „Comprehensive Meta-Analysis (CMA) 2.0" benutzt. Vgl. dazu Borenstein et al. 2009.

1. Schritt: In einem ersten Schritt wurden alle identifizierten Primärstudien (N = 30) in die Untersuchung einbezogen.[97] Dazu gehörten die Primärstudien, in denen überführte pädosexuelle Straftäter (Untersuchungsgruppe) mit adultsexuellen Straftätern (Kontrollgruppe 1), mit nichtsexuellen Straftätern (Kontrollgruppe 2) oder mit Personen aus der Allgemeinbevölkerung (Kontrollgruppe 3) verglichen wurden.

2. Schritt: In einem zweiten Schritt wurden nur die Primärstudien einzelner Analysegruppen in die Untersuchung einbezogen. Diese Analysegruppen entsprechen den Gruppen, die auch in der MEMA (Kap. 5) separat untersucht wurden. Sie entstehen dadurch, dass sie nur jeweils Studien enthalten, in denen die Untersuchungsgruppe „pädosexuelle Straftäter“ mit einer ganz bestimmten Kontrollgruppe (s. u.) verglichen wird. So gibt es:

a) die Studien der Analysegruppe 1 (N = 16), in denen pädosexuelle Straftäter nur mit adultsexuellen Straftätern (Kontrollgruppe 1) verglichen werden;
b) die Studien der Analysegruppe 2 (N = 8), in denen pädosexuelle Straftäter nur mit nichtsexuellen Straftätern (Kontrollguppe 2) verglichen werden;
c) die Studien der Analysegruppe 3 (N = 6), in denen pädosexuelle Straftäter nur mit nicht-straffällig gewordenen Personen aus der Normalbevölkerung (Kontrollguppe 3) verglichen werden.

Für die Gruppe aller 30 Studien im gepoolten Datensatz zeigte sich (ohne Unterscheidung nach Kontrollguppen) der in Abbildung 6.2 präsentierte „funnel-plot“. Die Abbildung zeigt den mittleren Effektstärkewert von 1,23 auf der Log-Odds-Ratio-Skala[98] mittels einer senkrechten Line sowie dessen 95-%-Konfidenzintervall (0,95 bis 1,51) mittels einer weißen Raute. Wie aus der Abbildung hervorgeht, ergibt sich eine leichte Asymmetrie um eben diesen mittleren Effektstärkewert. Darüber hinaus sind einige weitere Studien (Abweichungen) zu erkennen, die außerhalb des 95-%-Konfidenzintervalls für die erwartete Symmetrie liegen.

---

97 Im Unterschied zu den in Kapitel 5.5 beschriebenen Analysen konnten hier nicht nur 28, sondern alle 30 Studien, die im gepoolten Datensatz vorhanden waren, für die Analyse benutzt werden, da keine Studien aufgrund fehlender Werte aus den Untersuchungen (die ohne multivariates Design durchgeführt wurden) ausgeschlossen werden mussten.

98 Dieser Wert von 1,23 für das logarithmierte Odds-Ratio entspricht dem in der Meta-Analyse über alle Studien ermittelten mittleren Odds-Ratio von 3,41.

Um zu berechnen, ob diese Abweichungen die Effektstärke signifikant verzerren, und um die grafische Analyse näher zu qualifizieren, wurde der in Kapitel 6.1 erläuterte SND herangezogen. In der dabei geschätzten Regressionsgleichung liegt der y-Achsenabschnitt bei a = 0,21. Diese Abweichung vom Ursprung (a = 0) ist bei einem zweiseitigen Test nicht signifikant (p = 0,37). Somit kann von einer ausreichend symmetrischen Verteilung der in der Meta-Analyse berücksichtigten Studien ausgegangen werden.

Abbildung 6.2: Der „funnel-plot" mit allen Studien des gepoolten Datensatzes

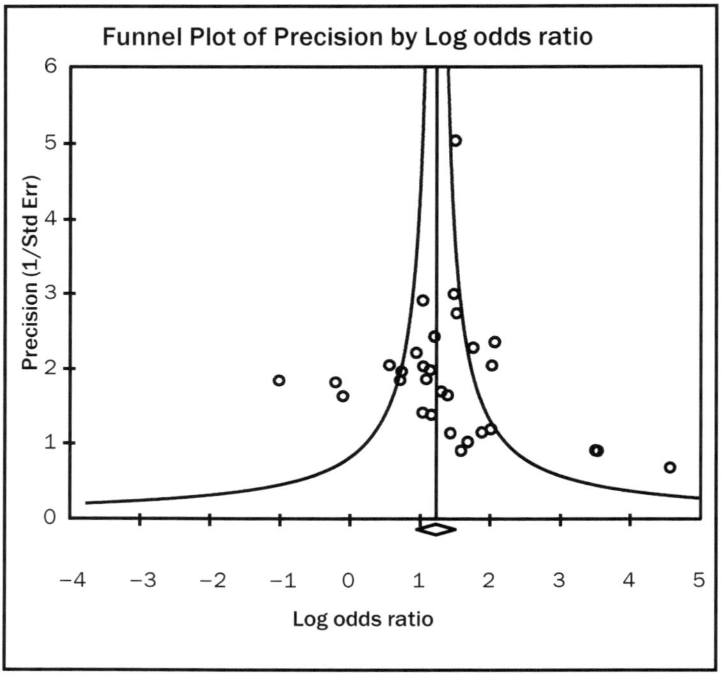

Eine Analyse mittels des in Kapitel 6.1 vorgestellten „rank-correlation"-Tests von Begg und Mazumdar erbrachte einen z-Wert von 1,20, welcher bei einem zweiseitigen Test einem p = 0,23 entspricht. Damit ist auch der z-Wert deutlich nicht-signifikant. Folglich kann nicht von einer Abhängigkeit zwischen Effektstärke und Standardfehler dieser ausgegangen werden, was wiederum ein Indiz ist, welches gegen einen möglichen „publication bias" spricht.

Auch die Berechnungen nach der „fail-safe N"-Methode von Rosenthal (vgl. Kap. 6.1) bestätigten dieses Ergebnis. Demnach hätte es noch insgesamt

1 295 Studien ohne Effekt geben müssen, um die ermittelte „wahre" Effektstärke als „nicht-signifikant" bezeichnen zu können. Abgesichert wurde dieses Ergebnis auch mit der gewichteten Berechnung nach Rosenberg. Nach ihr müssten sogar 1 514 Studien durchschnittlicher Gewichtung ohne gemessenen Effekt berücksichtigt werden, damit die in der kompletten Meta-Analyse gefundene Effektstärke ihre Signifikanz (mit $\alpha = 0{,}05$) verlieren könnte.

Somit wären für das gefundene Ergebnis selbst sehr viele, unberücksichtigt gebliebene Studien nicht gefährdend.

Mit der „trim-and-fill"-Methode (vgl. Kap. 6.1) wurden insgesamt 8 Studien ermittelt, die unter Annahme eines „publication bias" existieren müssten, die aber im Datensatz der Meta-Analyse nicht zur Verfügung stehen. Diese wurden in diesem Verfahren als Matching-Partner (vgl. Kap. 6.1) generiert und als solche in den weiteren Analysen berücksichtigt. Dargestellt werden sie in Abbildung 6.3 durch schwarze Punkte.

Die nach der „trim-and-fill"-Methode auf Grundlage des erweiterten Studienpools berechnete „wahre" Effektstärke (gemessen mittels der einfachen Odds-Ratio-Skala) würde dann von 3,41 (grafisch eingezeichnet ist der identische, lediglich logarithmierte Wert von 1,23) auf einen Wert von 2,63 (95-%-KI: 1,96 bis 3,53) sinken. Dieser neue Wert wird in der Abbildung durch die Spitze der schwarzen Raute bzw. durch die senkrechte Linie beim logarithmischen Wert von 0,97 angezeigt. Anhand der Endpunkte der Raute ist zu erkennen, dass auch das neue 95-%-Konfidenzintervall den Wert von 0,00 ausschließt.

Somit bleibt auch unter Annahme eines gewissen „publication bias" (dessen Auswirkungen durch die Berücksichtigung der ermittelten Matching-Partner simuliert wurden) der signifikant positive Zusammenhang zwischen pädosexueller Viktimisierung und pädosexueller Delinquenz bestehen.

Im Anschluss wurden diese Tests für verschiedene Gruppen von Primärstudien mit spezifischen Kontrollgruppen (bzw. Analysegruppen, s. o.) separat durchgeführt. Dabei war das Vorgehen identisch zu den oben beschriebenen Analysen (Abbildung 6.3).

Analysen mit den Primärstudien aus Analysegruppe 1

In diesem Abschnitt werden die Ergebnisse zu den Untersuchungen mit den Primärstudien der Analysegruppe 1 (= Studien mit der Kontrollgruppe „adultsexuelle Straftäter"), bei welchen sich die Fallzahl auf 16 Studien reduziert, kurz vorgestellt. Genau wie bei den vorherigen Analysen wird auch hier mit der Auswertung der „funnel-plots" (Abb. 6.4 und Abb. 6.5) begonnen.

Abbildung 6.3: Der „funnel-plot" aller Studien des gepoolten Datensatzes nach Einsatz der „trim and fill"-Methode

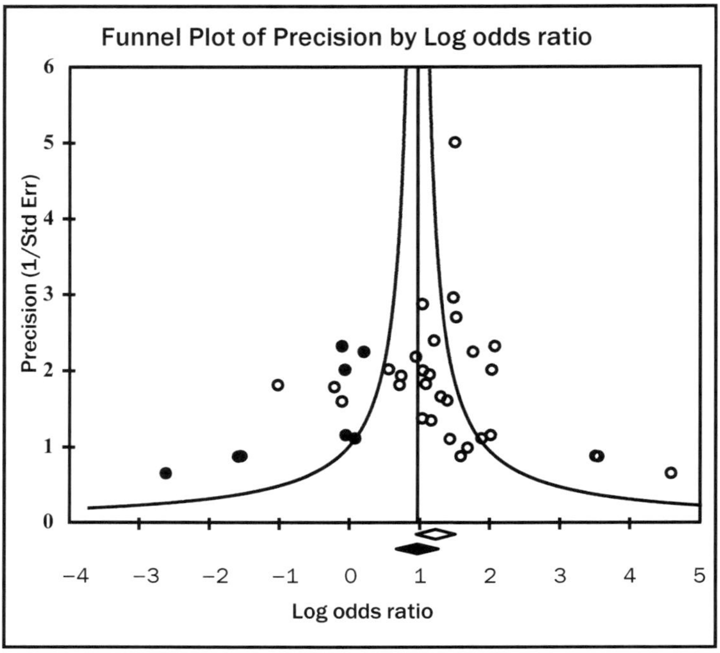

Bei Betrachtung des ersten „funnel-plot" (Abb. 6.4) fallen nur wenige Ausreißer auf. Lediglich im Bereich geringer bis mittlerer Präzision kann eine leichte Verschiebung zugunsten eines möglichen „publication bias" ausgemacht werden. Die geschätzte, mittlere Effektstärke wird wieder als Raute (bzw. senkrechte Linie) dargestellt und beträgt 1,01 mit einem Konfidenzintervall zwischen Werten von 0,66 und 1,36.

Bei Anwendung der Regressionsschätzung lag der y-Achsenabschnitt der Regressionsgeraden bei a = −0,70. Diese Abweichung vom Ursprung ist bei einem zweiseitigen Test nicht signifikant (p = 0,56). Somit kann auch hier von einer ausreichend symmetrischen Verteilung ausgegangen werden (vgl. die Ausführungen zum SND in Kap. 6.1).

Das „rank-correlation"-Verfahren errechnete einen z-Wert von 0,54, welcher bei einem zweiseitigen Test eine Irrtumswahrscheinlichkeit von p = 0,59 aufweist. Damit ist auch dieser Wert deutlich als „nicht-signifikant" einzustufen. Folglich lässt sich auch hier keine Abhängigkeit zwischen Effektstärke und Standardfehler dieser erkennen und kann somit auch in dieser Analysegruppe 1 kein Hinweis auf einen möglichen „publication bias" gefunden werden.

Abbildung 6.4: Der „funnel-plot“ zu den Primärstudien aus Analysegruppe 1

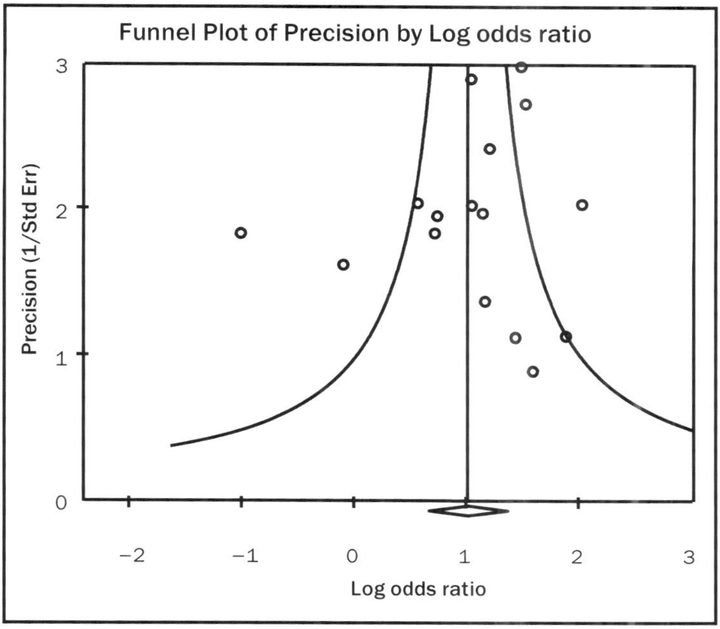

Nach der „fail-safe-N“-Methode hätten in der Analysegruppe 1 zusätzlich zu den 16 analysierten Studien noch 247 nicht-signifikante Studien vorliegen müssen, um die in der Meta-Analyse gefundene „wahre“ Effektstärke auf ein nicht-signifikantes Niveau zu bringen.

Und gemäß der gewichteten Berechnung nach Rosenberg müssten noch mindestens sieben Studien durchschnittlicher Gewichtung ohne gemessenen Effekt in die Analyse einbezogen werden, damit die berechnete Effektstärke ihre Signifikanz ($\alpha = 0{,}05$) verliert.

Dies scheint eine sehr kleine Anzahl von Studien zu sein, jedoch muss bei einer solchen Einschätzung auch die geringe Fallzahl dieser Meta-Analyse (N = 16) berücksichtigt werden. Zudem ist es, wie in Abschnitt 2 bereits erörtert, gerade im analysierten Themenbereich hochgradig unwahrscheinlich, dass Studien ohne signifikantes Ergebnis der „file-drawer“-Problematik unterliegen. Daher ist die Zahl von sieben nicht publizierten und nicht aufgefundenen Studien eher als hoch bzw. bedeutsam einzuschätzen.

Nach der Methodik des „trim-and-fill“-Verfahrens wurden drei Studien ausgemacht (siehe Abb. 6.5), die zur Simulation der Symmetrie-Eigenschaft bei der Studienverteilung in der Analyse ergänzt werden müssten. Mit diesen würde aber der wahre Wert der Effektstärke nur geringfügig auf 2,59 der einfachen Odds-Ratio-Skala (95-%-KI: 2,06 bis 3,27) reduziert werden (in der Grafik sind wiederum die logarithmierten Werte abgetragen).

Abbildung 6.5: Der „funnel-plot" zu den Primärstudien aus Analysegruppe 1 nach Einsatz der „trim and fill"-Methode

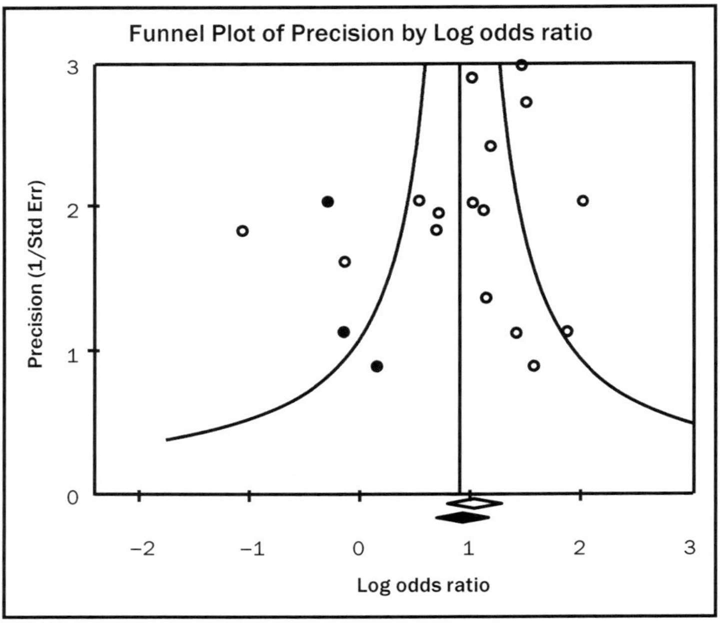

Im Folgenden werden noch die Ergebnisse von Analysen mit den 8 Studien aus Analysegruppe 2 und mit den 6 Studien aus Analysegruppe 3, die nach derselben Methodik durchgeführt wurden, vorgestellt.

Analysen mit den Primärstudien aus den Analysegruppen 2 und 3

Die Studien, bei welchen die pädosexuellen Delinquenten mit nichtsexuellen Gewaltstraftätern verglichen werden (N = 8 Studien; Analysegruppe 2), und die Studien, bei welchen nicht-straffällige Personen aus der Normalbevölkerung die Kontrollgruppe stellen (N = 6 Studien; Analysegruppe 3), können nur mit äußerster Vorsicht benutzt werden, um einen möglichen „publication bias" in den entsprechenden Meta-Analysen nachzuweisen. Denn wie Simulationsstudien gezeigt haben, sollten mindestens 10 Studien ausgewertet werden können, um dabei zu robusten Ergebnissen kommen zu können (vgl. Kap. 6.1). Dennoch sollen im Folgenden die Ergebnisse dieser Analysen zumindest der Vollständigkeit halber vorgestellt werden.

Mit den Studien der Analysegruppe 2 ergibt sich bei einer regressionsanalytischen Auswertung des „funnel-plot" ein Intercept der Regressionsschätzung (s.o.) von a = 0,01. Bei Studien der Analysegruppe 3 beträgt das Intercept 1,99. Wie zu erwarten, ist der Wert von 0,01 nicht signifikant.

Anders ist dies hingegen mit einem Intercept von 1,99 bei den Studien in Analysegruppe 3, bei welchen mit diesem Schätzergebnis die Annahme eines „publication bias" nicht verworfen werden kann. Dieses Ergebnis könnte jedoch ein methodisches Artefakt sein, das dadurch entstanden ist, dass die Rekrutierung von nicht straffällig gewordenen Vergleichspersonen aus der Allgemeinbevölkerung je nach Studie sehr unterschiedlich durchgeführt wurde (auch hinsichtlich der methodischen Rigidität) und deshalb diese Studien ein Ausmaß an Heterogenität aufweisen, das es eigentlich nicht zulässt, die verschiedenartig rekrutierten Vergleichspersonen in einer Kontrollgruppe zusammenzufassen.

In den Analysegruppen 2 und 3 liegt der Wert für das „fail-safe N" nach der Berechnung von Rosenthal bei 147 (Analysegruppe 2) und bei 54 (Analysegruppe 3). Beides sind recht hohe Werte, die wiederum eher nicht für einen „publication bias" sprechen. Denn es gilt auch hier, dass gerade im Rahmen des untersuchten Themenbereichs die Publikationschancen von Studien ohne signifikantes Ergebnis nicht deutlich verringert sein sollten und somit auch das „file-drawer"-Problem eher klein sein sollte (vgl. Kap. 6.1).

Nach der „trim-and-fill"-Methode würden in beiden Analysegruppen jeweils drei Studien nicht berücksichtigt sein. Das führt bei den Studien aus Analysegruppe 2 zu einem Rückgang des Odds-Ratios von 3,01 auf 2,27 und bei den Studien aus Analysegruppe 3 zu einem Rückgang von 9,82 auf 5,63. In beiden Fällen ist dies aber eher als nicht bedenklich einzustufen, da jeweils der positive Effekt (OR > 1) und damit ein positiver Zusammenhang zwischen pädosexueller Viktimisierung und pädosexueller Delinquenz auf signifikantem Niveau bestehen bleibt.

Damit lassen in den Analysegruppen 2 und 3 die Ergebnisse aller hier eingesetzten Verfahren (bis auf die Regression zum „funnel-plot") den Schluss zu, dass nicht davon auszugehen ist, dass die Meta-Analysen mit diesen Primärstudien durch einen bedeutsamen „publication bias" verzerrt sein müssen.

Welches Fazit ist nun aus den hier referierten Ergebnissen zu ziehen? Wie eingangs erläutert, können die Ergebnisse von Meta-Analysen von einem so genannten „publication bias" betroffen sein. Der „publication bias" kann die Ergebnisse von Meta-Analysen verzerren, kann sie verfälschen oder kann sie zum reinen Artefakt werden lassen.

Der „publication bias" von Meta-Analysen ist die Folge einer systematisch verzerrten Auswahl derjenigen Primärstudien, die in eine meta-analytische Auswertung einbezogen werden. Für diese systematische Selektivität gibt es zwei Hauptursachen: zum einen können die grauen und/oder weißen Publikationskanäle der „scientific community" bestimmten wissenschaftlichen Ergebnisberichten unterschiedliche Publikationschancen einräumen. So werden z. B. häufig Berichte, in denen signifikante Ergebnisse mit beeindruckenden Effektstärken vorgestellt werden, eher veröffentlicht als Ergebnisse, die nicht inferenzstatistisch abgesichert werden können oder deren empirisches Ergebnis allein im Nachweis eines nicht-vorhandenen Effekts besteht. Zum anderen kann ein „publication bias" dadurch entstehen, dass zwar alle relevanten Forschungsergebnisse in einem wissenschaftlichen Themengebiet publiziert werden, dass diese aber nicht alle für eine Meta-Analyse identifiziert werden können, weil z. B. einige/viele überhaupt nicht in Literatur-Datenbänken aufgenommen worden sind (wie z. B. Dissertationen oder „graue" Literaturtitel) oder weil z. B. einige/viele nur in unbekannten Publikationsnischen (wie z. B. Online-Journalen) erschienen sind.

Um unsere meta-analytischen Ergebnisse hinsichtlich ihrer möglichen Gefährdung durch einen real existierenden „publication bias" zu überprüfen, wurden diese Ergebnisse mit verschiedenen Verfahren zur statistischen Identifikation von „publication bias"-Effekten getestet. Dabei kamen Verfahren unterschiedlichster statistischer Provenienz und Methodik zur Anwendung (u. a.: „funnel-plot"-, „rank-correlation"-, „fail-safe-N"- und „trim and fill"-Techniken).

Unser besonderes Augenmerk lag dabei a) auf einem möglichen „publication bias" in denjenigen Meta-Analysen, die mit der Gesamtauswahl aller als relevant identifizierten Primärstudien durchgeführt wurden, und b) auf einem möglichen „publication bias" in den Meta-Analysen, die mit einer speziellen Auswahl von Primärstudien durchgeführt wurden. Bei dieser Auswahl (Analysegruppe 1) handelt es sich um Primärstudien, bei denen die Untersuchungsgruppe der pädosexuellen Straftäter allein mit der Kontrollgruppe der adultsexuellen Straftäter verglichen wird.

In unseren Analysen wurden keine statistisch relevanten Hinweise auf die Existenz eines deutlich hervortretenden „publication bias"-Problems gefunden. So war z. B. nach der „fail-safe-N"-Methode die Anzahl von Negativ-Studien, die notwendig gewesen wäre, um das in unseren Meta-Analysen (mit allen Studien) gefundene Ergebnis einer deutlich erhöhten Chance von pädosexueller Delinquenz nach vorhergehender pädosexueller Viktimisierung außer Kraft zu setzen bzw. als nicht-signifikanten Zusammenhang zu qualifizieren, mit Werten von N = 1 295 bzw. N = 1 514 so hoch, dass nicht davon auszugehen ist, dass unser Ergebnis auch durch die Hinzunahme einer realistisch großen Anzahl von zuvor nicht-identifizierten Studien mit widersprechendem Ergebnis hätte verändert werden können.

Auch der Test der im Projekt ermittelten Effektstärke für den Zusammenhang zwischen pädosexueller Viktimisierung und pädosexueller Delinquenz mittels „trim and fill"-Methode, die von einem im Hintergrund wirkenden, verzerrenden „publication bias" ausgeht, reduzierte den von uns berechneten Wert für die Effektstärke von 3,41 (Odds-Ratio) auf lediglich einen Wert von 2,63 (Odds-Ratio), sodass auch damit gezeigt werden konnte, das die meta-analytisch ermittelten Schätzwerte als robust hinsichtlich von real nicht auszuschließenden „publication bias"-Effekten sind.

Ähnliches gilt auch für die Überprüfung der Primärstudien aus Analysegruppe 1 (s. o.). Bei dieser speziellen Gruppe von 16 Primärstudien, in denen pädosexuelle Straftäter mit adultsexuellen Straftätern verglichen werden, müsste zusätzlich noch einmal die unrealistisch hohe Anzahl von 247 Studien ohne Effekt gefunden werden, damit die von uns meta-analytisch ermittelten Ergebnisse unter ein kritisches Signifikanzniveau sinken würden.

Auch wenn bei Verwendung der gewichteten Methode von Rosenberg nicht mehr 247 sondern nur noch sieben zusätzliche Studien ohne Effektnachweis ausreichen würden, um in Analysegruppe 1 (s. o.) das von uns ermittelte Ergebnis eines signifikanten Effekts von pädosexueller Viktimisierung auf pädosexuelle Delinquenz „zu kippen", ist auch dies kein überzeugender Hinweis auf die Anfälligkeit unserer diesbezüglichen Meta-Analysen gegenüber „publication bias"-Effekten.

Zudem werden, wie erläutert wurde, gerade im Themenfeld von pädosexueller Viktimisierung/pädosexueller Delinquenz nicht-signifikante Studien von vielen Forschern in besonderem Maße als veröffentlichungswürdig angesehen. Daher wäre gerade hier nicht mit einem starken „file-drawer-bias" (vgl. Kap. 6.1) zu rechnen. Dies auch gerade deshalb nicht, weil er dann den extrem hohen Anteil von mutmaßlich 30 % aller einschlägigen Studien betreffen würde.[99]

Auch erlaubt der mit Hilfe der „trim and fill"-Methode ermittelte, signifikante Odds-Ratio-Wert von 2,59 (als Indikator für die meta-analytisch geschätzte Effektstärke) den Schluss, dass auch in Analysegruppe 1 unser Ergebnis nicht durch einen „publication bias" gravierend verzerrt wurde und dass unsere Befunde auch dort als substanziell bedeutsam für das untersuchte Forschungsfeld zu verstehen sind.

---

99 Die Zahl von 30 % ergibt sich daraus, dass von uns nach sorgfältigem Screening von ca. 64 000 Studien zum Themenkomplex „Pädosexualität" nur 16 Studien identifiziert werden konnten, die zur Analysegruppe „pädosexuell Straffällige im Vergleich zu adultsexuell Straffälligen" gehören. Gäbe es noch 7 Studien, die aufgrund der „file-drawer"-Problematik nicht von uns aufgefunden werden konnten, so würden insgesamt 23 Studien existieren, von denen wir 7 bzw. 30 % nicht identifiziert hätten.

Zusammenfassend kann somit aus unseren Analysen abgeleitet werden, dass die Existenz eines „publication bias" bei den von uns analysierten Gruppen von Primärstudien als eher unwahrscheinlich gelten kann und davon auszugehen ist, dass auch die Ergebnisse der im Projekt vorgenommenen Meta-Analysen eher nicht durch einen „publication bias" verzerrt wurden.

Allerdings ist es, wie bereits in Kapitel 6.1 erläutert, auch an dieser Stelle noch einmal wichtig zu betonen, dass die „funnel-plot"-Methodik (so wie die übrigen Verfahren, die darauf abzielen, den „publication bias" und andere verzerrende Einflussgröße zu identifizieren) auch als Sensibilitätstest für die Robustheit der in den Meta-Analysen erzielten Ergebnisse verstanden werden kann (vgl. Duval 2005: 131). Dementsprechend können die hier berichteten Ergebnisse auch so interpretiert werden, dass nach diesen Befunden davon auszugehen ist, dass die Gültigkeit unserer Meta-Analysen nicht durch unvollständige oder systematisch beeinträchtigte Datenauswahlen eingeschränkt wird.

Kapitel 7
Zusammenfassung und Fazit: Die POTT-These im meta-analytischen Test

Die hier vorgestellten Meta-Analysen beschäftigten sich mit den Resultaten von sozialwissenschaftlichen Forschungsprojekten, die zur Erforschung der psycho-sozialen Ursachen pädosexueller Delinquenz in den Jahren 1980 bis 2010 durchgeführt worden sind. Dabei konzentrierten sich die Meta-Analysen auf Studien, die eine der zentralen Hypothesen im Themenfeld pädosexueller Delinquenz untersucht haben: die Hypothese von der pädosexuellen Opfer-Täter-Transition (POTT-These), nach der die Opfer pädosexuellen Missbrauchs infolge ihrer Viktimisierungserfahrungen eine erhöhte Chance aufweisen, selbst zu Ausführenden pädosexuellen Handelns zu werden.

Die Meta-Analysen wurden in fünf Schritten bzw. in fünf Phasen durchgeführt. Von den fünf Phasen beziehen sich die ersten vier Phasen auf die Datenerhebung. Erst in der letzten Phase wurden mittels statistischer Analysen quantitative Meta-Analysen des erhobenen Datenmaterials durchgeführt:

Phase 1: Literaturrecherche, -auswertung und analytische Konzeptionierung

In dieser Phase wurden die Entwicklung und der Test eines Screeningschemas durchgeführt, welches zur Identifikation und Auswertung der für das Projekt relevanten Literatur verwendet wurde. Zur Literaturrecherche wurden u.a. die Datenbanken SOWIPORT, PSYNDEX, PsycINFO und SSCI (Social Science Citation Index) herangezogen. Insgesamt wurden dabei ca. 64 000 Literaturtitel identifiziert, die eine thematische Nähe zur o.g. POTT-These aufweisen, von denen aber nur 287 Titel als „potenziell relevant" zur Überprüfung der POTT-These ausgewählt werden konnten. Die Inhalte dieser 287 Studien wurden mittels des zuvor entwickelten Screeningschemas kodiert und in eine sog. Screeningdatenbank übernommen. Die Auswertung der in diesen Studien durchgeführten Analysen (mittels der Informationen aus der Screeningdatenbank) führte zur Identifikation von 55 Studien, die sich in ihren Forschungen auf den Zusammenhang zwischen pädosexueller Viktimisierung und pädosexueller Delinquenz konzentriert haben.

In Phase 1 wurde auch der Stand der meta-analytischen Forschung im hier interessierenden Themengebiet untersucht. Grundlage dafür war die Auswertung von neun bzw. zehn Meta-Studien, die in den Jahren 1980 bis 2010 durchgeführt worden sind und die sich mit Studien zur POTT-These beschäftigt haben. Die Auswertung dieser Meta-Studien ergab u.a., dass deutlich mehr Moderatoranalysen (bspw. mit Variablen zu den studienspezifischen Operationalisierungen zentraler Theoriekonzepte) und deutlich mehr Bias-Prüfungen (u.a. in Form von Homogenitätstests) in Meta-Analysen zur POTT-These vorgenommen werden sollten.

Phase 2: Methodische Konzeptionierung

In Phase 2 unserer Meta-Analyse wurde aufgrund eines Überblicks über die gängigen Methoden der quantitativen Meta-Analyse eine Analysestrategie herausgearbeitet, die im Wesentlichen auf die Untersuchung des Odds-Ratios als Effektstärkekoeffizient und auf eine Fortentwicklung der Analyse-Methodik durch eine Kombination von klassischer und Mehrebenen-Meta-Analytik abstellt. Unter Verwendung dieser Vorgaben konnte dann ein Kodierschema entwickelt werden, mit dem die eigentliche Datenerhebung durchgeführt werden sollte. Mit diesem Schema sollten alle formalen Studien-Eigenschaften und alle inhaltlichen Studien-Befunde, die letztlich meta-analytisch zu untersuchen waren, festgehalten werden.

Phasen 3/4: Kodiererschulung & Datenerhebung

In Phase 4 wurde im Anschluss an die Kodiererschulung (Phase 3) angestrebt, die Daten und Studienmerkmale der zuvor ausgewählten 55 Primärstudien entsprechend der Vorgaben des entwickelten Kodierschemas messtechnisch zu erheben. Allerdings hatten nicht alle dieser 55 Studien ein Fall/Kontroll-Forschungsdesign angewendet und lieferten zudem auch nicht diejenigen Informationen, die für die von uns geplanten Meta-Analysen notwendig waren. Hinzu kam, dass mehrere dieser Studien auch nicht alle Inklusionskriterien erfüllten, die wir für den Einbezug von Studien in unsere Meta-Analysen definiert hatten. Im Ergebnis und teilweise auch aufgrund von schriftlichen Nachfragen bei den jeweiligen Studienautoren konnten die Daten aus 30 Primärstudien vollständig bzw. erfolgreich kodiert werden. Die Datengrundlage für unsere quantitativen Meta-Analysen bestand also aus den Informationen über insgesamt ca. 4210 Personen (in der übergroßen Mehrheit verurteilte Straftäter, s.u.), die in den 30 ausgewählten Studien beobachtet bzw. befragt worden waren sowie aus Studienmerkmalen dieser 30 Studien, wie z.B. die Anzahl der darin untersuchten Probanden oder die Definition der zur Fall/Kontrollanalyse verwendeten Vergleichsgruppe.

Phase 5: quantitative Meta-Analysen

In Phase 5 wurden die eigentlichen meta-analytischen Datenauswertungen vorgenommen. Dazu wurden die Studien in drei Analysegruppen eingeteilt, die sich hinsichtlich der in den Primärstudien jeweils verwendeten Kontroll- bzw. Vergleichsgruppen unterschieden. Folgende Studiengruppen wurden unterschieden: Studien, bei denen als Kontrollprobanden adultsexuelle Delinquenten (Sexualstraftäter, deren Opfer keine Kinder waren) ausgewählt worden waren (Analysegruppe 1), bei denen als Kontrollprobanden verschiedenste Nicht-Sexual-Gewaltstraftäter (Straftäter, die andere aber keine Sexualstraftaten begangen haben) ausgewählt worden waren (Analysegruppe 2) sowie Studien, bei denen als Kontrollprobanden keine Straftäter sondern Personen aus der Normalbevölkerung ausgewählt worden waren (Analysegruppe 3).

Als Effektstärkemaß für alle Meta-Analysen wurde das Odds-Ratio einer jeden Studie berechnet. Es betrifft die Chance von pädosexuell delinquenten Probanden (= Untersuchungsgruppe), in ihrer Kindheit pädosexuell missbraucht worden zu sein, in Relation zur Chance von Mitgliedern einer jeweiligen Kontrollgruppe, ebenfalls in ihrer Kindheit pädosexuell viktimisiert worden zu sein. Ein Odds-Ratio mit Werten größer 1,00 indiziert, dass eine bestimmte Randbedingung (hier: die pädosexuelle Missbrauchserfahrung) die relative Chance erhöht, der Gruppe der pädosexuellen Straftäter und nicht der jeweiligen Vergleichsgruppe anzugehören.

Bei Berechnung der mittleren Effektstärken (den mittleren Odds-Ratio-Werten) in allen drei Analysegruppen (s. o.) ließ sich für die Studien in jeder Gruppe ein deutlicher positiver Zusammenhang zwischen pädosexueller Viktimisierung und pädosexueller Delinquenz erkennen.

Zusätzlich wurde mit einem Homogenitätstest in jeder Analysegruppe ermittelt, in welchem Ausmaß die jeweiligen Effektstärken zwischen den Studien variieren. Denn wenn das Variationsausmaß groß ist (dies wird beim Homogenitätstest durch ein signifikantes Ergebnis indiziert), ist davon auszugehen, dass die Variation auf Unterschiede zwischen den Studien, wie bspw. die Verwendung unterschiedlicher Messinstrumente oder unterschiedlicher Operationalisierungsmodi, zurückzuführen ist. Dann wären in einer Meta-Analyse auch sog. Moderatoranalysen notwendig, um zu überprüfen, ob bestimmte Studienmerkmale einen Einfluss auf die Variation der Effektstärken haben.

Die Ergebnisse unserer Tests indizierten, dass die Effektstärken bei den Studien aus den Analysegruppen 1 und 3 in großem Ausmaß variieren. Das bedeutete, dass in der Meta-Analyse mit den Studiendaten dieser beiden Gruppen weitere Moderatoranalysen notwendig wurden. Diese Analysen wurden zunächst nach der klassischen Meta-Analyse (kMA) mittels Gruppenvergleichen und sodann auch mittels Verfahren der bivariaten und multivariaten Mehrebenen-Meta-Analyse (MEMA) durchgeführt.

An dieser Stelle soll nur über die Ergebnisse der MEMA mit dem gepoolten Datensatz aller Studien (aus allen drei Analysegruppen) berichtet werden. Diese Analysen erbrachten das Ergebnis, dass die POTT-These bezüglich des Zusammenhangs zwischen pädosexueller Viktimisierung und pädosexueller Delinquenz ungeachtet der in allen Modellen berücksichtigten Moderator- und Kontrolleffekte mit keiner Modellschätzung verworfen werden konnte. Bis auf wenige Ausnahmen indizierte fast jede Modellschätzung, dass nach „statistischem Ermessen" die empirischen Hinweise auf die Gültigkeit des POTT-Mechanismus als nicht zufällig zu bewerten sind.

In den Modellschätzungen erwies sich unabhängig von der jeweils benutzten Vergleichsgruppe keine der eher methodisch-erhebungsbezogenen oder der eher formal-auswertungsbezogenen Moderatorvariablen als ausreichend erklärungskräftig im Hinblick auf die Varianz der Effektstärken zwischen den Studien.

Der einzige Effekt, der in den Modellschätzungen mit dem gepoolten Datensatz als ausreichend erklärungskräftig zu beobachten war, ist der signifikant positive Effekt, der bei Verwendung von Vergleichsprobanden aus der nicht-delinquenten Normalbevölkerung auftritt. Dies bestätigte auch das mittels klassischer Meta-Analyse (s.o.) ermittelte Ergebnis, nach dem der Zusammenhang zwischen pädosexueller Viktimisierung und pädosexueller Delinquenz in Studien, die diese Vergleichprobanden auswählen, am größten ist.

Allerdings unterliegen die Ergebnisse einer Meta-Analyse gewissen Beschränkungen. Dazu gehört auch, dass (prinzipiell betrachtet) die Ergebnisse meta-analytischer Untersuchungen durch Verzerrungen in der Studienauswahl verfälscht sein können.

Diese Verzerrungen können sich einerseits aus der Veröffentlichungspraxis wissenschaftlicher Studienergebnisse ergeben, bei der in aller Regel diejenigen Studien eher publiziert und damit auch eher für eine meta-analytische Studienauswahl zur Verfügung stehen, die signifikante Ergebnisse berichten, oder bei der, wie im Falle einer häufig anzutreffenden, kritischen Sichtweise der POTT-These, eher Studien publiziert werden, die nicht signifikante Ergebnisse erbringen und die Hypothese nicht bestätigen.

Zudem kann eine Beeinflussung der Ergebnisse von Meta-Analysen dadurch entstehen, dass die zur Identifikation von relevanten Primärstudien durchgeführten Recherchen unvollständige Ergebnisse erbringen (aus welchen Gründen auch immer).

In beiden Fällen könnten sich in Meta-Analysen verfälschte Ergebnisse einstellen, die mit den tatsächlichen Verhältnissen in einem bestimmten Forschungsfeld wenig oder gar nichts zu tun haben.

Es ergab sich somit für unsere Meta-Analysen die Frage, ob die von uns geschätzten mittleren Effektstärken, die einen Zusammenhang zwischen pädosexueller Viktimisierung und pädosexueller Delinquenz unabhängig von der betrachteten Vergleichsgruppe anzeigten, ein Abbild tatsächlicher Verhältnisse waren, oder nur ein Artefakt aus verzerrender Veröffentlichungspolitik und unvollständiger Literaturrecherche darstellten.

Zur Beantwortung dieser Frage führten wir vielfache Analysen zur Identifikation eines sog. „publication bias" durch. Bei all diesen Analysen wurden keine signifikanten Hinweise auf eine Existenz der oben genannten Verzerrungstendenzen festgestellt. Auch die von uns statistisch geschätzte Anzahl von Studien ohne bzw. mit anders gerichteten Effekten, die notwendig gewesen wäre, um das gefundene Ergebnis, nämlich dass pädosexuelle Viktimisierung mit einer erhöhten Chance, pädosexuell delinquent zu werden, in Verbindung steht, nichtig werden zu lassen, war je nach Verfahren mit Werten von 1 295 bzw. 1 514 dazu erforderlichen Studien sehr hoch. Demnach hätten für eine Falsifikation unserer Resultate bis zu 50mal so viele konträre Studien gefunden werden müssen (je nach Berechnung), wie tatsächlich für die Analysen vorhanden gewesen waren. Auch die Berechnung einer „wahren" Effektstärke mittels der „trim-and-fill"-Methode[100] reduzierte den Wert des durchschnittlichen Odds-Ratios lediglich von 3,41 auf 2,63 und damit auf einen immer noch signifikanten, die POTT-These bestätigenden Wert.

Ähnliche Ergebnisse erbrachten auch die Analysen, die nur mit den Studien aus Analysegruppe 1 (s. o.) durchgeführt wurden. Diese Gruppe, die nur die Daten aus 16 Studien enthielt, hätte nach diesen Resultaten noch um 247 bzw. (bei der gewichteten Methode nach Rosenberg) um sieben weitere Studien ohne Effektbefund erweitert werden müssen, damit die Modellschätzungen, welche die POTT-These bestätigten, unter ein kritisches Niveau sinken würden.[101] Zudem erlaubte auch der bei Untersuchung nach der „trim-and-fill"-Methode ermittelte, signifikante Wert eines Odds-Ratios von 2,59 den Schluss, dass unsere Analysen nicht durch einen „publication bias" verfälscht wurden. Folglich erbrachte auch diese Untersuchung, bei der nur

100 Eine Methode zur Erzeugung fiktiver aber möglicherweise fehlender Studien, mittels derer dann die Schätzung der mittleren Effektstärke erneut durchgeführt werden kann.

101 Da allerdings bei der Erforschung des in der gegenwärtigen sozialwissenschaftlichen Fachdiskussion eher kritisch gesehenen Zusammenhangs zwischen pädosexueller Viktimisierung und pädosexueller Delinquenz alle Studien mit nicht-signifikantem Resultat in besonderem Maße veröffentlichungswürdig sind, wäre gerade hier nicht mit einer entsprechenden Veröffentlichungspraxis zu rechnen, weshalb 7 Studien in Relation zu den im Rahmen intensiver Recherchen identifizierten 16 Studien eine relativ große Anzahl ausmachen.

die Studien aus Analysegruppe 1 berücksichtigt wurden, keine Hinweise auf bedeutende Verzerrungen der von uns ermittelten meta-analytischen Resultate.

Welches abschließende Fazit lässt sich nun aus den hier noch einmal zusammengefassten Ergebnissen unserer Meta-Analysen zur POTT-These ziehen?[102]

Nach unseren Meta-Analysen lässt sich mit großer Gewissheit behaupten, dass sexuelle Missbrauchserfahrungen in der Kindheit eine signifikante Rolle für die spätere Ausführung pädosexueller Straftaten bzw. für eine spätere pädosexuelle Delinquenz spielen. Dies lässt sich vor allem daraus ableiten, dass die POTT-These in keiner unserer Modellschätzungen verworfen werden konnte. Denn unabhängig von den ausgewählten Kontrollvariablen und unabhängig von den ausgewerteten Stichproben (mit Studien aus einzelnen Analysegruppen oder mit allen Studien im gepoolten Datensatz) blieb in allen Modellschätzungen die mittlere geschätzte Effektstärke für den Einfluss von Viktimisierung auf Delinquenz stets auf hohem und signifikantem Niveau.

Dieser Befund ist u. a. auch deshalb bedeutungsvoll, weil damit (neben allen anderen hier vermuteten Moderatoreffekten) auch die Annahme hinsichtlich eines Effekts der Berichtsquelle (Selbst- vs. Fremdbericht) auf die Effektstärke nicht bestätigt werden konnte. Dieses Ergebnis deckt sich mit den Befunden von Jespersen et al. (2009: 186), die in ihrer Meta-Analyse ebenfalls kein Indiz dafür finden konnten, dass die Berichtsquelle eine Moderatorwirkung für die Schätzung der mittleren Effektstärke hat.[103] Es kann also kaum kritisiert werden, dass die Ergebnisse zur Relevanz der pädosexuellen Opfer-Täter-Transition durch strategische Datenverzerrungen der betroffenen Akteure „künstlich" erschaffen wurden.

Um allerdings Missverständnissen vorzubeugen, ist es wichtig abschließend zu betonen, dass alle hier berücksichtigten Studien nur solche Daten auswerten, die über den POTT-Zusammenhang aus der Täterperspektive berichten. Demnach liefern unsere Ergebnisse nur Indizien dafür, dass Täter pädosexueller Straftaten im Unterschied zu Tätern anderer Straftaten und

---

102 Der folgende Text wurde in leicht veränderter Weise einem unveröffentlichten Papier von uns entnommen, in dem ebenfalls über die Ergebnisse einer Meta-Analyse zur POTT-These (mit reduzierter Datenbasis) berichtet wird: Fiebig, J./Urban, D., 2014: Wie groß ist die empirische Evidenz für die These vom Opfer-Täter-Kreislauf? Eine Meta-Analyse von Studien zu sozio-biografischen Ursachen pädosexueller Delinquenz. Stuttgart: Institut für Sozialwissenschaften, Universität Stuttgart. S. 20–22.

103 Auch in hier nicht vorgestellten, weiteren Analysen konnte kein Anhaltspunkt für eine so weitreichende Verantwortungsdistanzierung von pädosexuellen Straftätern gefunden werden, welche oftmals als Ursache für verzerrte bzw. frei erfundene Angaben zu Opfererfahrungen gesehen wird (vgl. Fiebig 2012: 263 ff.).

auch im Unterschied zu straffreien Personen aus der Normalbevölkerung in besonders häufiger Weise in ihrer Kindheit/Jugend ein Opfer pädosexuellen Missbrauchs gewesen sind. Somit bedeuten unsere Befunde keineswegs, dass pädosexuelle Viktimisierungserfahrungen in deterministischer Weise zu pädosexueller Delinquenz führen müssen.

Die Wahrscheinlichkeit, dass Opfer pädosexuellen Missbrauchs aus der Allgemeinbevölkerung zu Ausführenden entsprechender Taten werden, wird in der Forschungsliteratur auf gerade einmal rund 10% geschätzt (vgl. Craissati et al. 2002: 226; Salter et al. 2003: 473). Das hängt u.a. damit zusammen, dass die negativen Folgen pädosexuellen Missbrauchs über viele Faktoren vermittelt werden (vgl. Garland/Dougher 1990: 505). So können Traumatisierungen als Folge von pädosexueller Viktimisierung nur bei etwa der Hälfte aller Betroffenen festgestellt werden (Schmidt 1999: 137ff.) und Thomas/Fremouw (2009: 385) identifizierten verschiedenste Täter- und Opfermerkmale sowie Merkmale der Opfer-Familie, der Tat selbst sowie soziobiografische Ereignisse nach der Tat, die alle die Wahrscheinlichkeit eines Opfer-Täter-Übergangs beeinflussen, die wir jedoch mangels entsprechender Daten in den von uns ausgewerteten Primärstudien keiner Meta-Analyse unterziehen konnten.[104]

Für weitere Studien zur Erforschung der pädosexuellen Opfer-Täter-Transition lässt sich aus unseren Ergebnissen insbesondere die Wichtigkeit der Operationalisierungsweise aller zentralen Analysekonzepte ableiten. So hat sich gezeigt, dass die enge Eingrenzung der untersuchten pädosexuellen Straftaten (pädosexuelle Delinquenz) auf schwere Delikte den gefundenen POTT-Zusammenhang vergrößert. Der Grund dafür ist wahrscheinlich, dass durch die enge Definition von pädosexueller Delinquenz die Heterogenität der Delikttypen reduziert wird und dadurch der hier untersuchte POTT-Zusammenhang deutlicher hervortreten kann. Zudem ist es auch möglich, dass eigene pädosexuelle Missbrauchserfahrungen vor allem durch eigene pädosexuelle (Intensiv-)Taten und nicht allein durch sexuell „konnotierte“ Handlungen kompensiert werden können.

Hinsichtlich von unterschiedlichen Ergebnissen zu den Wirkungen der Moderatorvariablen in Teilgruppen- und gepoolter Stichprobe lässt sich sagen, dass die Verhältnisse gerade in der Analysegruppe 1 besonders diffizil sind. Denn aufgrund der dortigen, hohen Ähnlichkeit von Untersuchungs- und Vergleichsgruppe (pädosexuelle Straftäter vs. adultsexuelle Straftäter) können schon Kleinigkeiten darüber entscheiden, ob sich Unterschiede zwi-

104 Auch Watkins/Bentovim (1992: 231ff.) thematisieren noch weitere Einflüsse, die vom sozialen Umfeld der Viktimisierten und von möglichen Therapiemaßnahmen ausgehen und welche die negativen Effekte von Viktimisierungserfahrungen brechen können.

schen den Gruppen identifizieren lassen oder nicht. Da aber auch bei den Modellschätzungen mit den Studien aus Analysegruppe 1 (trotz allem) die mittlere Effektstärke in jedem getesteten Modell signifikant bleibt, ist dies umso bedeutungsvoller für die Indizienlage zur Bestätigung der POTT-These (vgl. dazu auch Urban/Fiebig 2011: 3–11).

Die Resultate unserer Untersuchung verweisen auch auf die Notwendigkeit von Folgestudien, in denen in ähnlicher Weise wie in unserer Studie mittels Meta-Analysen und unter Verwendung einer Opferperspektive präventive Merkmale isoliert und identifiziert werden sollten, um daraus Handlungsempfehlungen für die Praxis im Umgang mit sexuell missbrauchten Kindern bzw. Erwachsenen ableiten zu können.

Anhang

A1 Verzeichnis publizierter Meta-Analysen zur POTT-These

Dhaliwal, G. K., Gauzas, L., Antonowicz, D. H., Ross, R. R., 1996: Adult male survivors of childhood sexual abuse; prevalence, sexual abuse characteristics, and long-term effects. Clinical Psychology Reviews 16: 619–689.

Dreznick, M. T., 2003: Heterosocial competence of rapists and child molesters: a meta-analysis. The Journal of Sex Research 40: 170–178.

Hanson, R. K., Bussière, M. T., 1998: Predicting relapse: a meta-analysis of sexual offender recidivism studies. Journal of Consulting and Clinical Psychology 66: 348–362.

Hanson, R. K., Slater, S., 1988: Sexual victimization in the histories of sexual abusers: a review. Annals of Sex Research 1: 485–499.

Jespersen, A. F., Lalumière, M. L., Seto, M. C., 2009: Sexual abuse history among adult sex offenders and non-sex offenders: a meta-analysis. Child Abuse & Neglect 33: 179–192.

Jumper, S. A., 1995: A meta-analysis of the relationship of child sexual abuse to adult psychological adjustment. Child Abuse & Neglect 19: 715–728.

Paolucci, E., Genius, M., Violato, C., 2001: A meta-analysis of the published research on the effects of child sexual abuse. The Journal of Psychology 135: 17–36.

Seto, M. C., Lalumière, M. L., 2010: What is so special about male adolescent sexual offending? A review and test of explanations through meta-analysis. Psychological Bulletin 136: 526–575.

Whitaker, D. J., Le, B., Hanson, R. K., Baker, C. K., McMahon, P. M., Ryan, G., Klein, A., Rice, D. D., 2008: Risk factors for the perpetration of child sexual abuse: a review and meta-analysis. Child Abuse & Neglect 32: 529–548.

Wolfe, D. A., Crooks, C. V., Lee, V., McIntyre-Smith, A., Jaffe, P. G., 2003: The effects of children's exposure to domestic violence: a meta-analysis and critique. Clinical Child and Family Psychology Review 6: 171–187.

A2 Literatur-Datenbanken und Datenbank-Recherche

Im Folgenden werden vier sozialwissenschaftliche bzw. psychologieorientierte Literatur-Datenbanken vorgestellt. Es wird gezeigt, in welcher Weise und mit welchem Erfolg in diesen Datenbanken nach Publikationen über MAPS-relevante Studien gesucht wurde. Die hier vorgestellten Literatur-Datenbanken sind:

1. SOWIPORT
2. PSYNDEX
3. Social Science Citation Index (SSCI)
4. PsycINFO

1. SOWIPORT

SOWIPORT ist nicht nur eine sozialwissenschaftliche Datenbank, sondern ein Fachportal für die Sozialwissenschaften, welches sozialwissenschaftlich relevante Informationen von nationalen und internationalen Anbietern vernetzt und abrufbar macht.[1] In der Datenbank des SOWIPORTs befinden sich rund 3,8 Millionen Nachweise zu Veröffentlichungen und Forschungsprojekten aus insgesamt 18 speziellen Datenbanken. Die Basis von SOWIPORT wird von mehreren, durch die Deutsche Forschungsgemeinschaft (DFG) und das Bundesministerium für Bildung und Forschung (BMBF) geförderten Projekten gebildet. Zu den in SOWIPORT zusammengeschlossenen Datenbanken gehören u.a.: die „Virtuelle Fachbibliothek Sozialwissenschaften" (ViBSoz), der Informationsverbund „infoconnex", das „Kompetenzzentrum Modellbildung und Heterogenitätsbehandlung" sowie die „Value-Added Services for Information Retrieval" (IRM).

Für die Literatursuche in SOWIPORT ist zu beachten, dass diese Datenbank die Erweiterung der string-gesteuerten Suche mittels Trunkierung und mittels Verwendung des internen Thesaurus ermöglicht. Wie in Kapitel 4.1 erläutert, wird durch die Verwendung eines Thesaurus die Suche über den eingegebenen Suchstring hinaus ausgeweitet, da dadurch eine datenbankinterne Vernetzung zwischen Suchstring und damit verbundenen Unter- und Oberbegriffen erfolgt, wodurch zusätzliche Suchstrings zur Verfügung gestellt werden. Allerdings konnte im MAPS-Projekt mittels Thesaurus-Suche keine Literatur identifiziert werden, die nicht schon mittels trunkierter Suche gefunden worden wäre.

Die Suchmaske von SOWIPORT erlaubt die gleichzeitige Eingabe von bis zu sieben Suchstrings, die über drei Operanden (und/oder/nicht) mit-

1 http://www.gesis.org/sowiport

einander verknüpft werden können. Zudem lässt sich für jeden String bestimmen, ob die damit verbundene Suche auf bestimmte Datenbankeinträge wie Schlagwörter, Titel, Personen etc. eingegrenzt werden soll.

Im Projekt erfolgte die Datenbank-Recherche via SOWIPORT in mehreren Arbeitsschritten. Für eine erste Suche wurden die gewünschten Stringkombinationen mit entsprechenden Trunkierungen so festgelegt, dass sich daraus das in Abbildung A2.1 gezeigte erste Suchmuster (Suchmuster 1) ergab.

Abbildung A2.1: Stringkombination für SOWIPORT-Suche (Suchmuster 1)

	child* UND molest*	– ÜBERALL
ODER	child* UND sex* UND abuse*	– ÜBERALL
ODER	child* UND sex* UND assault*	– ÜBERALL
ODER	child* UND sex* UND offend*	– ÜBERALL
ODER	child* UND sex* UND victim*	– ÜBERALL
ODER	child* UND rap*	– ÜBERALL
ODER	pedo* UND delinq*	– ÜBERALL

Wie Abbildung A2.1 verdeutlicht, wurden in Suchmuster 1 jeweils zwei oder drei einzelne Suchstrings mit UND-Verknüpfungen verbunden und diese dann mit ODER-Verknüpfungen vernetzt. Gesucht wurde dann über alle Informationen der Datenbank. Auf diese Weise wurden z. B. alle Einträge in der Datenbank gefunden, die entweder die Wortkombination (child* UND molest*) ODER (child* UND sex* UND abuse*) ODER (child* UND sex* UND assault*) aufweisen.

Abbildung A2.2: Stringkombination für SOWIPORT-Suche (Suchmuster 2)

	child* UND sex* UND maltreat*	– ÜBERALL
NICHT	child* UND molest*	– ÜBERALL
NICHT	child* UND sex* UND abuse*	– ÜBERALL
NICHT	child* UND sex* UND assault*	– ÜBERALL
NICHT	child* UND sex* UND offend*	– ÜBERALL
NICHT	child* UND sex* UND victim*	– ÜBERALL
NICHT	child* UND rap*	– ÜBERALL

In einem zweiten Schritt wurde die Suche noch um eine Kombination mit der Begrifflichkeit „maltreatment" erweitert. Um dabei zu vermeiden, dass Treffer aus der vorherigen Suche erneut durchgesehen werden müssen, wurde nunmehr eine Ausschlusssuche durchgeführt (vgl. Abb. A2.2). Dabei wurde immer nur ein neuer interessierender Suchstring zusätzlich in das Suchmuster aufgenommen, während die im vorigen Schritt verwendeten Suchstrings (Suchmuster 1) über nicht-Verknüpfungen aus der Suche ausgeschlossen wurden. Auf diese Weise ergab sich das Suchmuster 2 (vgl. Abb. A2.2). Aus Abbildung A2.2 ist zu entnehmen, dass bei diesem Suchmuster ein neuer String mit sechs alten Strings in negativer Weise verknüpft wird.[2] Es werden hiermit also nur solche Einträge gefunden, welche über die trunkierte Suche mit (child* UND molest* UND maltreat*) identifiziert werden können und die gleichzeitig keinen der weiteren, in Abb. A2.2 aufgeführten Strings aufweisen.

Diese komplizierte Ausschlussuche musste bei Suche in der SOWIPORT-Datenbank deshalb benutzt werden, weil anders als bei einer Suche in anderen Datenbanken es hier nicht möglich ist, beliebig viele Suchstrings miteinander zu kombinieren.

Die Suche mit dem oben beschriebenen Suchmuster No. 1 erbrachte 13 411 Treffer. Dabei wurde die Suche in Forschungsprojekten, selbstständigen Literaturveröffentlichungen, Studien und Fachzeitschriften mit Inhalten in englischer oder deutscher Sprache durchgeführt. Die beiden Suchen mit dem Suchmuster 2 (jeweils mit dem ergänzenden Suchstring „maltreat*" bzw. „neglect*") erbrachten 502 bzw. 1 024 neue Treffer. So ließen sich also bei drei Suchen mit Suchmuster 1 bzw. Suchmuster 2 insgesamt 14 937 Treffer in der SOWIPORT-Datenbank identifizieren.[3]

Die Durchsicht dieser Treffer ergab, dass davon nur 30 Treffer als „potenziell relevant" eingestuft werden konnten (vgl. dazu Kap. 4.1). Von diesen 30 Treffern wurden letztlich sogar nur 14 Treffer als „tatsächlich relevant" gescreent (vgl. dazu Kap. 4.2).

2. PSYNDEX

Die psychologieorientierte Datenbank PSYNDEX wird vom Zentrum für Psychologische Information und Dokumentation (ZPID) erstellt und verwaltet.[4] Sie umfasst neben psychologischen Testbeschreibungen und audiovisuellen Medien vor allem psychologische Literatur aus deutschsprachigen

---

2 Es wurde hier auf den Ausschlussstring (pedo* UND delinq*), der noch bei Suchmuster 1 benutzt worden war, verzichtet, da dieser in der ersten Suche lediglich 17 Treffer erbrachte und somit den kleinsten Erfolg bei der Treffersuche aufwies.

3 Suche durchgeführt am 05. 05. 2011, ab 14:30 Uhr.

4 http://www.zpid.de/index.php?wahl=PSYNDEX

Ländern. PSYNINDEX umfasst ca. 235 500 Literaturnachweise (Stand: 2010). Jährlich kommen ca. 8 000 neue Nachweise hinzu.

PSYNDEX bietet neben verschiedenen anderen Suchvarianten auch (wie SOWIPORT, s. o.) eine Thesaurussuche. Der Thesaurussuche liegt der „Thesaurus of Psychological Index Terms" von der American Psychological Association (APA) zugrunde. Gesucht wird bei der Thesaurussuche mittels eines zweisprachigen Thesaurus (Englisch und Deutsch). Folglich können wahlweise englische oder deutsche Suchbegriffe verwendet werden; beide führen zu einem identischen Rechercheergebnis. Des Weiteren gibt es bei PSYNDEX die Möglichkeit, alle Thesaurusbegriffe sowie Synonyme und Anmerkungen ausgeben zu lassen. Aus den ausgegebenen Ober- und Unterbegriffen sowie den verwandten Begriffen können einzelne Begriffe ausgewählt werden, die als Suchstrings zu benutzen sind.

Eine Rechtstrunkierung kann in PSYNDEX lediglich bei Wörtern mit mehr als drei Buchstaben vorgenommen werden. Die logische Verknüpfung der Suchbegriffe erfolgt (ebenso wie bei SOWIPORT) mit den booleschen Operanden „AND, OR, NOT" bzw. „UND, ODER, NICHT".

Ein Ziel unserer Literaturrecherche war es, in PSYNDEX eine möglichst ähnliche Suche wie in SOWIPORT durchzuführen. Dies war auch möglich, da die Suchmuster für beide Datenbanken fast identisch anzulegen sind. Allein weil in PSYNDEX eine Trunkierung bei Strings mit drei und weniger Buchstaben nicht erlaubt ist, mussten Trunkierungsänderungen vorgenommen werden (z. B. „sexu*" anstelle von „sex*").

Die Suche in PSYNDEX ergab insgesamt 559 Treffer.[5] Die Durchsicht dieser Titel erbrachte bei Abgleich mit den Treffern aus der SOWIPORT-Suche nur eine neue, für das MAPS-Projekt als „potenziell relevant" einzustufende Studie, die sich auch beim Screenen (vgl. Kap. 4.1) als tatsächlich relevant erwies.

Diese geringe „Ausbeute" bei der Datenbankrecherche in PSYNDEX ergibt sich vermutlich daraus, dass der Fokus von PSYNDEX-Inhalten auf psychologischer Fachliteratur liegt. So befand sich unter den 559 Treffern eine Vielzahl von Studien, die sich ausschließlich mit den psychischen Folgen von sexuellem Kindesmissbrauch und Therapieansätzen befassen.

3. Social Science Citation Index (SSCI)

Die dritte Datenbank, die für die Literatur-Recherche im MAPS-Projekt herangezogen wurde, ist der sog. „Social Science Citation Index" (SSCI).[6]

---

5 Suche durchgeführt am 23. 03. 2011, ab 14:34 Uhr.

6 Vgl. http://thomsonreuters.com/products_services/science/science_products/az/social_sciences_citation_index/

Diese wohl bekannteste Datenbank der Sozialwissenschaften erlaubt eine Vielzahl von verschiedenen Recherchemöglichkeiten. So kann hier nicht nur in konventioneller Weise die Literatursuche über die Eingabe von Suchbegriffen durchgeführt werden, sondern das Recherchetool des SSCI ermöglicht weitere Optionen wie bspw. die Suche nach solchen Autoren, die in ihren Arbeiten bestimmte andere Veröffentlichungen zitieren. Damit ist es möglich, ausgehend von bestimmten, als relevant identifizierten Studien weitere Studien zu identifizieren, die diese erstgefundenen Literaturtitel zitieren und daher möglicherweise ein ähnliches Untersuchungsziel mit einer ähnlichen Untersuchungsmethode verfolgen. Insgesamt enthält die Datenbank des SSCI die Metainformationen über ca. 3.45 Millionen Zeitschriftenaufsätze, die seit 1965 in ca. 2 500 Zeitschriften aus über 50 Fachbereichen der Sozialwissenschaften veröffentlicht wurden.

Auch bei der Recherche in der SSCI-Datenbank war es unser Ziel, eine möglichst ähnliche Recherche wie bei der Recherche via SOWIPORT (s. o.) durchzuführen. Da sich die Suchmaske des SSCI von derjenigen des SOWIPORT etwas unterscheidet, musste auch das für die SSCI-Suche benutzte Suchmuster etwas modifiziert werden. Denn anders als die Suchmaske des SOWIPORTs erlaubt das Such-Tool des SSCI das gleichzeitige Suchen in einer unbegrenzten Zahl von Recherchefeldern, sodass der Suchstring prinzipiell „unendlich" ausgeweitet werden kann. Komfortabler wird die SSCI-Suche allerdings vor allem dadurch, dass sich die Suchstrings mittels boolescher Operanden in beliebiger Weise kombinieren lassen. So ist es möglich, in einem Suchmuster innerhalb einer Zeile sowohl UND- als auch ODER-Verknüpfungen zwischen den verschiedenen Suchstrings einzufügen. Darüber hinaus können Suchmuster auch über Klammersetzungen ausgeweitet bzw. weiter spezifiziert werden. Auf diese Weise ist es möglich, beliebig komplexe Suchabfragen zu realisieren. Das von uns für die SSCI-Suche benutzte Suchmuster 3 zeigt die Abbildung A2.3.

Anders als bei der SOWIPORT-Suche ließ sich das in Abb. A2.3 gezeigte Suchmuster leider nicht gleichzeitig auf alle Informationseinheiten der im SSCI gespeicherten Literaturtitel anwenden. Wir konzentrierten deshalb die Suche auf die beiden Suchbereiche „topic" und „titel" (verknüpft mittels Oder-Verbindung). Daneben wurde die Suche auf Titel in englischer und deutscher Sprache eingegrenzt. Die Suche führte zu 16 284 Treffern.[7] Zudem wurde eine Zitationssuche in allen diesen Studien durchgeführt, um zusätzlich für uns relevante Titel zu identifizieren, die in den Literaturverweisen der erstgefundenen Titel aufgeführt waren. Dabei konnten 950 Studien ermittelt werden. Somit wurden über die SSCI-Suche insgesamt 17 234 Treffer

7 Die Suche erfolgte am 05. 05. 2011, ab 16:10 Uhr.

erzielt. Von diesen erwiesen sich 32 als potenziell und 11 als tatsächlich relevant (vgl. dazu Kap. 4.1).

Abbildung A2.3: Stringkombinationen für SSCI-Suche (Suchmuster 3)

	((child* AND sex*
AND	(abuse* OR assault* OR offend* OR victim* OR maltreat* OR neglect*))
OR	(pedo* AND delinqu*))
OR	(child* AND (molest* OR rap*))

4. PsycINFO

Die vierte Datenbank, über welche in unserem Projekt nach relevanten Literaturtiteln gesucht wurde, ist die Datenbank PsycINFO.[8] Diese Datenbank enthält eine systematische Erfassung psychologischer Literatur seit 1800 und enthält darüber hinaus Titel bis zum 17. Jahrhundert. Sie stellt ebenfalls verschiedene Suchoptionen bereit, die über eine einfache Eingabe von Suchbegriffen hinausgehen.

Insgesamt sind in der Datenbank ca. 250 000 Literaturtitel und psychologische Testinstrumente aus über 2 450 Zeitschriften enthalten. Diese sind zu gewissen Teilen deckungsgleich mit den im SSCI geführten Titeln. Daher waren besondere Maßnahmen bei der Recherche notwendig, um unnötige und vermeidbare Redundanzen so gering wie möglich zu halten.

Die Suchmaske von PsycINFO unterscheidet sich ein wenig von der in SOWIPORT implementierten Maske. Sie ist aber identisch mit derjenigen des SSCI zu strukturieren. Auch die Suchmaske von PsycINFO erlaubt eine Ausweitung der Suche auf eine fast unbegrenzte Anzahl von Recherchefeldern. Auch ermöglicht sie eine freie Kombination von Suchstrings mittels boolescher Operanden. Folglich ist es bei einer PsycINFO-Suche – ebenso wie beim SSCI – im Gegensatz zur SOWIPORT-Suche möglich, in einer Zeile des Suchmusters sowohl UND- als auch ODER-Verknüpfungen zwischen den verschiedenen Suchbegriffen zu benutzen. Darüber hinaus können die Suchargumente auch über Klammersetzungen ausgeweitet bzw. weiter spezifiziert werden. Somit wird eine hochkomplexe Suchabfrage möglich.

Wie eingangs erwähnt, weisen die beiden Datenbanken PsycINFO und der SSCI hinsichtlich der jeweils ausgewerteten Zeitschriften einige Überschneidungen auf. Um unnötige Redundanzen in den Suchtreffern zu ver-

8 http://www.apa.org/pubs/databases/psycinfo/index.aspx

meiden, wurde für unsere Suche in PsycINFO das zur Ermittlung von Treffern erstellte Suchmuster um einen String erweitert, damit solche Treffer verhindert werden konnten, die bereits im Rahmen der SSCI-Recherche ermittelt worden waren. Dazu wurden in mehreren Schritten die Titel der Zeitschriften in den Trefferlisten, die bei der PsycINFO-Suche ausgegeben worden waren, mit der Journal-Liste der SSCI-Suche manuell (via der Suchfunktion des Editors) abgeglichen und entsprechende Übereinstimmungen notiert. Sodann wurde das zuvor benutzte PsycINFO-Suchmuster erneut für eine Suche benutzt. Allerdings war es nunmehr mittels NOT-Verknüpfung um einen Ausschlussstring erweitert worden, der sich auf die ISSN-Nummern der nicht zu berücksichtigenden Zeitschriften bezog. Die folgende Abbildung A2.4 zeigt diese Erweiterung des Suchmusters.

Auf diese Weise war es möglich, die Artikel aus 358 Zeitschriften aus der Trefferliste auszuschließen (nach ISSN-Nummern reichen diese von 0001-0690X bis 1937-1888 oder, in alphabetischer Reihenfolge, von Academic Psychiatry bis Youth Violence and Juvenile Justice).

Abbildung A2.4: ergänzter Ausschlussstring in PsycINFO-Suche

NOT (0001-0690X OR ... OR 1937-1888)

Die Suchanfrage bei der PsycINFO-Suche wurde wie auch bei der Suche in der SOWIPORT-Datenbank über alle Einträge (Titel, Abstracts etc.) vorgenommen. Der Ausschluss der Artikel aus den 358 sich überschneidenden Zeitschriften führte dazu, dass sich die Trefferzahl von anfangs 22 079 auf 5 894 reduzierte.[9] Die Durchsicht der Titel ergab 30 potenziell relevante Titel, von denen sich letztlich 9 Studien als tatsächlich relevant erwiesen.

9 Die Suche wurde durchgeführt am 10.05.2011, ab 18:04 Uhr.

A3 Screeningschema (ausgewählte Teilbereiche)

I Meta-Daten	
01.Verkoderkürzel 02. No. des Screeningschemas	
II Bibliografische Angaben	
03. Bibliografie nach ZfS	
III Studienmerkmale – Formal	

04a. zeitliche Dimensionierung
○ Querschnitt
○ Längsschnitt
  ○ Paneldesign
  ○ Trenddesign
○ unklar
○ keine Angabe
	04as.

04b. weitere Angaben	04bs.
IV Untersuchungsgegenstand der Studie	
05a. Untersuchungsgegenstand war (bitte Passendes ankreuzen – Mehrfachnennung möglich) Zusammenhang zwischen ... ○ pädosexueller Viktimisierung und pädosexueller Delinquenz ○ pädosexueller Viktimisierung und pädosexueller sowie nicht-pädosexueller Delinquenz ○ pädosexueller Viktimisierung und nicht-pädosexueller Delinquenz ○ nicht-pädosexueller Viktimisierung und pädosexueller Delinquenz ○ nicht-pädosexueller Viktimisierung und pädosexueller sowie nicht-pädosexueller Delinquenz ○ keiner der oben genannten Zusammenhänge trifft zu ○ Opfermerkmale ○ Tätermerkmale ○ Studie war KEINE empirische Studie	05as.

V Gruppen			
06a. **Daten wurden für folgende Gruppe(n) analysiert**		06b. N	06cs.
G0	*Pädosexuelle „Täter" (G1)*	60	55
G1			
G2			
G3			
G4			
G5			
G6			
G7			
G8			
G9			
G10			

VI Univariate Analysen – Teil 1			
a. **V0 Variablenname** (immer nur eine Var. je Zeile)	b. **Verfahren** mw	c. **Gruppe(n)/N** G1/80, G2/78	ds. (Seitenzahl) 50
07a. **V1 Alkoholmissbrauch (Eltern)**	07b. **Verfahren**	07c. **Gruppe(n)/N**	07ds.
08a. **V2 Anzahl der Opfer (Probanden waren Täter)**	08b. **Verfahren**	08c. **Gruppe(n)/N**	08ds.
09a. **V3 Alter der Opfer (Probanden waren Opfer)**	09b. **Verfahren**	09c. **Gruppe(n)/N**	09ds.
10a. **V4 Alter der Opfer (Probanden waren Täter)**	10b. **Verfahren**	10c. **Gruppe(n)/N**	10ds.
11a. **V5 Alter der Täter (Probanden waren Opfer)**	11b. **Verfahren**	11c. **Gruppe(n)/N**	11ds.
12a. **V6 Alter der Täter (Probanden waren Täter)**	12b. **Verfahren**	12c. **Gruppe(n)/N**	12ds.
13a. **V7 Altersunterschied zwischen Opfer und Täter (Probanden waren Opfer)**	13b. **Verfahren**	13c. **Gruppe(n)/N**	13ds.
14a. **V8 Altersunterschied zwischen Opfer und Täter (Probanden waren Täter)**	14b. **Verfahren**	14c. **Gruppe(n)/N**	14ds.
15a. **V9 Alter zum Erhebungs-zeitpunkt (Probanden)**	15b. **Verfahren**	15c. **Gruppe(n)/N**	15ds.
16a. **V10 Beziehungsqualität zu Eltern**	16b. **Verfahren**	16c. **Gruppe(n)/N**	16ds.
17a. **V11 Bildung(slevel)**	17b. **Verfahren**	17c. **Gruppe(n)/N**	17ds.

A4 Screening – ergänzende Materialien

Beiblatt No. 1 zum Screeningschema

Hinweise zum Umgang mit der im Screeningschema V2.2 verwendeten Bezeichnung „Gruppe(n)“ (vgl. 06a.):

Zur Gruppenbenennung sollen wenn möglich die folgenden Bezeichnungen verwendet werden:

1 **Pädosexuelle „Täter“**
2 Pädosexuelle „Täter“, die als Kind selbst Opfer waren
3 Pädosexuelle „Täter“, die als Kind selbst *keine* Opfer waren

4 **Adultsexuelle „Täter“ (inklusive pädosexuelle)**
5 Adultsexuelle „Täter“ (inklusive pädosexuelle), die als Kind selbst Opfer waren
6 Adultsexuelle „Täter“ (inklusive pädosexuelle), die als Kind selbst *keine* Opfer waren

7 **Adultsexuelle „Täter“ (exklusive pädosexuelle)**
8 Adultsexuelle „Täter“ (exklusive pädosexuelle), die als Kind selbst Opfer waren
9 Adultsexuelle „Täter“ (exklusive pädosexuelle), die als Kind selbst *keine* Opfer waren

10 **Sexualstraftäter (nicht ersichtlich, ob inklusive oder exklusive pädosexuelle)**
11 Sexualstraftäter (nicht ersichtlich, ob inklusive oder exklusive pädosexuelle), die als Kind selbst Opfer waren
12 Sexualstraftäter (nicht ersichtlich, ob inklusive oder exklusive pädosexuelle), die als Kind selbst *keine* Opfer waren

13 **Nichtsexuelle Straftäter**
14 Nichtsexuelle Straftäter, die als Kind Opfer waren
15 Nichtsexuelle Straftäter, die als Kind *keine* Opfer waren

16 **keine Straftäter**
17 keine Straftäter, die als Kind Opfer waren
18 keine Straftäter, die als Kind *keine* Opfer waren

19 **Opfer von ausschließlich pädosexueller Viktimisierung**
20 Opfer von ausschließlich nicht-pädosexueller Viktimisierung

21 Opfer pädosexueller *und* nicht-pädosexueller Viktimisierung
22 **keine Opfer**
23 **alle Probanden**

Weitere Bezeichnungen, die zur Gruppenbenennung verwendet wurden:
24 ______________________________
25 ______________________________
26 ______________________________
27 ______________________________
28 ______________________________
29 ______________________________

Geschlossene Variablenliste zum Screeningschema

V1 Alkoholmissbrauch der Eltern
V2 Anzahl der Opfer (Proband war Täter)
V3 Alter des Opfers (Proband war Opfer)
V4 Alter des/der Opfer(s) (Proband war Täter)
V5 Alter des Täters (Proband war Opfer)
V6 Alter des Täters (Proband war Täter)
V7 Altersunterscheid zwischen Opfer und Täter (Proband war Opfer)
V8 Altersunterscheid zwischen Opfer und Täter (Proband war Täter)
V9 Alter zum Erhebungszeitpunkt (Proband)
V10 Beziehungsqualität zu Eltern
V11 Bildung(slevel)
V12 Dauer des Missbrauchs (Proband war Opfer)
V13 Dauer des Missbrauchs (Proband war Täter)
V14 Delinquenz der Eltern
V15 Delinquenz (Proband) pädosexuell
V16 Delinquenz (Proband) sexuell (inklusive pädosexuell)
V17 Delinquenz (Proband) sexuell (exklusive pädosexuell)
V18 Delinquenz (Proband) physisch
V19 Drogenmissbrauch der Eltern
V20 Ethnie
V21 Familienstand
V22 Geschlecht der Probanden
V23 Geschlecht des Opfers (Proband war Opfer)
V24 Geschlecht der/des Opfer(s) (Proband war Täter)
V25 Geschlecht des/der Täter(s) (Proband war Opfer)
V26 Intelligenz
V27 mentale Indikatoren
V28 Misshandlungsepisoden (Proband war Opfer)

V29 Misshandlungsepisoden (Proband war Täter)
V30 Schweregrad der Tat (Proband war Opfer)
V31 Schweregrad der Tat (Proband war Täter)
V32 Sexuelle Aktivität
V33 Sexuelle Präferenz
V34 soziale Erwünschtheit
V35 Täter-Opfer-Beziehung (Proband war Opfer)
V36 Täter-Opfer-Beziehung (Proband war Täter)
V37 Therapeutische Behandlung (Proband war Opfer)
V38 Therapeutische Behandlung (Proband war Täter)
V39 Unterstützung – familiär
V40 Unterstützung – außerfamiliär
V41 Viktimisierung allgemein
V42 Viktimisierung emotional
V43 Viktimisierung pädosexuell
V44 Viktimisierung physisch

Offene Variablenliste zum Screeningschema
(bitte die Originalvariablenbenennung aus der Primärstudie übernehmen):

V45 ______________________________
V46 ______________________________
V47 ______________________________
V48 ______________________________
V49 ______________________________
V50 ______________________________
V51 ______________________________
V52 ______________________________
V53 ______________________________
V54 ______________________________
V55 ______________________________
V56 ______________________________
V57 ______________________________
V58 ______________________________
V59 ______________________________
V60 ______________________________

Beiblatt No. 3 zum Screeningschema

Hinweise zur Notierung von „Verfahren“ (ab *VI Univariate Analysen*):

Zur Benennung von Verfahren sollen die im Folgenden aufgelisteten Abkürzungen verwendet werden. Da dieses Abkürzungsverzeichnis nicht vollständig ist, sollen Verfahren sowie deren beim Screenen verwendete Abkürzungen, die nicht im Verzeichnis genannt werden, unter 3) notiert werden.

1) Univariate Verfahren und deren Abkürzungen

keine Angabe	k. A.
Mean	mw
Anzahl der Probanden	N
Prozent	%
Tabelle	tab.uni.

2) Bi- und multivariate Verfahren und deren Abkürzungen

Anzahl der Probanden	N
Chi Quadrat-Koeffizient	CQ
Clusteranalyse (cluster analysis)	CLA
Eta Quadrat	eta
Faktorenanalyse (factor analysis)	FA
Hauptkomponentenanalyse (principal component analysis)	PCA
Kontingenzanalyse (contingency analysis)	CA
Kontingenzkoeffizient C	C
Kontingenzkoeffizient Cramer's V	V
Korrelationskoeffizient Pearson's r	r
Korrelationskoeffizient Spearmen's Rho	SR
Kovarianzanalyse	KOVA
Lineare Regression	lin.R.
Logistische Regression	log.R.
Mean	mw
Median	med
Phi-Koeffizient	PK
Strukturgleichungsmodell (structural equation model)	SEM
Tabelle	Tab.
t-Test	t
F-Test	F
keine Angabe	k. A.
Odds-Ratio	OR
Omega Quadrat	OQ
Varianzanalyse	VA

3) weitere Verfahren und die jeweils verwendete Abkürzung (bitte notieren)

Verfahren: verwendete Abkürzung:

__________________ ________

__________________ ________

__________________ ________

Screeningregeln zum Screeningschema

1. Kriterien für einen Screeningabbruch:

Unter der Kategorie „Untersuchungsgegenstand der Studie“ (VI) ist anzukreuzen, welche Art von Zusammenhang die Primärstudie untersucht.

Das Screening ist an dieser Stelle abzubrechen wenn:

a) keiner der unter 05a. aufgeführten Zusammenhänge untersucht wird
b) wenn sich die Studie ausschließlich mit Tätermerkmalen beschäftigt
c) wenn sich die Studie ausschließlich mit Opfermerkmalen beschäftigt
d) wenn die Studie keine empirische Studie ist

2. „G0“ und „a.“:

Unter „G0“ (vgl. Screeningschema V2.2 Seite 2) und „a.“ (vgl. Screeningschema V2.2 Seiten 3, 7, 9, 11 und 12) wird jeweils ein Ausfüllbeispiel gegeben.

3. Gruppenbenennung (06a.): (vgl. Screeningschema Seite 2)

a) Die Gruppen werden immer mit der Nummer bezeichnet, die sie laut Variablenblatt 1 erhalten (Bsp.: pädosexuelle „Täter“ → G1; nichtsexuelle „Täter“ → G13)
b) Nur Gruppen, die in einer MAPS-relevanten Analyse enthalten sind, werden unter 06a. festgehalten.
c) Folglich sollten nur Gruppen notiert werden, die mit den auf Variablenblatt 1 aufgelisteten Begriffen benannt werden können.
d) Andere Gruppeneinteilungsmerkmale innerhalb der Primärstudie (z. B. das Geschlecht: männliche Täter vs. weibliche Täter) werden im Screeningbogen NICHT als separate Gruppen notiert.

Bsp.: χ^2-Analyse von ausschließlich männlichen pädosexuellen Täter mit der uV „pädosexuelle Viktimisierung (ja vs. nein)“ Vorgehen:

- es wird KEINE neue Gruppe „Pädosexuelle Täter – männlich“ notiert
- stattdessen wird Folgendes notiert:

VI Bivariate Analysen – Teil 1				
a. **Variable A** (nur eine V)	b. **Variable B** (nur eine V)	c. **Verfahren**	d. **Gruppe(n)/N**	es.
22 (= Geschlecht der Probanden)	43 (= Viktimisierung pädosexuell)	χ^2	G1 (pädosexuelle Täter)	Seitenzahl

4. Allgemeines zur Notierung von Ergebnissen der Primärstudie:

a) Wird in der Primärstudie nur die Anzahl der Probanden je Ausprägung der uV angegeben, sodass die Prozente errechenbar sind, wird unter „Verfahren" N notiert.

b) Sind in der Primärstudie Ergebnisse nur in Wortform ohne Angabe von statistischen Kennwerten beschrieben, müssen diese ebenfalls notiert werden, wenn sie den engeren Rahmen des MAPS-Projekts (Zusammenhang zwischen pädosexueller Viktimisierung und pädosexueller Delinquenz) betreffen.

Bsp.: „groups differ significantly from each other". Dieses Ergebnis wird notiert, sofern es sich auf einen für die Meta-Analyse relevanten Gruppenvergleich (d. h. irgendeine Art von Opfer vs. Nicht-Opfer oder Täter vs. Nicht-Täter) bezieht. Unter „Verfahren" ist nur dann „k. A." zu notieren, wenn aus der Primärstudie nicht hervorgeht, welches Verfahren verwendet wurde.

5. „VI Univariate Analysen", Teil 5 – offene Nennung weiterer Variablen:

a) Variablen, die in eine für den engeren Rahmen des MAPS-Projekts (Zusammenhang zwischen pädosexueller Viktimisierung und pädosexueller Delinquenz) relevanten Analyse eingingen und nicht im Screeningbogen unter „VI Univariate Analysen" aufgelistet sind, werden unter „VI Univariate Analysen, Teil 5 – offene Nennung weiterer Variablen" (vgl. Screeningschema V2.2 Seite 7) notiert.

b) Bei der Notierung ist die in der Primärstudie verwendete Originalbezeichnung zu verwenden.
(Bei Primärstudien in englischer Sprache bitte Variablenbenennung in Englisch notieren).

6. „VIII Multivariate Analysen – symmetrisch“: (vgl. Screeningschema, Seite 11)
Die Notierung der in eine Analyse eingegangenen Variablen ist der Größe nach aufsteigend vorzunehmen.

(Bsp.: in Analyse enthaltene Variablen: V12, V1, V9 und V3. Notierung: 1, 3, 9, 12)

7. „IX Multivariate Analysen – asymmetrisch“: (vgl. Screeningschema, Seite 12)
Die Notierung der in eine Analyse eingegangenen Variablen ist der Größe nach aufsteigend vorzunehmen.

(Bsp.: in Analyse enthaltene Variablen: V12, V1, V9 und V3. Notierung: 1, 3, 9, 12)

A5 Kodierschema (ausgewählte Teilbereiche)

III Studienmerkmale (potenzielle methodische Moderatoren)		
5a. **Erhebungszeitpunkt** (wenn nicht erfassbar: Jahr der Veröffentlichung minus 2 Jahre)		Seite
o direkt erfassbar o nicht direkt erfassbar	19__ 20__	
5b. **Operationalisierung „pädosexuelle Viktimisierung“**		Seite
o eng o weit o unklar		
5c. **Wörtliche Definition:**		Seite
5d. **Operationalisierung „pädosexuelle Delinquenz“**		Seite
o eng o weit o unklar		
5e. **wörtliche Definition**		Seite
III Studienmerkmale Teil 2 (potenzielle methodische Moderatoren)		
6. **Informationen zur gesamten Stichprobe**		
6a. **Umfang der Gesamtstichprobe**		Seite
o N = _____ o keine Angabe		
6b. **Altersdurchschnitt der Gesamtstichprobe**		Seite
o mittleres Alter = _____ o Standardabweichung (S) = ________ o Standardfehler (SE) = __________ o keine Angabe		
6c. **Altersrange der Gesamtstichprobe**		Seite
o Altersrange = _____________ o keine Angabe		
6d. **Anteil der Weißen in der Gesamtstichprobe**		Seite
_____%		
6e. **Anzahl der erfassten Ethnien**		Seite

7. **Erfassung der „pädosexuellen Delinquenz“ in der UG**	Seite
○ Selbstbericht ○ Fremdbericht (Akten, Verwandte etc.) ○ sowohl als auch ○ unklar ○ keine Angabe	
8. **Erfassung der „pädosexuellen Viktimisierung“** (Mehrfachnennungen möglich)	Seite

○ Selbstbericht *(in UG und KG)*
○ Fremdbericht (Akten, Verwandte etc.) *(in UG und KG)*
○ sowohl als auch *(in UG und KG)*
○ unklar
○ keine Angabe
○ unterschiedlich für UG und KG
    ○ per Selbstbericht in der UG
    ○ per Selbstbericht in der KG
    ○ per Fremdbericht in der UG
    ○ per Fremdbericht in der KG
    ○ sowohl als auch in der UG
    ○ sowohl als auch in der KG	

III Studienmerkmale Teil 3 (potenzielle methodische Moderatoren)	
9a. **Rekrutierungsort der UG** (Mehrfachnennungen möglich)	Seite

○ Therapie
    ○ stationär
    ○ ambulant
    ○ unklar
○ Gefängnis
○ „Normalbevölkerung“: ____________________
○ unklar
○ keine Angabe	

9b. **ggf. wörtliche Angaben**	Seite
9c. **Anzahl der Rekrutierungsorte der UG**	Seite
○ nur ein Rekrutierungsort ○ mehrere Rekrutierungsorte ○ keine Angabe	
10a. **Rekrutierungsort der KG1** (Mehrfachnennungen möglich)	Seite

○ Therapie
    ○ stationär
    ○ ambulant
    ○ unklar
○ Gefängnis
○ „Normalbevölkerung“: ____________________
○ unklar
○ keine Angabe	

10b. **ggf. wörtliche Angaben**	Seite

10c. **Anzahl der Rekrutierungsorte der KG1**	Seite

○ identisch mit dem/denen der UG
○ nur ein Rekrutierungsort
    ○ identisch mit dem der UG
    ○ nicht identisch mit dem der UG
○ mehrere Rekrutierungsorte
    ○ davon z. T. identisch mit denen der UG
    ○ davon keiner identisch mit denen der UG
○ keine Angabe	

***V unabhängige Variablen** (für die UG und die KG1)*

17. **uV1: pädosexuelle Viktimisierung als Kind**

	UG		KG1					
	%	N	%	N	N-Ges.	r	Sig.	Seite
ja							X^2 ____ t ____ p ____ F ____	
nein								
N-Ges.								

18. **uV2: physische Viktimisierung als Kind**

	UG		KG1					
	%	N	%	N	N-Ges.	r	Sig.	Seite
ja							X^2 ____ t ____ p ____ F ____	
nein								
N-Ges.								

19a. **uV3: emotionale Viktimisierung als Kind**								
	UG		KG1					
	%	N	%	N	N-Ges.	r	Sig.	Seite
ja							X^2 ___ t ___ p ___ F ___	
nein								
N-Ges.								

19b. **Erfassung der Eltern-Kind-Beziehung**	Seite
○ ja ○ nein	

VI potenzielle inhaltliche Moderatoren *(für die UG und die KG1)*						
20. **Alter des Opfers (Proband = Opfer)**						
	UG (viktimisiert)	**KG1 (viktimisiert)**	N-Ges.	r	Sig.	Seite
$\overline{X}_c$					X^2 ___ t ___ p ___ F ___	
Range						
S						
SE						
%						
N						
Bezeichn. der Kategorien *(bei Prozentangaben/kategorisierten Mittelwerten offen notieren)*						

21. **Alter des/der Opfer(s) (Proband = Täter)**						
	UG (viktimisiert)	UG (nicht viktim.)	N-Ges.	r	Sig.	Seite
$\overline{X}_c$					X^2 ___ t ___ p ___ F ___	
Range						
S						
SE						
%						
N						
Bezeichn. der Kategorien *(bei Prozentangaben/kategorisierten Mittelwerten offen notieren)*						

A6 Kodierregeln (ausgewählte Teilbereiche)

1. Generelle Kodieranweisungen:

1.) Sofern eine Variable, die im Kodierschema aufgelistet ist, in der Primärstudie nicht erhoben wurde, ist für diese Variable NICHTS im Kodierschema zu vermerken.

2.) Sofern nur Angaben für einzelne Gruppen angegeben werden (z. B. nur Prozentwerte für psychisch Erkrankte unter den viktimisierten Probanden der UG, aber nicht der KG), sind die in der Primärstudie vorhanden Werte (hier: für die viktimisierten Probanden der UG) trotzdem im Kodierschema in die entsprechende Tabelle einzutragen.

3.) Sofern adultsexuelle Straftäter als Kontrollgruppe vorhanden sind, sind diese als KG1 zu behandeln. Bei eigenartiger Definition der Kontrollgruppen, die zu Verzerrungen führen könnte, ist die Studie gesondert zu besprechen.

4.) Sofern die Probandenauswahl oder das Matching der Kontrollgruppe über eine der aufgeführten Variablen erfolgte, sind für diese Variablen im Kodierschema dennoch die entsprechenden Angaben festzuhalten.

5.) Sofern eine Studie die Inklusionskriterien *(Veröffentlichungsjahr liegt zwischen 1980 und 2010, in deutscher oder englischer Sprache verfasst, enthält einen Vergleich von pädosexuellen Tätern oder adultsexuellen Tätern (inklusive pädosexuellen) mit einer Kontrollgruppe bezüglich der pädosexuellen Viktimisierungsgeschichte als Kind)* nicht erfüllt, ist keine Kodierung durchzuführen.

2. ad: III Studienmerkmale (potenzielle methodische Moderatoren)

5a. **Erhebungszeitpunkt** (wenn nicht erfassbar: Jahr der Veröffentlichung minus 2 Jahre)		Seite
o direkt erfassbar o nicht direkt erfassbar	19__ 20__	

- es muss angekreuzt werden, ob der Erhebungszeitpunkt in der Studie explizit genannt wird *(„direkt erfassbar“)* oder ob dies nicht der Fall ist *(„nicht direkt erfassbar“);*
- sofern *„direkt erfassbar“* angekreuzt wurde, ist der Erhebungszeitpunkt oder ggf. der Erhebungszeitraum einzutragen;
- sofern *„nicht direkt erfassbar“* angekreuzt wurde, sind vom Veröffentlichungsjahr der Studie zwei Jahre abzuziehen und ist die entsprechende Jahreszahl einzutragen;

5b. **Operationalisierung „pädosexuelle Viktimisierung“**	Seite
o eng o weit o unklar	

- eine *„enge“* Operationalisierung von „pädosexueller Viktimisierung“ umfasst ausschließlich Handlungen, bei denen Körperkontakt zwischen Opfer und Täter bestand;
- eine *„weite“* Operationalisierung von „pädosexueller Viktimisierung“ umfasst auch Handlungen, bei denen kein Körperkontakt zwischen Opfer und Täter bestand (z.B. Exhibitionismus, „noncontact offense“, Voyeurismus etc.);
- *„unklar“* ist anzukreuzen, sofern in der Studie keine Definition für „pädosexuelle Viktimisierung“ genannt wird.

5d. **Operationalisierung „pädosexuelle Delinquenz“**	Seite
o eng o weit o unklar	

- eine *„enge“* Operationalisierung von „pädosexueller Delinquenz“ umfasst ausschließlich Handlungen, bei denen Körperkontakt zwischen Opfer und Täter bestand;
- eine *„weite“* Operationalisierung von „pädosexueller Delinquenz“ umfasst auch Handlungen, bei denen kein Körperkontakt zwischen Opfer und Täter bestand (z.B. Exhibitionismus, „noncontact offense“, Voyeurismus etc.);
- *„unklar“* ist anzukreuzen, sofern in der Studie keine Definition für „pädosexuelle Delinquenz“ genannt wird.

9a. Rekrutierungsort der UG (Mehrfachnennungen möglich)	Seite

o Therapie
    o stationär
    o ambulant
    o unklar
o Justizvollzugsanstalt (JVA)
o „Normalbevölkerung“: ______________________
o unklar
o keine Angabe	

- *„Therapie“* ist anzukreuzen, sofern die Probanden über eine therapeutische Einrichtung rekrutiert wurden; in diesem Fall soll (wenn möglich) zwischen zwei Formen von Therapie unterschieden werden *(„stationär“* vs. *„ambulant“);*

- *„JVA“* ist anzukreuzen, sofern die Probanden als Insassen einer Justizvollzugsanstalt oder mittels JVA-Personalakten rekrutiert wurden;
- wird *„Normalbevölkerung“* angekreuzt, ist die Art der Bevölkerungsgruppe offen zu notieren (z.B. „Studenten“).

3. ad: IV Gruppen

13a. **Untersuchungsgruppe (UG)**	Seite
○ Pädosexuelle Täter ○ Adultsexuelle Täter (inklusive pädosexuelle) ○ unklar ○ keine Angabe	

- *„Pädosexuelle Täter“* ist anzukreuzen, sofern die Mitglieder der UG als Täter pädosexuellen Missbrauchs identifiziert werden konnten;
- *„Adultsexuelle Täter (inklusive pädosexuelle)“* ist anzukreuzen, sofern die Mitglieder der UG als Täter sexuellen Missbrauchs von Kindern, Peers und/oder Erwachsenen identifiziert werden konnten;
- *„unklar“* ist anzukreuzen, sofern aus den Inhalten der Primärstudie nicht eindeutig hervorgeht, ob es sich im oben definierten Sinne um pädosexuelle oder adultsexuelle Täter handelt;
- *„keine Angabe“* ist anzukreuzen, sofern in der Primärstudie keine Angaben zu der Tätergruppe (als UG) enthalten sind.

13c./15c./16c. UG (bzw. KG) aus mehreren Gruppen zusammengefasst?	Seite
○ ja ○ nein	

- sofern die Originalgruppeneinteilung der Primärstudie NICHT beibehalten wird und somit statistische Werte vom Kodierer zusammengeführt werden müssen, ist hier *„ja“* anzukreuzen (andernfalls *„nein“*);

Bei Aggregation von mehreren gruppenbezogenen statistischen Kennwerten ist wie folgt vorzugehen:

a) ad: Aggregation von Mittelwerten:

Die korrekte Berechnung eines gemeinsamen Mittelwertes von mehreren Teilgruppen erfolgt durch Addition/Division und gruppenspezifischer Gewichtung mittels der div. Fallzahlen. Beispiel für eine Aggregation von zwei Mittelwerten (bei zwei Gruppen):

$$\overline{X} = \frac{n1 * \bar{x}1 + n2 * \bar{x}2}{n1 + n2}$$

b) ad: Zusammenfassung von Standardabweichungen (Sx):

Die Berechnung einer gemeinsamen Standardabweichung erfolgt mittels folgender Formel (nach: Zöfle 2000: 38):

$$s = \sqrt{\frac{1}{N-1} * \left[\sum_{j=1}^{k} \left((nj - 1) * s\,j^2 \right) + \sum_{j=1}^{k} (nj * (\bar{x}\,j - \bar{x})^2) \right]}$$

mit:
j = Stichprobe
k = Anzahl der Stichproben
n_j = die Umfänge der Stichproben
$\bar{x}\,j$ = die Mittelwerte der Stichproben
s j = die Standardabweichungen der Stichproben
$\bar{x}$ = der Gesamtmittelwert der Stichproben
N = Summe der Stichprobenumfänge: $N = \sum_{j=1}^{k} nj$

Notwendige Rechenschritte zur Zusammenfassung von Standardabweichungen (am Bsp. für die Zusammenfassung von 2 Standardabweichungen) (nach: Zöfel 2000: 39):

j	nj	$\bar{x}\,j$	$s\,j^2$	$((nj - 1) * s\,j^2)$	$(\bar{x}\,j - \bar{x})^2$	$(nj * (\bar{x}\,j - \bar{x})^2)$
$\bar{x}$						
Summe	(a)			(b)		(c)

13e./14.e./15e./16e. **Probandenauswahl nach:** (Mehrfachnennungen möglich)	Seite
o Alter des Opfers (Proband = Täter) o Alter der Probanden zum Erheb.zeitpunkt o Geschlecht der Probanden o Geschlecht des Opfers o physische Viktimisierung als Kind o nur psychisch Gesunde oder nur psychisch erkranke Probanden o Schweregrad der Tat	

- sofern die Auswahl der Probanden der Primärstudie nach einer oder mehreren der aufgeführten Variablen erfolgte, ist/sind diese anzukreuzen (evtl. vorhandene Angaben zu den entsprechenden Variablen sind TROTZDEM im Kodierschema zu erheben).

14a./15a./16a. **Kontrollgruppe 1 (KG1)**
o keine Straftäter o Adultsexuelle Täter (exklusive pädosexueller Täter) o Nichtsexuelle Straftäter o Straftäter (nicht ersichtlich, welche Art von Straftätern) o unklar o keine Angabe

- „*keine Straftäter*" ist anzukreuzen, sofern die Probanden in ihrem bisherigen Leben keine Straftat begangen haben;
- „*Adultsexuelle Täter*" ist anzukreuzen, sofern die Probanden als Straftäter eines Sexualdelikts gegenüber Peers und/oder Erwachsenen identifiziert werden konnten;
- „*Nichtsexuelle Straftäter*" ist anzukreuzen, sofern die Probanden ausschließlich nichtsexuelle Straftaten begangen haben (z.B. Gewaltverbrechen mit/ohne Körperverletzung);
- „*Straftäter (nicht ersichtlich welche Art von Straftäter)*" ist anzukreuzen wenn aus der Primärstudie nicht hervorgeht, ob es sich ausschließlich um adultsexuelle Täter (exklusive pädosexuelle Täter) oder um nichtsexuelle Straftäter handelt bzw. wenn adultsexuelle Täter (exklusive pädosexuelle Täter) und nichtsexuelle Straftäter als Mitglieder einer Gruppe definiert werden;
- „*unklar*" ist anzukreuzen, wenn nicht ersichtlich ist, ob es sich um eine der aufgeführten Akteursgruppen bei der/den KGs handelt oder sofern in jeder KG sowohl Straftäter als auch Nichtstraftäter vertreten sind;
- „*keine Angabe*" ist anzukreuzen, sofern die Primärstudie keine Angaben zur Zusammensetzung der Kontrollgruppen macht.

14 f./15 f./16 f. **Auswahl der Kontrollpersonen**	Seite

o ohne Matching
o unklar
o keine Angabe
o mit Matching
  o Individual-Matching („matched pairs")
  o Frequency-Matching	

- *„ohne Matching"* ist anzukreuzen, sofern die Auswahl der Probanden der Kontrollgruppe *un*abhängig von den Merkmalen der Probanden der Untersuchungsgruppe erfolgte;
- *„unklar"* ist anzukreuzen, sofern in der Primärstudie keine eindeutigen Informationen bezüglich der Abhängigkeit der KG-Probandenauswahl von Merkmalen der UG-Probanden gemacht werden;
- *„mit Matching"* ist anzukreuzen, wenn die Auswahl der KG-Probanden in Abhängigkeit von bestimmten (Verteilungs-)Merkmalen der UG-Probanden erfolgte (z.B. in Abhängigkeit von Geschlecht, sozioökonomischer Status oder Altersgruppe). In diesem Fall ist (sofern möglich) auch zu spezifizieren, ob es sich um ein „Individual-Matching" oder um ein „Frequency-Matching" handelte:
- *„Individual-Matching"* wird angekreuzt, sofern für jeden Probanden der UG ein in dem/den gewählten Kriterien übereinstimmender Proband der KG ausgesucht wurde,
- *„Frequency-Matching"* wird angekreuzt, sofern die Zusammensetzung der KG-Probanden entsprechend der Zusammensetzung der UG-Probanden erfolgte (wenn z.B. die UG zu 80% aus Frauen besteht und dafür gesorgt wurde, dass auch die KG einen ähnlichen Prozentsatz an Frauen aufweist)
- zudem ist im Falle von *„mit Matching"* anzukreuzen, ob eine oder mehrere der folgenden Variablen dem Matching zugrunde lagen (Mehrfachnennungen möglich!):

14 g./15 g./16 g. **Matchingvariablen:**	Seite
o Alter des Opfers (Proband = Täter) o Alter des Probanden zum Erheb.zeitpunkt o Geschlecht des Probanden o Geschlecht des Opfers o physische Viktimisierung als Kind o psychisch erkrankt o Schweregrad der Tat	

4. ad: V/VII/IX unabhängige Variablen

18. uV2: physische Viktimisierung als Kind

- bei „*physische Viktimisierung als Kind*" sind immer nur dann die entsprechenden statistischen Angaben aus der Primärstudie zu notieren, wenn in der Studie diese Variable ausdrücklich erhoben und analysiert wurde, d.h. wenn die Primärstudie selbst von „physischer Viktimisierung o.ä." (bzw. von „abuse" und NICHT von „neglect") im Kindesalter spricht.

19. uV3: emotionale Viktimisierung als Kind

- bei „*emotionale Viktimisierung als Kind*" sind immer nur dann die entsprechenden statistischen Angaben aus der Primärstudie zu notieren, wenn in der Studie diese Variable ausdrücklich erhoben und analysiert wurde, d.h. wenn die Primärstudie selbst von „emotionaler Viktimisierung" (d.h. von „abuse" und NICHT von „neglect") im Kindesalter spricht.

19a. Erfassung der Eltern-Kind-Beziehung

- „*ja*" ist anzukreuzen, sofern in der Primärstudie die Beziehung zwischen Probanden und ihren Eltern oder Erziehungsberechtigten in *irgendeiner Form* erfasst wurde;
- „*nein*" ist anzukreuzen, sofern in der Primärstudie die Beziehung zwischen Probanden und ihren Eltern oder Erziehungsberechtigten auf keinerlei Weise erfasst wurde.

5. ad: VI/VII/X potenzielle inhaltliche Moderatoren

26a./40a./54a. Schweregrad der Tat (Proband = Opfer) – Körperkontakt (hands off vs. hands on)

- unter „*mit Körperkontakt*" sind statistische Angaben über Delikte zu übernehmen, die einen Körperkontakt zwischen Täter und Opfer betreffen (z.B. versuchte/erfolgte Penetration);
- unter „*ohne Körperkontakt*" sind statistische Angaben über Delikte zu übernehmen, die keinen Körperkontakt zwischen Täter und Opfer betreffen (z.B. Voyeurismus, Exhibitionismus, andere non-contact offenses).

26c./40c./54c. **Schweregrad der Tat (Proband = Opfer) – Penetration**
(penetration vs. non-penetration)

- unter „*Penetration*" sind statistische Angaben über Delikte zu übernehmen, die irgendeine Art von penetrativem Akt zwischen Täter und Opfer betreffen;
- unter „*keine Penetration*" sind statistische Angaben über Delikte zu übernehmen, die keinen penetrativen Akt zwischen Täter und Opfer betreffen (also auch bspw. versuchte Penetration).

29./43./57. **Misshandlungshäufigkeit (Proband = Opfer)**

- unter „*einmal*" sind ausschließlich statistische Angaben über Delikte zu übernehmen, die sich ausdrücklich auf nur eine einmalige pädosexuelle Viktimisierung der Probanden beziehen;
- unter „*mehrere Male*" sind alle statistischen Angaben über Delikte zu übernehmen, die sich auf mehr als nur eine einmalige pädosexuelle Viktimisierung der Probanden beziehen;
- „*keine separaten Angaben ausgegeben*" ist immer dann anzukreuzen, wenn in der Primärstudie keine Angaben bezüglich der pädosexuellen Misshandlungshäufigkeit der als Kind viktimisierten Probanden separat für die UG und KG angegeben werden (sofern die Variable nicht getestet wurde ist hingegen NICHTS im Kodierschema zu vermerken!).

A7 Kodierplan (ausgewählte Teilbereiche)

	Name	Variablenlabel	Wertelabel	Fehl. Werte	Typ
1	F1	ID	keine	keine	numerisch
2	F2	ID alt	keine	keine	numerisch
3	F3	Verkoderkürzel	keine	keine	string
4	F3a	Inklusionskriterien erfüllt?	1 = ja 2 = nein	keine	numerisch
5	Autor(en) und Veröffentlichungsjahr	Autor(en) und Veröffentlichungsjahr	keine	keine	string
6	Titel	Titel	keine	keine	string
7	Zeitschrift	Zeitschrift	999 = keine Zeitschrift	999	string
8	F4	Vollständige bibliografische Angaben	keine	keine	string
9	F5a1	Erhebungszeitpunkt erfassbar	1 = direkt erfassbar 2 = nicht direkt erfassbar 999 = keine Angabe	999	numerisch
10	F5a2	Erhebungszeitpunkt	keine	keine	string
11	F5b	Operationalisierung „pädosexuelle Viktimisierung“	1 = eng 2 = weit 888 = unklar 999 = keine Angabe	888, 999	numerisch
12	F5c	wörtliche Definition von „pädosexueller Viktimisierung“	999 = keine Angabe	999	string
13	F5d	Operationalisierung „pädosexuelle Delinquenz“	1 = eng 2 = weit 888 = unklar 999 = keine Angabe	888, 999	numerisch
14	F5e	wörtliche Definition von „pädosexueller Delinquenz“	999 = keine Angabe	999	string
15	F6a	Umfang der Gesamtstichprobe	999 = keine Angabe	999	numerisch
16	F6b1	mittleres Alter der Gesamtstichprobe	999 = keine Angabe	999	numerisch
17	F6b2	Standardabweichung (S) für das mittlere Alter	999 = keine Angabe	999	numerisch

18	F6c	Altersrange für die Gesamtstichprobe	999 = keine Angabe	999	string
19	F6d	Anteil der Weißen in der Gesamtstich-probe	999 = keine Angabe	999	numerisch
20	F6e	Anzahl der erfassten Ethnien	999 = keine Angabe	999	numerisch
21	F7	Erfassung der „(pädosexuellen) Delinquenz"	1 = Selbstbericht 2 = Fremdbericht 3 = sowohl als auch 888 = unklar 999 = keine Angabe	888, 999	numerisch
22	F8	Erfassung der „pädosexuellen Viktimisierung"	1 = Selbstbericht (in UG und KG) 2 = Fremdbericht (in UG und KG) 3 = sowohl als auch (in UG und KG) 4 = unterschiedlich für UG und KG 888 = unklar 999 = keine Angabe	888, 999	numerisch
23	F8a	per Selbstbericht in der UG	0 = nein 1 = ja	keine	numerisch
24	F8b	per Selbstbericht in der KG	0 = nein 1 = ja	keine	numerisch
25	F8c	per Fremdbericht in der UG	0 = nein 1 = ja	keine	numerisch
26	F8d	per Fremdbericht in der KG	0 = nein 1 = ja	keine	numerisch
27	F8e	sowohl als auch in der UG	0 = nein 1 = ja	keine	numerisch
28	F8f	sowohl als auch in der KG	0 = nein 1 = ja	keine	numerisch
29	F9a1	Rekrutierungsort der UG Therapie	0 = nein 1 = ja	keine	numerisch
30	F9a1a	Rekrutierungsort der UG Therapie stationär	0 = nein 1 = ja	keine	numerisch
31	F9a1b	Rekrutierungsort der UG Therapie ambulant	0 = nein 1 = ja	keine	numerisch
32	F9a1c	Rekrutierungsort der UG Therapie unklar	0 = nein 1 = ja	keine	numerisch

33	F9a2	Rekrutierungsort der UG Gefängnis	0 = nein 1 = ja	keine	numerisch
34	F9a3	Rekrutierungsort der UG „Normal-bevölkerung“	0 = nein 1 = ja	keine	numerisch
35	F9a3a	Rekrutierungsort der UG „Normalbe-völkerung“ (wörtlich)	999 = keine Angabe	999	string
36	F9a4	Rekrutierungsort der UG unklar	0 = nein 1 = ja	keine	numerisch
37	F9a5	Rekrutierungsort der UG keine Angabe	0 = nein 1 = ja	keine	numerisch
38	F9b	Rekrutierungsort der UG (wörtlich)	999 = keine Angabe	999	string
39	F9c	Anzahl der Rekrutie-rungsorte der UG	1 = nur ein Rekrutie-rungsort 2 = mehrere Rekru-tierungsorte 999 = keine Angabe	999	numerisch
40	F10a1	Rekrutierungsort der KG1 Therapie	0 = nein 1 = ja	keine	numerisch
41	F10a1a	Rekrutierungsort der KG1 Therapie stationär	0 = nein 1 = ja	keine	numerisch
42	F10a1b	Rekrutierungsort der KG1 Therapie ambulant	0 = nein 1 = ja	keine	numerisch
43	F10a1c	Rekrutierungsort der KG1 Therapie unklar	0 = nein 1 = ja	keine	numerisch
44	F10a2	Rekrutierungsort der KG1 Gefängnis	0 = nein 1 = ja	keine	numerisch
45	F10a3	Rekrutierungsort der KG1 „Normal-bevölkerung“	0 = nein 1 = ja	keine	numerisch
46	F10a3a	Rekrutierungsort der KG1 „Normalbe-völkerung“ (wörtlich)	999 = keine Angabe	999	string
47	F10a4	Rekrutierungsort der KG1 unklar	0 = nein 1 = ja	keine	numerisch
48	F10a5	Rekrutierungsort der KG1 keine Angabe	0 = nein 1 = ja	keine	numerisch
49	F10b	Rekrutierungsort der KG1 (wörtlich)	999 = keine Angabe	999	string

50	F10c	Anzahl der Rekrutierungsorte der KG1	1 = identisch mit dem/denen der UG 2 = nur ein Rekrutierungsort 3 = mehrere Rekrutierungsorte 999 = keine Angabe	999	numerisch
51	F10c2	Anzahl der Rekrutierungsorte der KG1, nur ein Rekrutierungsort	1 = identisch mit dem der UG 2 = nicht identisch mit dem der UG 999 = keine Angabe	999	numerisch
52	F10c3	Anzahl der Rekrutierungsorte der KG1, mehrere Rekrutierungsorte	1 = davon z. T. identisch mit denen der UG 2 = davon keiner identisch mit denen der UG 999 = keine Angabe	999	numerisch
53	F11a1	Rekrutierungsort der KG2 Therapie	0 = nein 1 = ja	keine	numerisch
54	F11a1a	Rekrutierungsort der KG2 Therapie stationär	0 = nein 1 = ja	keine	numerisch
55	F11a1b	Rekrutierungsort der KG2 Therapie ambulant	0 = nein 1 = ja	keine	numerisch
56	F11a1c	Rekrutierungsort der KG2 Therapie unklar	0 = nein 1 = ja	keine	numerisch
57	F11a2	Rekrutierungsort der KG2 Gefängnis	0 = nein 1 = ja	keine	numerisch
58	F11a3	Rekrutierungsort der KG2 „Normalbevölkerung"	0 = nein 1 = ja	keine	numerisch
59	F11a3a	Rekrutierungsort der KG2 „Normalbevölkerung" (wörtlich)	999 = keine Angabe	999	string
60	F11a4	Rekrutierungsort der KG2 unklar	0 = nein 1 = ja	keine	numerisch
61	F11a5	Rekrutierungsort der KG2 keine Angabe	0 = nein 1 = ja	keine	numerisch
62	F11b	Rekrutierungsort der KG2 (wörtlich)	999 = keine Angabe	999	string

63	F11c	Anzahl der Rekrutierungsorte der KG2	1 = identisch mit dem/denen der UG 2 = nur ein Rekrutierungsort 3 = mehrere Rekrutierungsorte 999 = keine Angabe	999	numerisch
64	F11c2	Anzahl der Rekrutierungsorte der KG2, nur ein Rekrutierungsort	1 = identisch mit dem der UG 2 = nicht identisch mit dem der UG 999 = keine Angabe	999	numerisch
65	F11c3	Anzahl der Rekrutierungsorte der KG2, mehrere Rekrutierungsorte	1 = davon z. T. identisch mit denen der UG 2 = davon keiner identisch mit denen der UG 999 = keine Angabe	999	numerisch
66	F12a1	Rekrutierungsort der KG3 Therapie	0 = nein 1 = ja	keine	numerisch
67	F12a1a	Rekrutierungsort der KG3 Therapie stationär	0 = nein 1 = ja	keine	numerisch
68	F12a1b	Rekrutierungsort der KG3 Therapie ambulant	0 = nein 1 = ja	keine	numerisch
69	F12a1c	Rekrutierungsort der KG3 Therapie unklar	0 = nein 1 = ja	keine	numerisch
70	F12a2	Rekrutierungsort der KG3 Gefängnis	0 = nein 1 = ja	keine	numerisch
71	F12a3	Rekrutierungsort der KG3 „Normalbevölkerung“	0 = nein 1 = ja	keine	numerisch
72	F12a3a	Rekrutierungsort der KG3 „Normalbevölkerung“ (wörtlich)	999 = keine Angabe	999	string

A8 Verzeichnis der kodierten und der meta-analytisch ausgewerteten Primärstudien

Die im Folgenden aufgelisteten Literaturtitel betreffen diejenigen Primärstudien, deren Inhalte und Ergebnisse für die Meta-Analyse kodiert wurden.

Die letztlich in die Meta-Analyse einbezogenen Studientitel sind mit Sternchen (*) gekennzeichnet (N = 30) (zur Auswahl dieser Studien vgl. Kap. 4.4).

Awad, G.A., Saunders, E.B., 1998: Adolescent child molesters: clinical observations. Child Psychiatry and Human Development 19: 195–206.

*Bard, L.A., Carter, D.L., Cerce, D.D., Knight, A., Rosenberg, R., Schneider, B., 1987: A descriptive study of rapists and child molesters: developmental, clinical, and criminal characteristics. Behavioral Sciences and Law 5: 203–220.

*Beck-Sander, A., 1995: Childhood abuse in adult offenders: the role of control in perpetuating cycles of abuse. The Journal of Forensic Psychiatry 6: 486–498.

*Benoit, J.L., Kennedy, W.A., 1992: The abuse history of male adolescent sex offenders. Journal of Interpersonal Violence 7: 534–548.

Borowsky, I., Hogan, M., Ireland, M., 1997: Adolescent sexual aggression: risk and protective factors. Pediatrics 100: E7.

Briggs, F., Hawkins, R.M.F., 1996: A comparison of the childhood experiences of convicted male child molesters and men who were sexually abused in childhood and claimed to be nonoffenders. Child Abuse & Neglect 20: 221–233.

Burton, D.L., 2008: An exploratory evaluation of the contribution of personality and childhood sexual victimization to the development of sexually abusive behavior. Sexual Abuse – A Journal of Research and Treatment 20: 102–115.

Carr, J.L., Van Deusen, K.M., 2004: Risk factors for male sexual aggression on college campuses. Journal of Family Violence, 19: 279–289.

*Christopher, K., Lutz-Zois, J., Reinhardt, A.R. 2007: Female sexual-offenders: personality pathology as a mediator of the relationship between childhood sexual abuse history and sexual abuse perpetration against others. Child Abuse & Neglect 31: 871–883.

*Cohen, L., Forman, H., Steinfeld, M., Fradkin, Y., Frenda, S., Galynker, I., 2010: Comparison of childhood sexual histories in subjects with pedophilia or opiate addiction and healthy controls: is childhood sexual abuse a risk factor for addictions? Journal of Psychiatric Practice 16: 394–404.

*Cohen, L., McGeoch, P., Gans, S., Nikiforov, K., Cullen, K., Galynker, I., 2002b: Childhood sexual history of 20 male pedophiles vs. 24 male healthy control subjects. The Journal of Nervous and Mental Disease 190: 757–766.

*Cohen, L., Nikiforov, K., Gans, S., Poznansky, O., McGeoch, P., Weaver, C., King, E.G., Cullen, K., Galynker, I., 2002a: Heterosexual male perpetrators of childhood sexual abuse: a preliminary 7neuropsychiatric model. Psychiatric Quarterly 73: 313–336.

Colton, M., Roberts, S., Vanstone, M., 2010: Sexual abuse by men who work with children. Journal of Child Sexual Abuse 19: 345–364.

*Connolly, M., Woollons, R., 2008: Childhood sexual experience and adult offending: an exploratory comparison of three criminal groups. Child Abuse Review 17: 119–132.

*Coxe, R., Holmes, W., 2001: A study of the cycle of abuse among child molesters. Journal of Child Sexual Abuse 10: 209–118.
Coxell, A., King, M., Mezey, G., Gordon, D., 1999: Lifetime prevalence, characteristics, and associated problems of nonconsensual sex in men: cross sectional survey. British Medical Journal 318: 846–850.
*Craissati, J., Beech, A., 2004: The characteristics of a geographical sample of convicted rapists. Sexual victimization and compliance in comparison to child molesters. Journal of Interpersonal Violence 19: 371–388.
Craissati, J., McClurg, G. 1996: The challenge project: perpetrators of child sexual abuse in south east London. Child Abuse & Neglect 20: 1067–77.
Craissati, J., McClurg, G., Browne, K., 2002: Characteristics of perpetrators of child sexual abuse who have been sexually victimized as children. Sexual Abuse – A Journal of Research and Treatment 14: 225–239.
*Craissati, J., Webb, L., Keen, S., 2008: The relationship between developmental variables, personality disorder, and risk in sex offenders. Sexual Abuse – A Journal of Research and Treatment 20: 119–138.
Curtin, F., Niveau, G., 1998: Psychosocial profile of Swiss sexual offenders. Journal of Forensic Science 43: 755–775.
Egeland, B., Jacobvitz, D., Sroufe, L. A., 1988: Breaking the cycle of abuse. Child Development 59: 1080–1088.
Fehrenbach, P. A., Smith, W., Monastersky, C., Deisher, R. W., 1986: Adolescent sexual offenders: offender and offense characteristics. American Journal of Orthopsychiatry 56: 225–233.
*Ford, M. E., Linney, J. A., 1995: Comparative-analysis of juvenile sexual offenders, violent nonsexual offenders, and status offenders. Journal of Interpersonal Violence 10: 56–70.
*Freund, K., Kuban, M., 1994: The basis of the abuser theory of pedophilia: a further elaboration on an earlier study. Archives of Sexual Behavior 23: 553–563.
*Freund, K., Watson, R., Dickey, R., 1990: Does sexual abuse in childhood cause pedophilia: an exploratory study. Archives of Sexual Behavior 19: 557–568.
*Glasser, M., Kolvin, I., Campbell, D., Glasser, A., Leitch, I., Farrelly, S., 2001: Cycle of child sexual abuse: links between being a victim and becoming a perpetrator. British Journal of Psychiatry 179: 482–494.
*Green, A. H., Kaplan, M. S., 1994: Psychiatric impairment and childhood victimization experiences in female child molesters. Journal of the American Academy of Child and Adolescent Psychiatry 33: 954–961.
Haywood, T. W., Kravitz, H. M., Wasyliw, O. E., 1996: Cycle of abuse and psychopathology in cleric and noncleric molesters of children and adolescents. Child Abuse & Neglect 20: 1233–1243.
*Höing, M. H., Jonker, M., Berlo, W., 2010: Juvenile sex offenders in a Dutch mandatory educational program: subtypes and characteristics. Journal of Sexual Aggression 16: 332–346.
Hummel, P., Thömke, V., Oldenbürger, H. A., Specht, F., 2000: Male adolescent sex offenders against children: similarities and differences between those offenders with and those without a history of sexual abuse. Journal of Adolescence 23: 305–317.

Hunter, J., Figueredo, A., 2000: The influence of personality and history of sexual victimization in the prediction of juvenile perpetrated child molestation. Behavior Modification 24: 240–263.

*Kukla, M. A., 2003: The clinical utility of the MCMI-III with the sex offender population. Chicago: Roosevelt University (Dissertation).

Lambie, I., Seymour, F., Lee, A., Adams, P., 2002: Resiliency in the victim-offender cycle in male sexual abuse. Sexual Abuse: A Journal of Research and Treatment 14: 31–48.

Lodicio, M. A., Gruber, E., Diclemente, R. J., 1996: Childhood sexual abuse and coercive sex among school-based adolescents in a Midwestern state. Journal of Adolescent Health 18: 473–482.

*Marshall, W. L., Mazzucco, A. 1995: Self-esteem and parental attachments in child molesters. Sexual Abuse – A Journal of Research and Treatment 7: 279–285.

*Marshall, W. L., Serran, G. A., Cortoni, F. A., 2000: Childhood attachments, sexual abuse, and their relationship to adult coping in child molesters. Sexual Abuse – A Journal of Research and Treatment 12: 17–26.

*McCormack, J., Hudson, S. M., Ward, T., 2002: Sexual offenders' perception of their early interpersonal relationships: an attachment perspective. The Journal of Sex Research 39: 85–93.

*Overholser, J. C., Beck, S. J. 1989: The classification of rapists and child molesters. Journal of Offender Counseling, Services and Rehabilitation 14: 169–179.

Romano, E., De Luca, R. V., 1996: Characteristics of perpetrators with histories of sexual abuse. International Journal of Offender Therapy and Comparative Criminology 40: 147–156.

Romano, E., De Luca, R. V., 1997: Exploring the relationship between childhood sexual abuse and adult sexual perpetration. Sexual Abuse: A Journal of Research and Treatment 12: 85–98.

Salter, D., McMillan, D., Richards, M., Talbot, T., Hodges, J., Bentovim, A., Hastings, R., Stevenson, J., Skuse, D., 2003: Development of sexually abusive behaviour in sexually victimized males: a longitudinal study. Lancet 361: 471–476.

Saradjian, J., Hanks, H., 1996: Women who sexually abuse children: from research to clinical practice. Chichester: John Wiley & Sons.

*Sawle, G. A., Kear-Colell, J., 2001: Adult attachment style and pedophilia: a developmental perspective. International Journal of Offender Therapy and Comparative Criminology 45: 32–50.

*Seghorn, T. K., Prentky, R. A., Boucher, R. J., 1987: Childhood sexual abuse in the lives of sexually aggressive offenders. Journal of American Academy of Child and Adolescent Psychiatry 26: 262–267.

Skuse, D., Bentovim, A., Hodges, J., Stevenson, J., Andreou, C., Landayo, M., New, M., Williams, B., McMillian, D., 1998: Risk factors for development of sexually abusive behaviour in sexually victimized adolescent boys: cross sectional study. British Medical Journal 317: 175–179.

*Stirpe, T. S., Stermac, L. E., 2003: An exploration of childhood victimization and family-of-origin characteristics of sexual offenders against children. Journal of Offender Therapy and Comparative Criminology 47: 542–555.

*Strickland, S. M., 2007: Female sex offenders – exploring issues of personality, trauma, and cognitive distortions. Journal of Interpersonal Violence 23: 474–489.

*Tingle, D., Barnard, D., Robbins, L., Newman, G., Hutchinson, D., 1986: Childhood and adolescents characteristics of pedophiles and rapists. International Journal of Law and Psychiatry 9: 103–116.
*Urban, D., Lindhorst, H., 2003: Vom Sexualopfer zum Sexualtäter? Unterscheiden sich pädosexuelle Straftäter von anderen Sexualstraftätern durch ein erhöhtes Opfer-Täter-Risiko? – Eine empirische Pilotstudie. Soziale Probleme 14: 137–161.
Veneziano, C., Veneziano, L., LeGrand, S., 2000: The relationship between adolescent sex offender behaviors and victim characteristics with prior victimization. Journal of Interpersonal Violence 15: 363–374.
Weeks, R., Widom, C. S., 1998: Self-reports of early childhood victimization among incarcerated adult male felons. Journal of Interpersonal Violence 13: 346–361.
Widom, C. S., 1989: Child abuse, neglect and violent criminal behavior. Criminology 27: 251–271.
*Worling, J. R., 1995a: Adolescent sex offenders against females: differences based on age of their victims. International Journal of Offender Therapy and Comparative Criminology 39: 276–293.
*Worling, J. R. 1995b: Sexual abuse histories of adolescent male sex offenders: differences on the basis of the age and gender of their victims. Journal of Abnormal Psychology 104: 610–613.

A9 Univariate Verteilungen von Studienvariablen (ausgewählte Teilbereiche)

Tabelle A9.1: Erhebungszeitpunkt

	Häufigkeit	Prozent	Gültige Prozent	Kumulierte Prozent
1981	1	3,3	3,3	3,3
1982	1	3,3	3,3	6,7
1984	1	3,3	3,3	10,0
1985–1990	1	3,3	3,3	13,3
1987	1	3,3	3,3	16,7
1988	1	3,3	3,3	20,0
1990	1	3,3	3,3	23,3
1992	2	6,7	6,7	30,0
1993	5	16,7	16,7	46,7
1995–2002	1	3,3	3,3	50,0
1997–2002	1	3,3	3,3	53,3
1998	1	3,3	3,3	56,7
1999	3	10,0	10,0	66,7
2000	3	10,0	10,0	76,7
2001	1	3,3	3,3	80,0
2003	1	3,3	3,3	83,3
2004–2006	1	3,3	3,3	86,7
2005	1	3,3	3,3	90,0
2006	2	6,7	6,7	96,7
2008	1	3,3	3,3	100,0
Gesamt	30	100,0	100,0	

Tabelle A9.2: Umfang der Stichprobe

Stichproben-umfang	Häufigkeit	Prozent	Gültige Prozent	Kumulierte Prozent
22	1	3,3	3,3	3,3
28	1	3,3	3,3	6,7
37	1	3,3	3,3	10,0
44	2	6,7	6,7	16,7
46	1	3,3	3,3	20,0
47	1	3,3	3,3	23,3
48	1	3,3	3,3	26,7
56	1	3,3	3,3	30,0
60	1	3,3	3,3	33,3
64	1	3,3	3,3	36,7
82	1	3,3	3,3	40,0
83	1	3,3	3,3	43,3
87	1	3,3	3,3	46,7
100	1	3,3	3,3	50,0
124	1	3,3	3,3	53,3
125	1	3,3	3,3	56,7
130	1	3,3	3,3	60,0
134	1	3,3	3,3	63,3
142	2	6,7	6,7	70,0
147	2	6,7	6,7	76,7
151	1	3,3	3,3	80,0
175	1	3,3	3,3	83,3
241	1	3,3	3,3	86,7
303	1	3,3	3,3	90,0
310	1	3,3	3,3	93,3
344	1	3,3	3,3	96,7
747	1	3,3	3,3	100,0
Gesamt	30	100,0	100,0	

Tabelle A9.3: Inhaltliche Definition „pädosexuelle Viktimisierung“

„sexual abuse“ gemessen mit „sexual abuse subscale“ des CTQ
„sexual crimes against minors“ gemessen mit CTQ
a contact sexual act with a child
a history of sexual abuse during childhood
adult sexual advances as a child
adult sexual advances in childhood
als Kind von nahen Familienangehörigen sexuell misshandelt
any unambiguous evidence of sexual activity instigated by an adult on the subject before the age of 16
any unwanted sexual contact or sexual contact with a person who was at least 4 years older than the adolescent at the time of the incident
any unwanted sexual contact, while under the age of 12, with someone who was at least 13years of age and 4 years older
being forced to engage in coercive sexual activity before the age of 13
child sexual abuse
unwanted contact of a sexual nature in childhood included those activities involving contact, such as sexual touching and vaginal, anal, or oral sex
hands on sexual abuse
have been the victim of a sexual assault as a child
having been sexual abused during the period up to and including age 11
history of childhood sexual abuse
molested as a child
pre-adulescent (< 12 years) experience of sexual activity with adults
sexual abuse
sexual abuse and deviation
sexual abuse in childhood by person older than 17 years
sexual contact wih another person that was either unwanted or perpetrated by an adult at least 5 years older than the participant
sexual experience with an adult prior to the age of 14
sexually abused
specific sexual acts by an adult on the respondent when he was a child
subject victim sex assault
unwanted sexual contact under the age of 16 years; sexual contact with another person that was either unwanted or perpetrated by an adult at least 5 years older than the participant (consenting sexual contact with peers was coded separately)
unwanted sexual contact under the age of 16; pepetrator over 18
victim of sexual abuse

Tabelle A9.4: Inhaltliche Definition „pädosexuelle Delinquenz"

„hands on" sexual offenses against a child under the age of 12 (offender was at least 4 years older than the victim)
a contact sexual offence against a minor
child molestation crime
child molesters
contact sex offenders
contact sexual act (breast, oral, and/or vaginal) with a child which was carried out by an adult
convicted for contact sex offence
convicted pedophiles
conviction for a direct sexual offence against a prepubescent child (age 13 or younger), which probands committed when at least 18 years of age or five years older than their victim
hands-on sexual offender
involving physical contact with the victim
molesters of children and adolescents
nonviolent sexual crime against minors under 16 years of age (lewd and lascivious behavior)
offenses ranged from masturbation in front of a child to completed intercourse or sodomy with force
only those who have committed hands-on crimes were considered (child = under the age of 18 years)
pädosexuelle Ersttäter
pedophilic subjects included charge or conviction for a sexual offence against a prepubescent child (age 13 or younger), which they committed when at least 18 years of age or when they were at least five years older than their victim; all subjects with pedophilia had to admit committing the act for which they had been charged; acts involving genital touching, although non-touching acts only
sex offenders against female children under age 12, including a few patients who came on their own help because of an attraction to such children (proband > 16 years)
sexual abuse of children convicted of sex crimes against minors, sexually victimized or aided in sexual victimization of another person
sexual assault or rape
sexual assault, indecent assault, incest, rape, sexual assault with a weapon, sexual intercourse with a person younger than 14 years of age, and sexual interference
sexual assaults (on victims under 16 years old)
sexual offence against a minor (< 18 years)
sexual offence against a prepubescent child (aged 13 years or younger), which was comitted when aged at least 18 years or 5 years older than the victim
sexual offence committed against an unrelated female under the age of 13
sexual offending against minors
sexually assaulted a child 5 or more years younger than the offender

A10 Methodische Informationen zur MEMA

Eine Mehrebenenmodellierung ist im Rahmen einer Meta-Analyse deshalb möglich, weil auch bei der Auswertung von Daten aus bzw. über Primärstudien von einer hierarchischen Datenstruktur auszugehen ist: Auf der ersten Ebene der Daten wären Eigenschaften der in den einzelnen Studien beobachteten Probanden anzusiedeln (wie z.B. deren Alter und deren Viktimisierungserfahrung), und auf der zweiten, übergeordneten Datenebene befinden sich studienspezifische Merkmale der ausgewerteten Primärstudien (wie z.B. die in jeder Studie analysierte Anzahl von Fällen und die in jeder Studie benutzte Definition einer Vergleichs-/Kontrollgruppe).

Da in einer MEMA u.a. die Effekte der Studienmerkmale (zweite Datenebene) auf eine abhängige Kriteriumsvariable (kurz: AV) geschätzt werden sollen, ist für die Analyse zunächst diese abhängige Variable (AV = Y) zu definieren. Für unsere MEMA, die wir zum Test der POTT-Hypothese durchgeführt haben (vgl. Kap. 2), ist Y die Stärke des Effekts, mit dem eine pädosexuelle Viktimisierung zu einer pädosexuellen Delinquenz führt und die in den einzelnen Primärstudien, die wir für unsere MEMA ausgewertet haben, empirisch ermittelt wurde.

Als Maß für die Effektstärke des Einflusses von pädosexueller Viktimisierung auf pädosexuelle Delinquenz benutzten wir das für jede Einzelstudie von zwei Kodierern separat kalkulierte und auf Stringenz kontrollierte Odds-Ratio (in logarithmierter Form).

Das Odds-Ratio als abhängige Variable[10]

Als „Odds-Ratio" (OR) wird das Verhältnis zweier „Chancen" verstanden. Jede Chance (engl. „odds") lässt sich als Quotient aus der Wahrscheinlichkeit, dass ein bestimmtes Ereignis eintritt und der Wahrscheinlichkeit dafür, dass es nicht eintritt, berechnen (odds: $P(Y)/[1 - P(Y)]$). In unserem Zusammenhang bedeutet eine Chance von 1,00, dass die Wahrscheinlichkeit für eine pädosexuelle Delinquenz mit vorausgegangener pädosexueller Viktimisierung gleich groß der Wahrscheinlichkeit für eine pädosexuelle Delinquenz ohne vorausgegangene pädosexuelle Viktimisierung ist. Alle Werte größer 1,00 signalisieren, dass die Wahrscheinlichkeit für eine pädosexuelle Delinquenz bei vorausgegangener Viktimisierung größer ist als die Wahrscheinlichkeit für eine pädosexuelle Delinquenz ohne vorausgegangene Viktimisierung. Im Gegensatz dazu bedeuten dann Werte kleiner als 1,00, dass

10 Vgl. dazu auch unsere Ausführungen zum Effektstärkemaß „Odds-Ratio" in Kapitel 3.2.

die Wahrscheinlichkeit für eine Delinquenz ohne Viktimisierung größer ist als die Wahrscheinlichkeit für eine Delinquenz mit Viktimisierung.

Nun lässt sich nicht nur die Chance für eine pädosexuelle Delinquenz als Quotient berechnen, sondern ein weiterer Quotient kann auch aus zwei Chancen berechnet werden, nämlich aus der oben erläuterten Chance, die mit den Daten von pädosexuellen Delinquenten ermittelt wird, und aus einer weiteren Chance, die mit den Daten von Mitgliedern einer Kontrollgruppe berechnet wird. In den Studien, die wir ausgewertet haben, bestand z.B. eine Kontrollgruppe aus adultsexuellen Straftätern. Auch unter diesen Tätern gab es Probanden, die in ihrer Kindheit pädosexuell missbraucht worden sind. Somit lässt sich auch für adultsexuelle Straftäter die Chance berechnen, dass sie vor ihrer Straftat pädosexuell viktimisiert worden sind.

Wenn nun die Chance einer pädosexuellen Viktimisierung unter pädosexuellen Delinquenten (= Untersuchungsgruppe, UG) in Relation gesetzt wird zur Chance einer pädosexuellen Viktimisierung unter adultsexuellen Delinquenten (= Kontrollgruppe, KG) ergibt sich die von uns in unserer MEMA benutzte abhängige Variable in Form eines Odds-Ratio:

$$OR = [P(Y)_{UG}/1 - P(Y)_{UG}]/[P(Y)_{KG}/1 - P(Y)_{KG}]$$

Mit diesem Odds-Ratio wird gemessen, um wie viel größer bzw. kleiner die Chance einer pädosexuellen Viktimisierung unter pädosexuellen Delinquenten (= Mitglieder der Untersuchungsgruppe) im Verhältnis zur Chance einer pädosexuellen Viktimisierung unter adultsexuellen Delinquenten (= Mitglieder der Kontrollgruppe) ist. Eine Bestätigung der POTT-Hypothese wird dementsprechend durch ein Odds-Ratio signifikant größer als 1,00 erreicht.

Da das Odds-Ratio asymmetrisch um 1,00 verteilt ist ($OR: 0 \rightarrow 1{,}00 \rightarrow \infty$), wird in der MEMA das logarithmierte Odds-Ratio als abhängige Variable benutzt: ($\ln(OR): -\infty \rightarrow 0{,}00 \rightarrow +\infty$). Wenn also im Nullmodell (s.u.) einer MEMA-Regression mit der abhängigen Variablen „ln(OR)" ein Regressionskoeffizient „g_0" (=Konstante auf der zweiten Modellebene, s.u.) von größer als 0,00 geschätzt wird, bedeutet dies in unseren Analysen, dass nach den Ergebnissen der von uns ausgewerteten Primärstudien die durchschnittliche Chance für eine pädosexuelle Viktimisierung unter den Mitgliedern der Untersuchungsgruppe größer ist als unter den Mitgliedern der Kontrollgruppe. Alle Werte oberhalb von 0,00 würden somit die POTT-Hypothese bestätigen. Zu beachten ist allerdings, dass in unseren Tabellen in Kap. 5.3 bis 5.5 nicht „g_0" sondern „$\exp(g_0)$" ausgewiesen wird (s.u.) und $\exp(g_0)$ muss zur Bestätigung der POTT-Hypothese nicht größer als 0,00 sondern größer als 1,00 sein (mehr dazu im Folgenden).

In unserer Meta-Analyse wird das Odds-Ratio für jede Primärstudie, die in die Untersuchung aufgenommen werden soll, zunächst nach der folgenden Formel A10.1 berechnet (vorausgesetzt die Daten sind in Form von Tabelle A10.1 gegeben, s. u.):

$$\text{OR} = \frac{\text{AD}}{\text{BC}} \tag{A10.1}$$

Sodann muss das Odds-Ratio für die MEMA noch logarithmiert werden. In SPSS geschieht dies z. B. mittels der Anweisung:

```
COMPUTE LOR = ln(OR).
```

Tabelle A10.1: Zweidimensionale Tabelle zur Berechnung des Odds-Ratio

	pädosex. Vikt.: ja	pädosex. Vikt.: nein	N
Untersuchungsgruppe	A	B	n_1
Kontrollgruppe	C	D	n_2

Wenn die abhängige Variable „ln(OR)" bzw. „LOR" (s. o.) berechnet und auch die Studienmerkmale als Werte von unabhängigen Z-Variablen (binär oder metrisch) abgespeichert wurden (z. B.: Z_1= Studie verwendet die enge Operationalisierung von Viktimisierung: j = 1/n = 0; Z_2 = Anzahl untersuchter Fälle in jeder Studie), dann sind die ersten Voraussetzungen erfüllt, um eine MEMA durchzuführen.

Bevor wir aber zeigen, wie die weiteren Input-Größen für die MEMA berechnet werden, wollen wir zunächst das formale Grundmodell der Mehrebenenmodellierung in einer Meta-Analyse verdeutlichen (die programmtechnische Umsetzung der MEMA mit dem Softwarepaket HLM wird im folgenden Kapitel A11 erläutert).

Die Mehrebenenmodellierung der Meta-Analyse[11]

Die formale Logik von Mehrebenenmodellen zur Meta-Analyse lässt sich wie folgt skizzieren (zur inhaltlichen Modelllogik vgl. Kap. 3.3):

Für jede j-te Primärstudie ergibt sich der Wert der abhängigen Variablen „Y" bzw. der Wert der logarithmierten Effektstärke „ln(OR)" aus seinem

---

11 Bei dieser Darstellung folgen wir im Wesentlichen den Ausführungen von Hox 2010: 205–230.

wahren Wert in der Population (β_0) und einem Stichprobenfehler (e), was in der folgenden Gleichung A10.2 verdeutlicht wird:

(A10.2) $$Y_j = \beta_{0j} + e_j$$

In Gleichung A10.2 sind keine Prädiktoreneffekte von X-Variablen (βX) enthalten. Dies unterscheidet die spezielle Mehrebenenmodellierung der Meta-Analyse von der allgemeinen Mehrebenenmodellierung, bei der in das Modell A10.2 auch X-Prädiktoren bzw. Level-1-Prädiktoren aufgenommen werden können. Solche X-Variablen wären z.B. das Alter oder die Ausbildung einzelner Probanden, die in den diversen Primärstudien untersucht worden sind. Solche Daten stehen uns allerdings üblicherweise in der Meta-Analyse nicht zur Verfügung, da es in aller Regel nicht möglich ist, die Roh-Datensätze der einzelnen Primärstudien zu erhalten und diese sekundäranalytisch auszuwerten.

Bezüglich Gleichung A10.2 wird angenommen, dass der Stichprobenfehler „e_j" normal-verteilt ist und eine bestimmte Varianz (σ^2_j) aufweist. Diese Varianz wird auch als „Studienvarianz" oder als „Level-1 Varianz" (entsprechend der inhaltlichen Logik von MEMAs, vgl. Kap. 3.3) bezeichnet:

(A10.2a) $$Var(e_j) = \text{Studienvarianz} = \text{Level-1 Varianz} = \sigma^2_j$$

Wie Gleichung A10.2 zeigt, kann die abhängige Variable „Y" bzw. die Effektstärke „ln(OR)" über die verschiedenen j-ten Primärstudien hinweg variieren. Die Variation der Effektstärken wird dadurch ausgelöst, dass β_0 von verschiedenen Merkmalen (Z) der Primärstudien abhängt. So ist z.B. die Anzahl der Probanden, die in einer Primärstudie untersucht werden, eine Variable (Z), die einen Einfluss (γ) auf β_0 ausübt. Denn alle Z-Variablen sind Prädiktoren auf Ebene 2 (Level-2) des Mehrebenenmodells, da sie sich auf Merkmale der einzelnen Primärstudien (Ebene 2) und nicht auf Merkmale von einzelnen Probanden (Ebene 1) beziehen. Die folgende Gleichung A10.3 zeigt diesen Zusammenhang.

(A10.3) $$\beta_{0j} = \gamma_0 + \gamma_1 Z_{1j} + \dots + \gamma_p Z_{pj} + u_j$$

Wie Gleichung A10.3 verdeutlicht, haben die Z-Variablen keinen deterministischen Einfluss auf β_0. Es gibt immer noch ein Residuum „u", das zur Größenbestimmung von β_0 beiträgt. Wie auch schon bei den *e*-Fehlern (s.o.) wird auch für die *u*-Fehler angenommen, dass sie normalverteilt sind und eine bestimmte Varianz „σ^2_u" aufweisen:

(A10.3a) $$Var(u_j) = \text{Level-2 Varianz} = \sigma^2_u$$

Wenn nun Gleichung A10.3 in Gleichung A10.2 eingefügt wird, ergibt sich die folgende Gleichung A10.4:

(A10.4) $$Y_j = \gamma_0 + \gamma_1 Z_{1j} + \ldots + \gamma_p Z_{pj} + u_j + e_j$$

Falls die Level-2 Varianz „σ^2_u" signifikant ist, beschreibt die Gleichung A10.4 auch ein „random coefficient"-Modell, da die durch „Y" abgebildeten Zusammenhänge von Primärstudie zu Primärstudie in Abhängigkeit von „Z" variieren.

Sollte es in einem Modell keine Z-Variablen zur Erklärung der Variation von Y geben, so reduziert sich das Modell A10.4 zu folgendem Modell A10.5, das ebenfalls ein „random-coefficient"-Modell ist:

(A10.5) $$Y_j = \gamma_0 + u_j + e_j$$

Das Modell A10.5 wird auch als „Nullmodell" bezeichnet. Jede Mehrebenenanalyse beginnt immer mit der Schätzung des Nullmodells. Diese Schätzung (mit einer abh. Variablen, aber ohne Prädiktorvariablen) dient als Referenz für die Beurteilung des Schätzerfolgs von vollständigen Modellen (Modelle mit Prädiktor/en). Der Schätzwert „g_0" für die Konstante (bzw. für das Intercept) „γ_0" im Nullmodell lässt sich als Schätzung des Erwartungswerts oder (praxisnäher:) des Mittelwerts der abhängigen Variablen interpretieren. In unserem Falle informiert also die Konstante über die durchschnittliche Effektstärke (bzw. das mittlere logarithmierte Odds-Ratio) von allen Primärstudien, die in die MEMA einbezogen wurden.

Die Schätzung der Varianzkomponente „u" im Nullmodell liefert ein Maß für die Variation der Effektstärke zwischen den einzelnen Studien. Auf diese Weise können im Nullmodell der MEMA die gleichen Ergebnisse wie in der kMA (dort aber über zwei Verfahrensschritte, vgl. Kap. 5.1) berechnet werden.

Je geringer die *u*-Varianz (σ^2_u bzw. Level-2-Varianz) ist, d. h. je weniger Variation für das Intercept zwischen den Einheiten der zweiten Ebene vorliegt (u_{0j}), desto geringer ist auch der empirische Anlass, ein Mehrebenenmodell zu schätzen. In Modell A10.4 ist „σ^2_u" die Varianz von „u" zwischen den Studien nachdem die erklärenden Z-Variablen in das Modell eingebracht wurden. Somit ist die Differenz zwischen „σ^2_u" im Nullmodell und im Prädiktorenmodell als derjenige Varianzanteil zu interpretieren, der im Modell von den Z-Variablen statistisch erklärt werden kann.

Die Koeffizienten „γ" der oben erläuterten Gleichung A10.4 werden in der MEMA mittels eines bestimmten Schätzverfahrens (s. u.) als „g"-Koeffizienten geschätzt. Sind es g-Koeffizienten, die zu einer bestimmten Z-Variablen gehören, so indizieren sie die Einflussstärke dieser unabhängigen Z-Variablen (z. B. von der „Fallzahl einer jeden Studie“) auf die Effektstärke „ln(OR)“.

Die Gleichung A10.4 kann auch entlogarithmiert werden. Dann wird aus Y bzw. aus „ln(OR)“ die neue abhängige Variable „OR“ und aus den g-Koeffizienten werden die neuen Koeffizienten „exp(g)“. Sie lassen sich dann im Sinne eines Multiplikationsfaktors interpretieren. So wird z. B. aus einem g von „1,25“ der neue Wert „exp(1,25) = 3,50“, sodass ein geschätzter Interceptwert von „exp(0,69) = 2,00“ auf einen neuen Wert von 2,00 × 3,50 = 7,00 ansteigen könnte, wenn sich die dazugehörige Z-Variable um eine empirische Einheit vergrößerte. Dies bedeutete, dass bei einem Wechsel der Z-Prädiktorvariablen von Z = 0 auf Z = 1 das Chancenverhältnis zwischen der Chance, nach einer pädosexuellen Viktimisierung auch selbst pädosexuell delinquent zu handeln, und der Chance, nach einer pädosexuellen Viktimisierung keinerlei pädosexuelle Delinquenzfolgen zu zeigen, vom 2-Fachen auf das 7-Fache zugunsten einer späteren Delinquenz ansteigen kann (zur Logik der hier berichteten Einflusskoeffizienten vgl. auch Urban/Mayerl 2011: 340–345).

MEMA-Schätzmethode (RML vs. FML) und Moderatoranalyse[12]

Zur Schätzung der MEMA-Modellparameter können zwei verschiedene Schätzmethoden eingesetzt werden: die RML- und die FML-Methode. Generell betrachtet wird bei einer MEA die Varianz des Intercepts mit dem „restricted maximum likelihood“-Algorithmus (RML) exakter geschätzt als mit dem „full maximum likelihood“-Algorithmus (FML).[13] Da sich gerade bei einer MEMA (im Unterschied zu einer konventionellen MEA) das Interesse besonders auf das Ausmaß der zu schätzenden Varianz richtet (s. o.), ist dafür die Verwendung der RML-Methode zu empfehlen.

Der FML-Algorithmus sollte hingegen benutzt werden, wenn verschiedene, ineinander geschachtelte Modelle, die z. B. verschiedene Untergruppen von Moderatorvariablen verwenden, miteinander zu vergleichen sind. Denn wenn dabei die FML-Methode benutzt wird, können die Schätzwerte der Regressionskoeffizienten und die Anpassungswerte („Deviances“) von mehreren geschachtelten Modellen mittels Chi^2-Tests gegeneinander getestet werden.

Wenn also die Konsequenzen von Moderatoreffekten statistisch untersucht und dazu Devianz-Tests interpretiert werden sollen (wie in Kap. 5.4 und 5.5), ist es vorteilhaft, beide genannten ML-Schätzmethoden einzuset-

---

12 Bei dieser Darstellung folgen wir im Wesentlichen den Ausführungen von Hox 2010: 41, 215, 217.

13 Die Schätzergebnisse nach der RML-Methode entsprechen auch eher den Ergebnissen der klassischen Meta-Analyse (kMA).

zen. Zudem empfiehlt es sich gerade zur Bestimmung der Signifikanz der Intercept-Varianz, eher Devianz- als Wald-Tests zu benutzen, welche eine größere Teststärke aufweisen und deshalb bei kleinen Fallzahlen von Vorteil sein können.

Mit Blick auf die Bestimmung der Signifikanzen einzelner Prädiktoreffekte ist zu beachten, dass bei kleinen Fallzahlen die Berechnung von Konfidenzintervallen unter Annahme der Standardnormalverteilung zu einer Unterschätzung der Irrtumswahrscheinlichkeit führen kann. Daher bietet sich für diese Signifikanztests die Verwendung der Student-t-Verteilung an, bei welcher die Freiheitsgrade nach „k – p – 1" berechnet werden (k = Zahl der Studien; p = Anzahl der zu schätzenden Parameter im Modell).[14] Im von uns verwendeten Statistikprogramm „HLM 7.0" (vgl. Kap. A11) ist dies der Standardtest für Regressionskoeffizienten (Hox 2010: 229).

Für die Überprüfung des Einflusses verschiedener Moderatorvariablen ist in der MEMA zu berücksichtigen, dass die dabei verwendeten Variablen oft hochgradig untereinander korrelieren. Das kann bei multivariaten Modellschätzungen zu Multikollinearitätsproblemen führen. Daher sollten in der MEMA möglichst sparsame Modelle geschätzt und nur die „bedeutsamsten" Moderatorvariablen bei der Gesamtschätzung verwendet werden (Hox 2010: 221). Ein Multikollinearitätstest lässt sich unter Verwendung der von Lipsey/Wilson (2001) vorgeschlagenen WLS-Methode[15] und mittels Bestimmung von Toleranzwerten durchführen (z.B. unter Verwendung von SPSS; vgl. dazu Urban/Mayerl 2011: 231 ff.).

Berechnung der Studienvarianz[16]

Wie oben bereits ausgeführt, ist ein Hauptunterschied zwischen einer klassischen Mehrebenenanalyse und einer speziellen Mehrebenenanalyse für eine Meta-Analyse, dass bei einer MEMA die Daten auf der ersten Ebene (Level-1 Variablen) nicht in roher Form vorliegen, sodass Informationen über statistische Kennwerte, die auf Ebene 1 liegen, aus den aggregierten Studienberichten, also aus Level-2 Kennwerten abgeleitet werden müssen. Das führt u.a. dazu, dass die Statistikprogramme, die für eine MEMA verwendet werden, die Varianz der abhängigen Variablen auf der Individualebene nicht automatisiert berechnen können. Folglich muss auch die Information über die Studienvarianz einer jeden Primärstudie der jeweiligen Software manu-

---

14 Ansonsten ergibt sich die Anzahl der Freiheitsgrade (df) für jedes Modell nach „k – p" (k = Zahl der Studien; p = Anzahl der zu schätzenden Parameter im Modell).

15 Vgl. dazu Hox 2010: 211.

16 Bei dieser Darstellung folgen wir im Wesentlichen den Ausführungen von Borenstein et al. 2009: 33.

ell (d. h. als Dateninput) zur Verfügung gestellt werden. Dazu ist eine individuelle Berechnung von jeder Studienvarianz notwendig (s. u.).

Die Bestimmung der Studienvarianz kann dadurch erfolgen, dass die Inverse der Ziehungsvarianz (der quadrierte Standardfehler), welche auch als die Präzision (engl.: „precision“) bezeichnet wird, als Gewicht auf der ersten Ebene der Mehrebenenanalyse verwendet wird.[17] Diese Methode ist die am häufigsten eingesetzte Technik zur Durchführung einer MEMA. Sie wird auch im von uns benutzten EDV-Programm „HLM“ (Vers. 7.0) eingesetzt (dazu mehr im folgenden Kapitel A11).

Exemplarisch wird nachfolgend erläutert, in welcher Weise die Studienvarianz, die Präzision und der Intraklassenkorrelationskoeffizient (ICC) berechnet werden können.

Zur Berechnung der Studienvarianz gehen wir von folgendem Beispiel aus: In einer Primärstudie (j = 1) wären die in Tabelle A10.2 gezeigten Daten erhoben worden. Nach der Formel A10.1 (s. o.) ließe sich daraus ein Odds-Ratio als Effektstärkemaß berechnen. Das Odds-Ratio für die Zahlen in Tabelle A10.2 beträgt „2,1“ bzw. „ln(2,1) = 0,74“. Folglich ist die Chance, von Mitgliedern der Untersuchungsgruppe, eine pädosexuelle Viktimisierung erlebt zu haben, um das 2,1-Fache höher als die gleiche Chance von Mitgliedern der Kontrollgruppe.

Tabelle A10.2: Zweidimensionale Tabelle zur Berechnung der Studienvarianz

	pädosex. Vikt.: ja	pädosex. Vikt.: nein	N
Untersuchungsgruppe	46 (a)	136 (b)	n_1
Kontrollgruppe	5 (c)	31 (d)	n_2

17 Zudem muss in diesem Falle bei der Programmsteuerung von HLM (vgl. Kap. A11) die Varianz der abhängigen Variablen auf der niedrigsten Ebene auf einen Wert von 1,0 fixiert werden, damit das Programm auf diese Weise erfährt, dass die Varianz dieser Ebene nicht geschätzt sondern bereitgestellt wird. Dazu muss im Datensatz für die erste Ebene die Variable zur Studienvarianz enthalten sein (hier: LOR_var). Diese kann dann in HLM unter dem Menüpunkt „andere Einstellungen“ („Other Settings“) und dort unter „Einstellungen zur Schätzung“ („estimation settings“) und dem Menübutton „Gewichtung“ („Weighting“) in einem separaten Menü per Dropdownbutton bei „Studienvarianz“ bzw. „known Variance“ ausgewählt werden. Wenn die Auswahl erfolgreich war, wird dies dadurch indiziert, dass die Level-1 Varianz nun auf 1.00000 fixiert ist. Danach kann in HLM die MEMA wie jede andere MEA vorgenommen werden. Vgl. dazu auch die Ausführungen zur praktischen Steuerung von HLM in Anhang A11.

Für die oben berechnete Effektstärke von 2,1 (in der Primärstudie j = 1) lässt sich die Studienvarianz nach der folgenden Formel A10.6 ermitteln

(A10.6) $$\sigma^2_j = 1/a+1/b+1/c+1/d$$

$$\sigma^2_1 = 1/46+1/136+1/5+1/31 = 0{,}26135$$

Somit weist die auf das Odds-Ratio bezogene Studienvarianz in Primärstudie j = 1 einen Wert von 0,26 (gerundet) auf.

In einer MEMA ist diese Berechnung für jede berücksichtigte Studie durchzuführen und in einer Variablen abzuspeichern.

Wird die Studienvarianz auf diese Weise berechnet, gehen auch die Fallzahlen der Primärstudien als Gewichte in die MEMA ein. Das heißt, dass die Meta-Analysen durch Verwendung der Studienvarianz nicht nur auf Grundlage der Anzahl berücksichtigter Primärstudien (hier bis zu 30 Studien), sondern auch auf Grundlage der dabei insgesamt berücksichtigten Probandenzahl (hier bis zu ca. 3 900 Probanden) durchgeführt werden.

Für die Berechnung des Intraklassenkorrelationskoeffizienten (ICC) muss noch von allen Studienvarianzen aller Primärstudien der arithmetische Mittelwert gebildet und in der entsprechenden Formel berücksichtigt werden. Mehr dazu im folgenden Textabschnitt.

Berechnung von „Präzision“ und „Intraklassenkorrelationskoeffizient“ (ICC)

Wenn die Variable „LOR_var“ (also die Studienvarianz, s. o.) gebildet wurde, kann auch die Variable zur Messung der Präzision (s. o.) erstellt werden. In SPSS erfolgt dies mittels der folgenden Syntax:

```
COMPUTE precision = 1/LOR_var.
```

Bildet man den Mittelwert der Variablen zur Studienvarianz „LOR_var“ (bspw. in SPSS mittels: FREQUENCIES LOR_var/STAT MEAN.), kann unter Verwendung dieses Mittelwerts und der über die MEMA geschätzten Varianz für die zweite Ebene der Intraklassenkorrelationskoeffizient (ICC) berechnet werden (zum ICC vgl. die Ausführungen in Kap. 5.3). Das funktioniert unter Verwendung der folgenden Formel:

(A10.7) $$\rho = \sigma^2_u/(\sigma^2_u + \sigma^2_e)$$

Wenn z. B. für die Studienvarianz (= Varianz auf der ersten Ebene) ein Wert von „$\sigma^2_e = 0{,}38$“ ermittelt wurde, und in einem MEMA-Nullmodell (s. o.) für die Varianz auf der zweiten Ebene ein Wert von „$\sigma^2_u = 0{,}24$" geschätzt wurde, ergibt sich nach Gleichung A10.7 ein ICC von:

$$\rho = 0{,}24/(0{,}24+0{,}38)=0{,}38662$$

Damit läge der ICC bei einem Wert von 0,39 (gerundet) und somit wären im analysierten Datensatz rund 40 % der Effektstärken-Varianz auf Merkmale der zweiten Datenebene, also auf Studienmerkmale, zurückzuführen.

A11 Programmtechnische Informationen zur Durchführung einer MEMA mittels HLM

Die nachfolgenden Ausführungen veranschaulichen Schritt für Schritt die Durchführung einer Mehrebenen-Meta-Analyse (kurz: MEMA) unter Verwendung der Software HLM 7.0. Im ersten Teil dieser Beschreibung wird die Erstellung eines Datensatzes und im zweiten Teil die Spezifikation von Modellen sowie die Auswahl von Algorithmen und die „Gewichtung" der Beobachtungen (im Fall der MEMA also die Eingabe der Studienvarianz, vgl. A10) erläutert.[18]

1. Erstellung eines HLM-Datensatzes

Für eine MEMA müssen zunächst die zu analysierenden Daten in HLM eingelesen werden. Dazu wird der Punkt „Make new MDM file" ausgewählt und im ausklappenden Drop-Down-Menü angegeben, ob der Datensatz im ASCII-Format oder dem Format eines Statistikprogramms („Stat package input") vorliegt (standardmäßig ist dies SPSS) (siehe Abbildung A11.1).

Abbildung A11.1

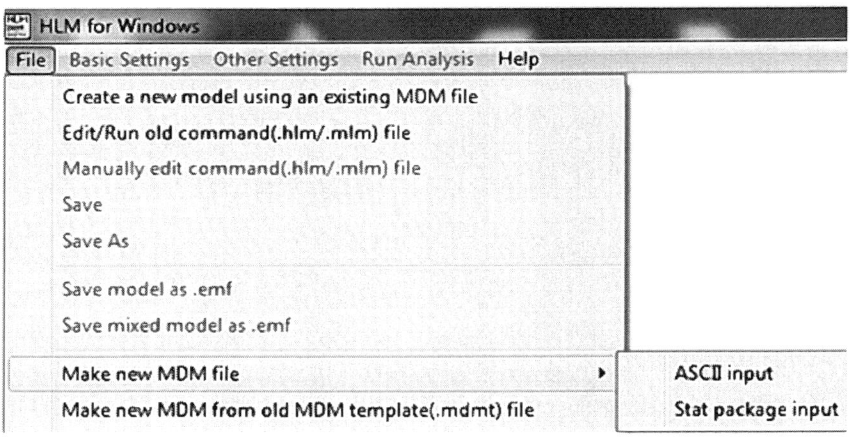

Nachdem diese Auswahl getroffen wurde, ist vor dem Einlesen der Daten noch die hierarchische Struktur dieser Daten anzugeben. Im Fall der

18 Weitere Informationen zu HLM finden sich in Raudenbush et al. (2004) und Raudenbush/Bryk (2002) sowie auf der Homepage von SSI-Central: http://www.ssicentral.com/hlm/examples.html.

MEMA handelt es sich um sog. „Nested Models“ und in unserem Fall um Modelle mit zwei Ebenen. Daher ist der „MDM type“ „HLM2“ auszuwählen und diese Auswahl mit „OK“ zu bestätigen (siehe Abbildung A11.2).

Wurde diese Auswahl getroffen, kann der Datensatz bzw. können die Datensätze, welche die Informationen für die unterschiedlichen Ebenen enthalten, eingelesen werden. Dabei kann ein und derselbe Datensatz die Informationen zu beiden Ebenen enthalten. Ist das der Fall, muss dieser Datensatz einmal als Level-1 File und einmal als Level-2 File eingelesen werden. Dazu ist jeweils der „Browse“-Button anzuklicken (siehe Abbildung A11.3).

Abbildung A11.2

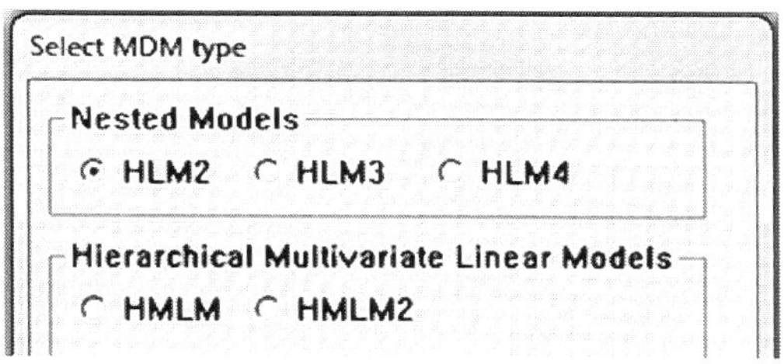

Abbildung A11.3

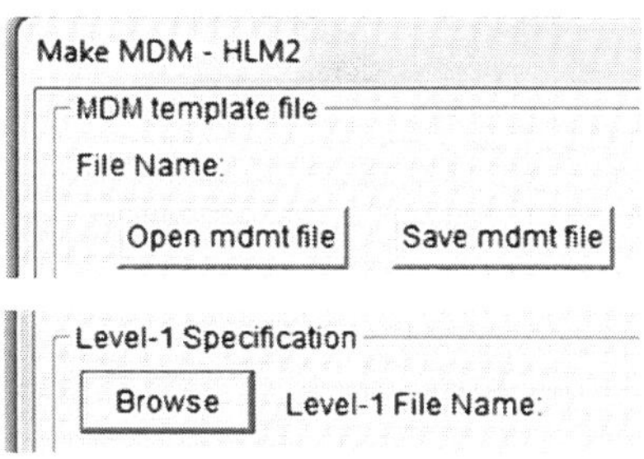

Danach kann der betreffende Datensatz ausgewählt und in den Speicher eingelesen werden (hier handelt es sich um den Datensatz „MAPS_N26“) (siehe Abbildung A11.4). Wurden die Datensätze (oder wie hier der gleiche Datensatz zweimal) eingelesen, können die Variablen für die unterschiedlichen Ebenen ausgewählt werden. Dazu ist der Button „Choose Variables“ anzuklicken (siehe Abbildung A11.5, rechts unten). In dem sich öffnenden Fenster werden alle Variablen angezeigt, die im Datensatz enthalten sind.

Abbildung A11.4

Abbildung A11.5

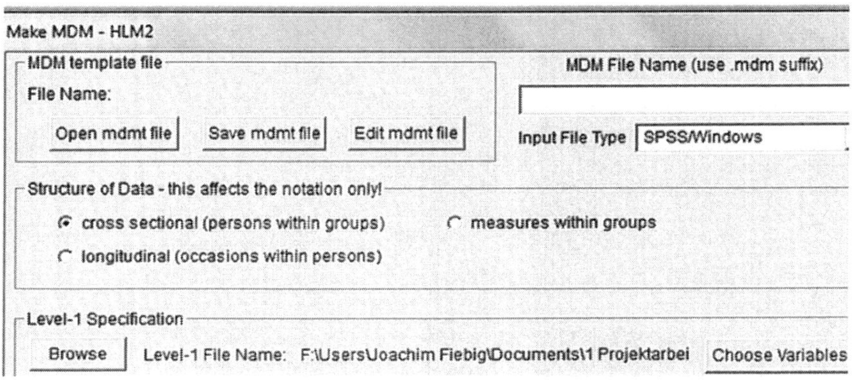

Unabhängig von der Ebene, die ausgewählt wurde, muss die Variable, welche die Identifikation der zweiten bzw. höchsten Ebene ermöglicht, mittels Klick als „ID" ausgewiesen werden. Dazu wird neben der betreffenden Variablen (hier „ID") der Haken in das betreffende Kästchen gesetzt. Alle Haken, die neben den Variablen in die Kästchen mit der Abkürzung „MDM" („Multivariate Data Matrix") gesetzt werden, weisen diese als Variablen der betreffenden Ebene aus (hier, der Ebene 1; z.B. „LOR_ESVA" als die Studienvarianz, die auf der Individualebene vorliegt) (siehe Abbildung A11.6, linker Kasten). Die gleiche Prozedur wird mit dem Datensatz zur Ebene 2 wiederholt, wobei hier dann eben die Variablen der Ebene 2 ausgewählt werden, wie etwa die Fallzahl oder die methodische Güte (siehe Abbildung A11.6, rechter Kasten).

Abbildung A11.6

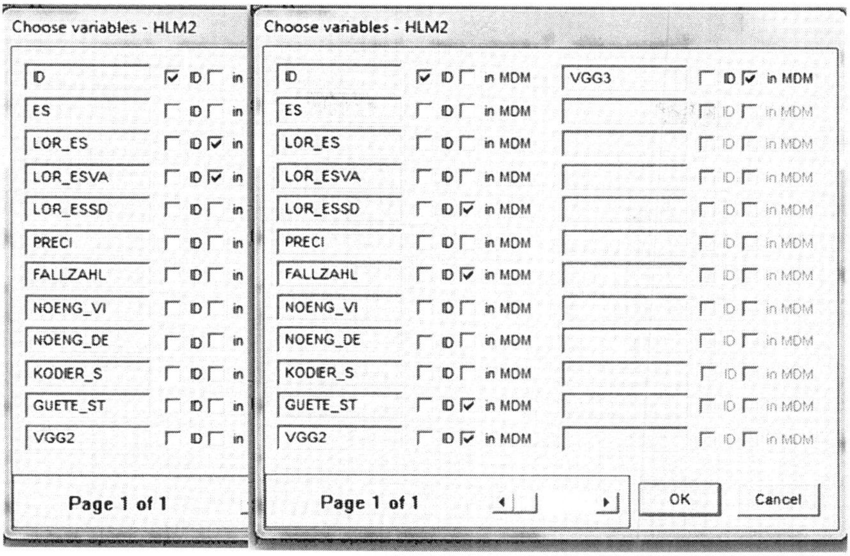

Wurden alle Variablen ausgewählt, muss die in diesem Vorgang erstellte multivariate Datenmatrix abgespeichert werden. Dazu ist zunächst ein Name für diese zu vergeben, wofür in das freie Feld unter „MDM File Name (use .mdm suffix)“ zu klicken ist (siehe Abbildung A11.7). Dieser Schritt ist nicht gesondert zu bestätigen, etwa durch den Klick auf einen weiteren Button. Im Anschluss lässt sich die MDM-Template-File („*.mdmt“) nach Klick auf „Save mdmt file“ in einem gewählten Ordner und mit gewähltem Namen abspeichern (siehe Abbildung A11.7).

Abbildung A11.7

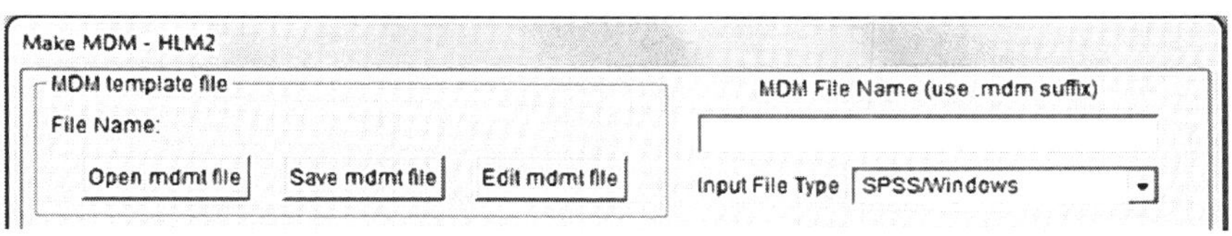

Ist auch dieser Schritt erfolgt, kann die multivariate Datenmatrix erstellt werden. Hierfür ist ein Klick auf den Button „Make MDM“ nötig (siehe Abbildung A11.8, links unten). Wenn beim verwendeten Datensatz „listewisedeletion“ durchgeführt wurde (was im Fall von MEMA eine durchaus angemessene Vorgehensweise sein kann), können dazu alle übrigen Einstellungen auf den voreingestellten Werten bleiben.

Abbildung A11.8

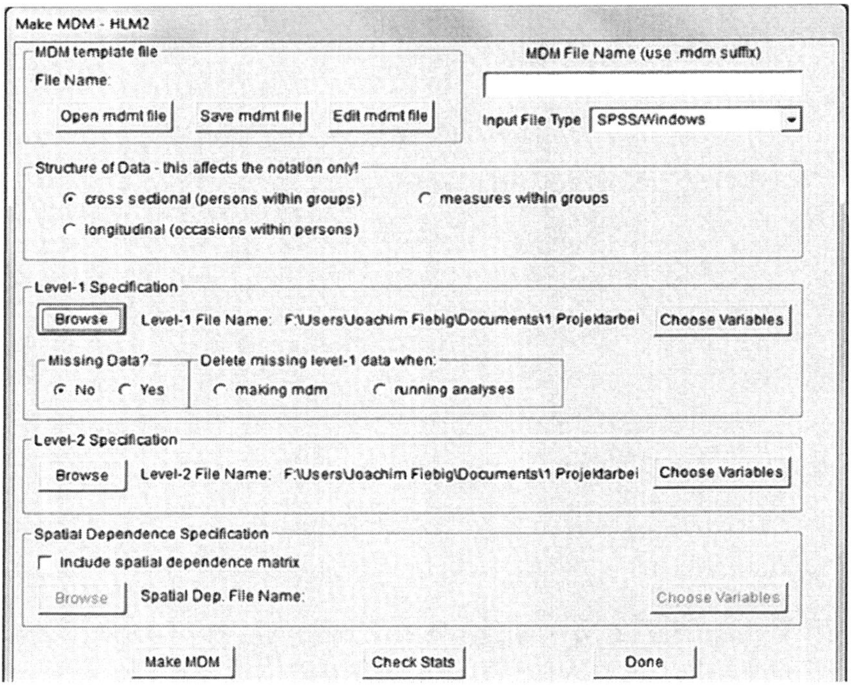

Wurde die Datenmatrix erstellt, was durch das Erscheinen eines schwarzen DOS-Fensters indiziert wird (siehe Abbildung A11.9), müssen die deskriptiven Statistiken erneut und dieses Mal in einer *.txt Datei, die in einem Editor-Fenster angezeigt wird, nach dem Klick auf den Button „Check Stats“ überprüft werden (siehe Abbildung A11.8 bzw. A11.10). In beiden Fenstern sind dabei Informationen zu den Variablen der unterschiedlichen Ebenen enthalten. Bei diesen handelt es sich um Angaben zur Fallzahl, dem Mittelwert, der Standardabweichung sowie zur Minimal- und zur Maximalausprägung der betreffenden Variablen. Im Editorfenster werden darüber hinaus die Namen der „mdm“- und der „mdmt-Dateien“ sowie das Bearbeitungsdatum gezeigt.

Erst nach dieser Prüfung kann mit einem Klick auf den neben dem „Make MDM“ befindlichen Button „Done“ die Erstellung des Datensatzes abgeschlossen werden (siehe Abbildung A11.8). Das Programm wechselt gleichzeitig in die Anzeige der Modellierungsoptionen. Im nachfolgenden Abschnitt wird erläutert, wie die Modellspezifizierung und die Einstellung der Schätzalgorithmen etc. vorgenommen werden.

Abbildung A11.9

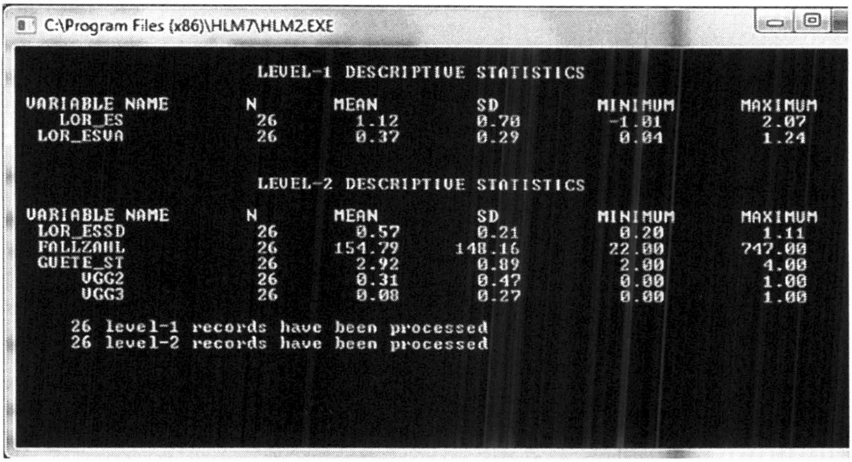

Abbildung A11.10

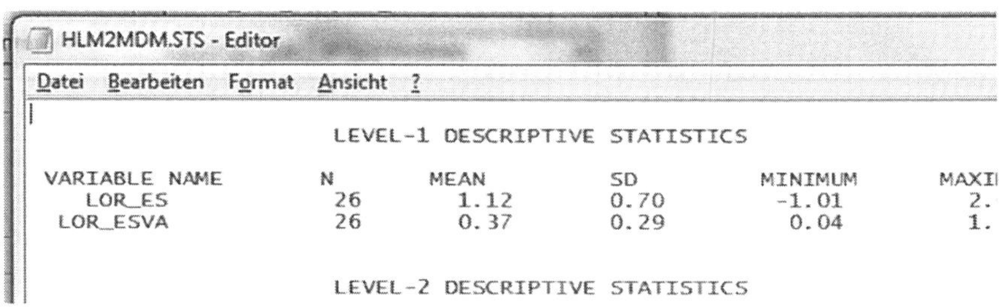

2. Modellierung, Algorithmen und Gewichtung

Der Bildschirm mit den Modellierungsoptionen ist in zwei Fenster unterteilt: in ein schmales, vertikales Band auf der linken Seite, welches die abhängige und die unabhängigen Variable/n der unterschiedlichen Ebenen zeigt, und in ein breites Fenster auf der rechten Seite, in welchem die Regressionsgleichungen für die unterschiedlichen Ebenen abgebildet werden, sobald das Modell spezifiziert wurde (siehe Abbildungen A11.11 bis A11.14). Die Buttons „Level 1“ und „Level 2“ erlauben das Hin- und Herschalten zwischen den Ansichten der Variablen bezüglich der betreffenden Ebenen.

Um mit der Modellierung zu beginnen, ist als erstes die abhängige Variable (AV) zu bestimmen. Im Fall unserer Modelle ist dies immer das logarithmierte Odds-Ratio bzw. die logarithmierte Effektstärke (hier: „LOR_ES“). Um diese als AV zu deklarieren, muss mit einem Linksklick auf die betreffende Variable das Kontextmenü geöffnet und die Option „Outcome variable“ ausgewählt werden (wenn noch keine Variable als AV bestimmt wurde, sind die übrigen Optionen nicht verfügbar und daher ausgegraut) (siehe Abbildung A11.12).

Abbildung A11.11

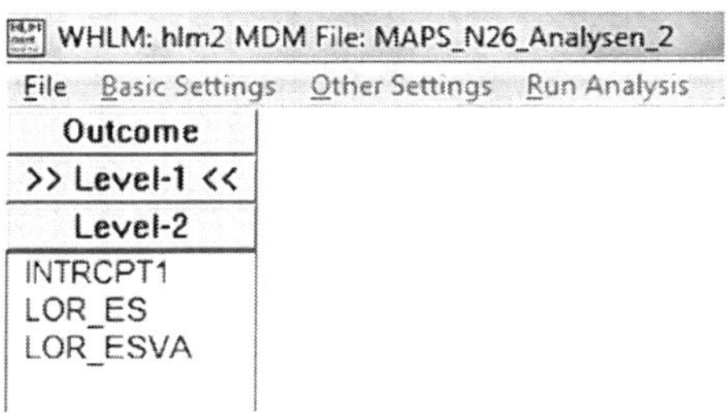

Abbildung A11.12

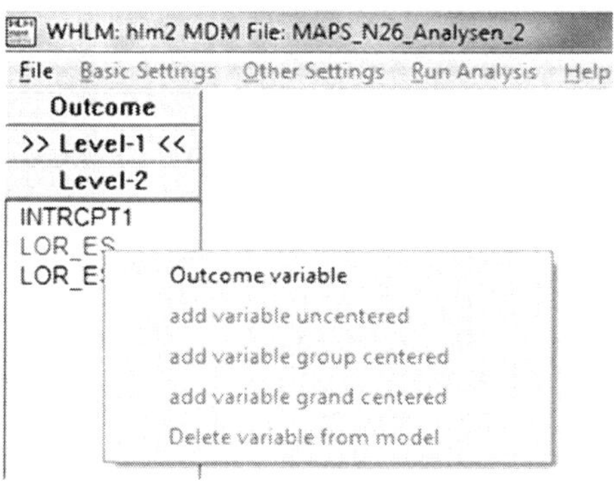

Wurde eine AV deklariert, dann erscheinen die Gleichungen für die beiden Ebenen auf der rechten Bildschirmfläche (siehe Abbildung A11.13). Danach lassen sich die Modelle spezifizieren, indem nach und nach die interessierenden unabhängigen Variablen (UV) dem Modell hinzugefügt werden. Dies funktioniert wie bei der AV über das Öffnen des Kontextmenüs mittels Linksklick und einer entsprechenden Auswahl.

Abbildung A11.13

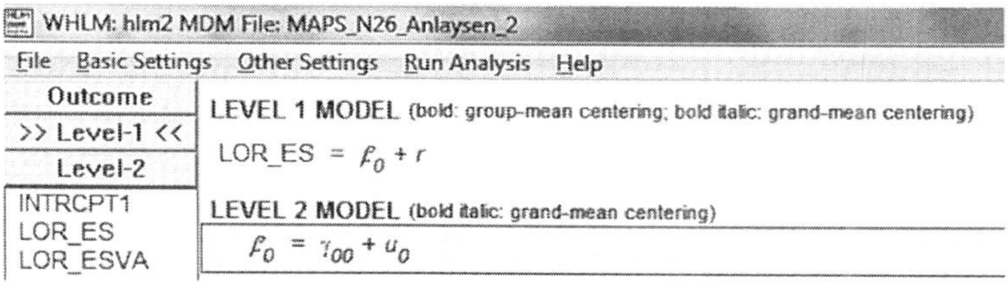

Wenn kein bestimmtes analytisches Forschungsinteresse vorliegt, empfiehlt es sich, die Variablen in der rohen Form einzufügen („add variable uncentered"). Unsere Abbildung A11.14 zeigt das vollständige Modell P4a mit den UV „Standardfehler der Effektstärke" (SE-ES), „Fallzahl" (Fallzahl), „methodische Studiengüte" (GUETE_ST) und die Kontrollvariablen zu den untersuchten Vergleichsgruppen, wobei hier als Referenz diejenigen Studien dienen, die adultsexuelle Straftäter als Kontrollgruppe benutzen. Damit weisen die Kontrollvariablen diejenigen Studien aus, die pädosexuelle mit „nichtsexuellen Straftätern" (VG2) bzw. mit „Nichtstraftätern" (VG3) vergleichen.

Abbildung A11.14

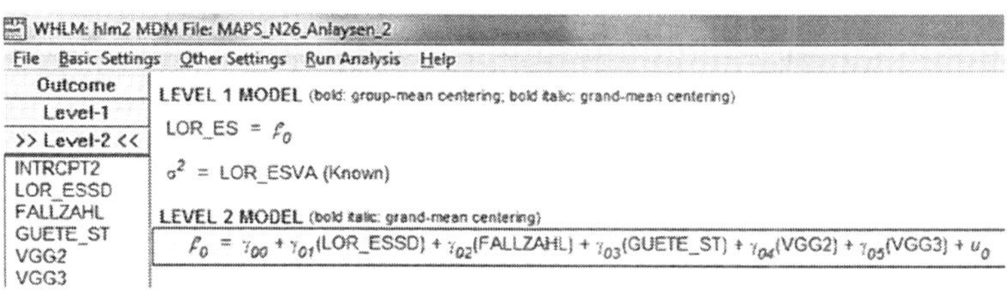

Bevor die Modellschätzungen durchgeführt werden können, müssen zunächst noch Anpassungen für das MEMA-Design sowie eine formale Änderung für die Ausspeicherung des Dateiformats für das Ergebnisfenster vorgenommen werden.

Beim Dateiformat empfiehlt sich, statt dem defaultmäßig eingestellten HTML-Format das TEXT-Format zu verwenden, da hiermit eine Konvertierung in andere Formate, die eine automatisierte Verwendung der vorhandenen Daten, wie etwa *.xml oder *.xlsx, erleichtern, einfacher vorgenommen werden können. Um das Dateiformat des Ergebnisoutputs umzustellen, muss in der Menüleiste am oberen Rand des Fensters die Option „Basic Settings“ angeklickt werden. Beim sich daraufhin öffnenden Fenster kann der Dateiname in die Zeile rechts neben der Bezeichnung „Output file name“ geschrieben und die betreffende Dateiendung von *.html in *.txt geändert werden (siehe Abbildung A11.15).

Abbildung A11.15

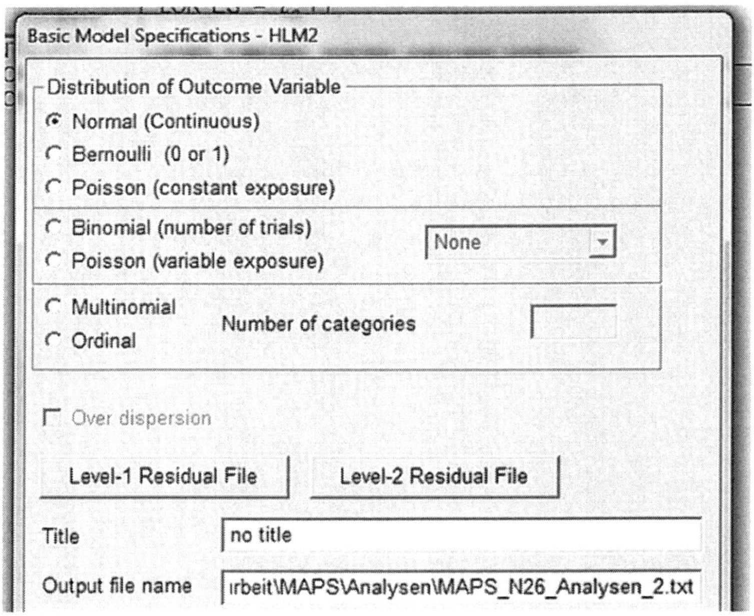

Um nun die MEMA-Modellschätzungen vornehmen zu können, muss dem Programm noch die Studienvarianz zur Verfügung gestellt werden (vgl. A10). Dazu ist der Punkt „Other Settings“ aus der Menüzeile auszuwählen. Ein Klick öffnet ein Drop-Down-Menü. Beim Unterpunkt „Estimation Settings“ können die betreffenden Einstellungen vorgenommen werden (siehe

Abbildung A11.16). Mit dessen Auswahl öffnet sich ein weiteres Fenster. Bei diesem lässt sich bei Bedarf auch der Algorithmus von „Restricted maximum likelihood" (RML) auf „Full maximum likelihood" (FML) umstellen (vgl. dazu die Ausführungen in A10).

Abbildung A11.16

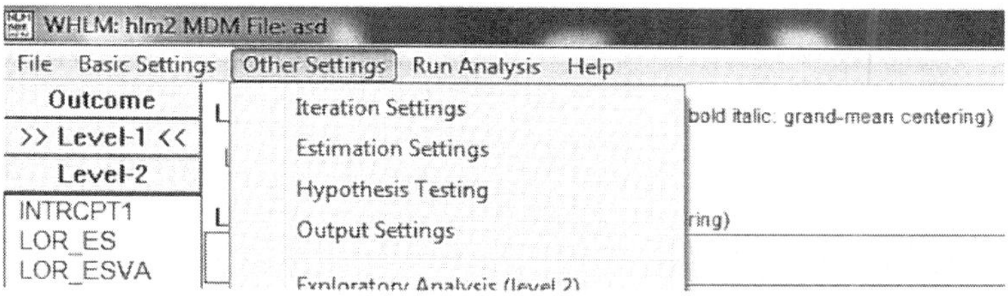

Abbildung A11.17

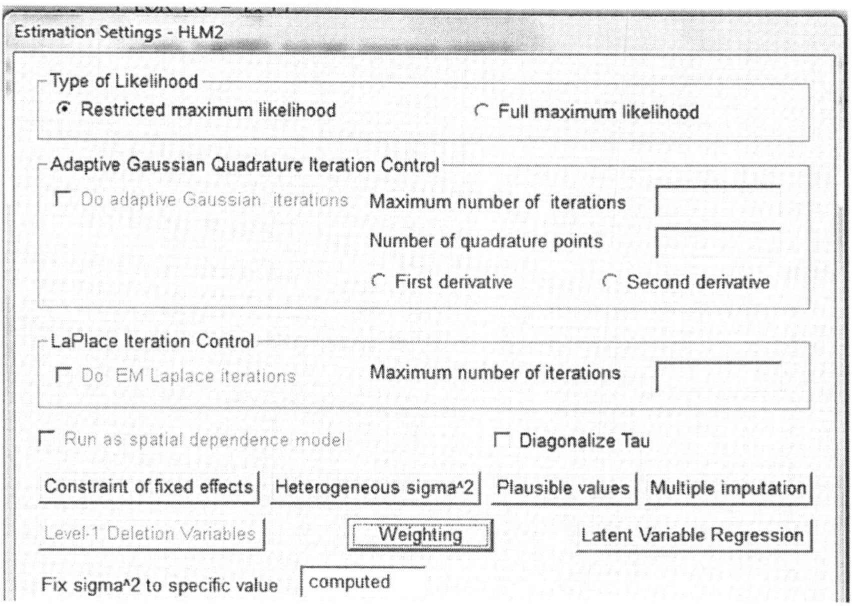

Für die Bereitstellung der Studienvarianz ist der etwas irreführende Button „Weighting" anzuklicken (siehe Abbildung A11.17), was dazu führt, dass sich ein weiteres Fenster öffnet. Bei diesem ist das unter der Bezeichnung

„Known variance" befindliche Drop-Down-Menü zu öffnen und diejenige Variable auszuwählen, welche die Information zur Studienvarianz enthält (hier „LOR_ESVA", für die Varianz der logarithmierten Effektstärken) (siehe Abbildung A11.18). Die Auswahl ist danach mit „Ok" zu bestätigen. War dies erfolgreich, sollte sich der Wert rechts neben „Fix sigma^2 to specific value" von „computed" zu „1.000000" verändert haben (vgl. Abbildung A11.17 und Abbildung A11.19). Das bedeutet, dass die Varianz auf Ebene 1 nicht durch HLM geschätzt wird, da sie nun bekannt ist.

Abbildung A11.18

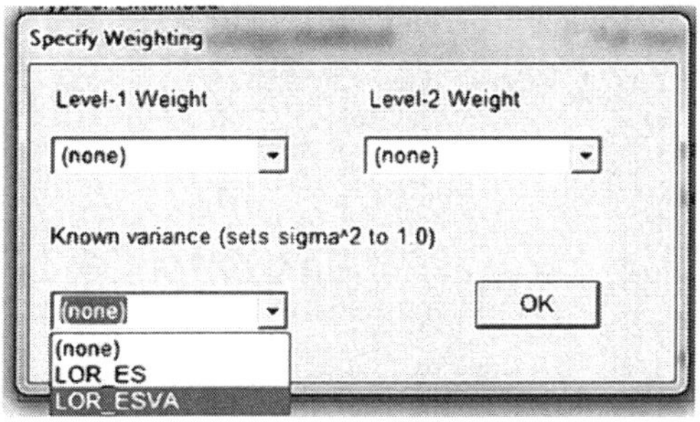

Abbildung A11.19

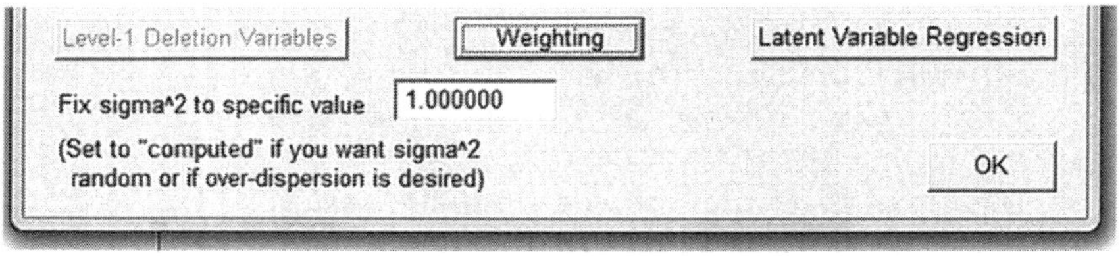

Anschließend kann die Modellschätzung mittels Klick auf „Run Analysis" in der oberen Menüzeile (vgl. z.B. Abbildung A11.16) vorgenommen werden. Daraufhin öffnet sich wieder ein neues Fenster, bei welchem schließlich nur noch der Button „Run the model shown" anzuklicken ist (siehe Abbildung A11.20). Ist dieser Klick gesetzt, öffnet sich erneut ein DOS-Fenster (siehe Abbildung A11.21) und die Iterationen laufen entweder bis zur erfolgreichen Konvergenz der Schätzung oder bis zum Erreichen einer im Voraus festgelegten Iterationszahl (defaultmäßig ist das 100, was unter → „Other

Settings“ → „Iteration Settings“ → „Number of (micro) iterations“ verändert werden kann; vgl. Abbildung A11.16).

Abbildung A11.20

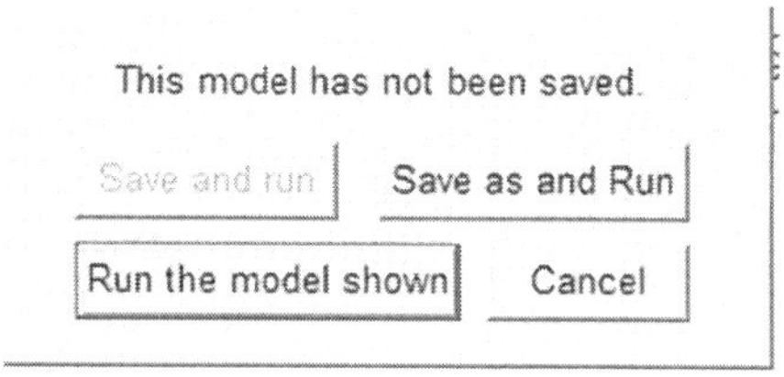

Wenn die Modellschätzung konvergiert, schließt sich nach einem kurzen Moment zunächst das DOS-Fenster. Anschließend öffnet sich das Output-Fenster. Wurde das Format des Outputs nicht vom HTML- auf das TXT-Format geändert, öffnet sich der Output im als Standard definierten Web-Browser. Für den Fall, dass die Dateiendung umgestellt wurde, öffnet sich ein neues Editor-Fenster mit der Output-Datei, welche Angaben zum Datum, der Fallzahl, der AV, der verwendeten „Gewichtungsvariable“, dem spezifizierten Modell in Gleichungsform, dem ICC, den Reliabilitätskoeffizienten, den Ergebnissen der Modellschätzungen und viele weitere Informationen enthält (die Abbildung A11.22 zeigt dies nur auszugsweise, da hier ansonsten eine Vielzahl von Screenshots abgebildet werden müsste).

Abbildung A11.21

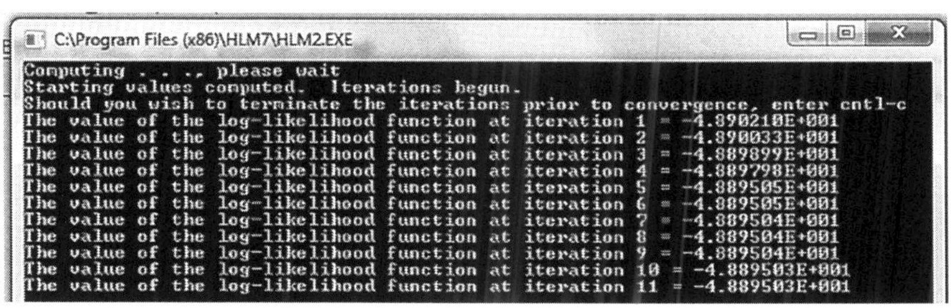

Um weitere Modellschätzungen mit veränderten Einstellungen vorzunehmen, sind die hier aufgezeigten Schritte ab Beginn des Textabschnitts „Modellierung, Algorithmen und Gewichtung“ erneut zu durchlaufen und entsprechend anzupassen.

Abbildung A11.22

MAPS_N26_Analysen_2.txt - Editor

Datei Bearbeiten Format Ansicht ?

```
 Program:                                HLM 7 Hierarchical Linear and Nonlinear Modeling
 Authors:                                Stephen Raudenbush, Tony Bryk, & Richard Congdon
 Publisher:                              Scientific Software International, Inc. (c) 2000
                                                              techsupport@ssicentral.com
                                                                     www.ssicentral.com
 -------------------------------------------------------------------------------
 Module:        HLM2.EXE (7.00.21106.30001)
 Date:          21 August 2014, Thursday
 Time:          17:24:14
 -------------------------------------------------------------------------------


 Specifications for this HLM2 run


  Problem Title: no title

  The data source for this run  = MAPS_N26_Anlaysen_2
  The command file for this run = C:\Users\JOACHI~1\AppData\Local\Temp\whlmtemp.hl
  Output file name              = F:\Users\Joachim Fiebig\Documents\1 Projektarbei
  The maximum number of level-1 units = 26
  The maximum number of level-2 units = 26
  The maximum number of iterations = 100

  Method of estimation: restricted maximum likelihood

 Weighting Specification
 -----------------------
                          Weight
                          Variable
            Weighting?    Name         Normalized?
 Level 1        no
 Level 2        no
 Precision     yes        LOR_ESVA          no

  The outcome variable is   LOR_ES


 Summary of the model specified (in hierarchical format)
 ---------------------------------------------------

Level-1 Model

        LOR_ES = B0 + r

Level-2 Model
        B0 = G00 + G01*(LOR_ESSD) + G02*(FALLZAHL) + G03*(GUETE_ST) + G04*(VGG2)
         + G05*(VGG3) + u0
```

Literatur

American Psychiatric Association, 1994: Diagnostic and statistical manual of mental disorders (4. Aufl.). Washington, DC: APA.

Apfelberg, B., Sugar, C., Pfeffer, A. Z., 1994: A psychiatric study of 250 sex offenders. The American Journal of Psychiatry 100: 762–770.

Atcheson, J. D., Williams, D. C., 1954: A study of juvenile sex offenders. The American Journal of Psychiatry 111: 336–370.

Awad, G. A., Saunders, E. B., 1998: Adolescent child molesters: clinical observations. Child Psychiatry and Human Development 19: 195–206.

Bagley, C., 1992: Characteristics of 60 children and adolescents with a history of sexual assault against others: evidence from a comparative study. Journal of Forensic Psychiatry & Psychology 3: 299–309.

Bagley, C., Wood, M., Young, L., 1994: Victim to abuser: mental health and behavioral sequels of child sexual abuse in a community survey of young adult males. Child Abuse & Neglect 18: 683–697.

Bandura, A., 1986: Social foundations of thought and action. A social cognitive theory. New Jersey: Prentice-Hall.

Bange, D., 2007: Sexueller Missbrauch an Jungen. Die Mauer des Schweigens. Göttingen: Hogrefe.

Bard, L. A., Carter, D. L., Cerce, D. D., Knight, A., Rosenberg, R., Schneider, B., 1987: A descriptive study of rapists and child molesters: developmental, clinical, and criminal characteristics. Behavioral Sciences and Law 5: 203–220.

Becker, B. J., 1994: Combining significance levels. S. 215–230 in: Cooper, H., Hedges, L. V. (Hrsg.), The Handbook of research synthesis and meta-analysis. New York: Sage.

Beck-Sander, A., 1995: Childhood abuse in adult offenders: the role of control in perpetuating cycles of abuse. The Journal of Forensic Psychiatry 6: 486–498.

Beelmann, A., Bliesener, T., 1994: Aktuelle Probleme und Strategien der Metaanalyse. Psychologische Rundschau 45: 211–233.

Begg, C. B., Mazumdar, M., 1994: Operating characteristics of a rank correlation test for publication bias. Biometrics 50: 1088–1101.

Beier, K. M., 1997: Prognose und Therapie von Sexualstraftätern aus sexualmedizinischer Sicht. Kriminalpädagogische Praxis 37: 13–25.

Benoit, J. L., Kennedy, W. A., 1992: The abuse history of male adolescent sex offenders. Journal of Interpersonal Violence 7: 534–548.

Benninghaus, H., 2007: Deskriptive Statistik. Eine Einführung für Sozialwissenschaftler (11. Aufl.). Wiesbaden: VS Verlag.

Berner, W., 1997: Sexueller Missbrauch, Pädophilie und die Möglichkeit therapeutischer Beeinflussung. S. 147–160 in: Richter-Appelt, H. (Hrsg.), Verführung – Trauma – Missbrauch (1896–1996). Gießen: Psychosozial-Verlag.

Briggs, F., Hawkins, R.M.F., 1996: A comparison of the childhood experiences of convicted male child molesters and men who were sexually abused in childhood and claimed to be nonoffenders. Child Abuse & Neglect 20: 221–233.

Browning, C.R., Laumann, E.O., 1997: Sexual contact between children and adults: a life course perspective. American Sociological Review 62: 540–560.

Borenstein, M., 2005: Software for Publication Bias. S. 193–220 in: Rothstein, H.R., Sutton, A.J., Borenstein, M. (Hrsg.), Publication bias in meta-analysis. Prevention, assessment and adjustments. New York: Wiley.

Borenstein, M., Hedges, L.V., Higgins, J.P.T., Rothstein, H.R., 2009: Introduction to meta-analysis. Chichester: Wiley.

Borowsky, I., Hogan, M., Ireland, M., 1997: Adolescent sexual aggression: risk and protective factors. Pediatrics 100: E7.

Bortz, J., Döring, N., 2006: Forschungsmethoden und Evaluation für Human- und Sozialwissenschaftler (4. Aufl.). Heidelberg: Springer.

Briggs, F., Hawkins, R.M.F., 1996: A comparison of the childhood experiences of convicted male child molesters and men who were sexually abused in childhood and claimed to be nonoffenders. Child Abuse & Neglect 20: 221–233.

Brocher, T., 1971: Psychosexuelle Grundlagen der Entwicklung. Opladen: Leske.

Burgess, A.W., Hartman, C.R., McCormack, A., 1987: Abused to abuser: antecedents of socially deviant behaviors. American Journal of Psychiatry 144: 1431–1436.

Burton, D.L., 2008: An exploratory evaluation of the contribution of personality and childhood sexual victimization to the development of sexually abusive behavior. Journal of Child Sexual Abuse 20: 102–115.

Burton, D.L., Miller, D.L., Shill, C.T., 2002: A social learning theory comparison of the sexual victimization of adolescent sexual offenders and nonsexual offending male delinquents. Child Abuse & Neglect 26: 893–907.

Bushman, W., 2009: Vote-counting procedures in meta-analysis. S. 207–220 in: Cooper, H., Hedges, L.V., Valentine, J.C. (Hrsg.), The handbook of research synthesis and meta-analysis (2. Aufl.). New York: Russell Sage.

Cannon, M., 2001: Invited commentaries on: cycle of child sexual abuse: links between being a victim and becoming a perpetrator. British Journal of Psychiatry 179: 495–496.

Canter, D., Hughes, D., Kirby, S., 1998: Paedophilia: pathology, criminality, or both? The development of a multivariate model of offence behaviour in child sexual abuse. The Journal of Forensic Psychiatry 9: 532–555.

Carr, J.L, Van Deusen, K.M., 2004: Risk factors for male sexual aggression on college campuses. Journal of Family Violence 19: 279–289.

Christopher, K., Lutz-Zois, J., Reinhardt, A.R., 2007: Female sexual-offenders: personality pathology as a mediator of the relationship between childhood sexual abuse history and sexual abuse perpetration against others. Child Abuse & Neglect 31: 871–883.

Cohen, J., 1988: Statistical power analysis for the behavioral sciences. (2. Aufl.). Hillsdale N.J.: L. Erlbaum Associates.

Cohen, L., Forman, H., Steinfeld, M., Fradkin, Y., Frenda, S., Galynker, I., 2010: Comparison of childhood sexual histories in subjects with pedophilia or opiate addiction and healthy controls: is childhood sexual abuse a risk factor for addictions? Journal of Psychiatric Practice 16: 394–404.

Cohen, L., McGeoch, P., Gans, S., Nikiforov, K., Cullen, K., Galynker, I., 2002b: Childhood sexual history of 20 male pedophiles vs. 24 male healthy control subjects. The Journal of Nervous and Mental Disease 190: 757–766.
Cohen, L., Nikiforov, K., Gans, S., Poznansky, O., McGeoch, P., Weaver, C., King, E.G., Cullen, K., Galynker, L., 2002a: Heterosexual male perpetrators of childhood sexual abuse: a preliminary neuropsychiatric model. Psychiatric Quarterly 73: 313–336.
Coleman, D., Stewart, L.M., 2010: Prevalence and impact of childhood maltreatment in incarcerated youth. American Journal of Orthopsychiatry 80: 343–349.
Colton, M., Roberts, S., Vanstone, M., 2010: Sexual abuse by men who work with children. Journal of Child Sexual Abuse 19: 345–364.
Connolly, M., Woollons, R., 2008: Childhood sexual experience and adult offending: an exploratory comparison of three criminal groups. Child Abuse Review 17: 119–132.
Cooper, H.M., 1989: Integrating research. A guide for literature reviews (2. Aufl.). Newbury Park, CA: Sage.
Cooper, H.M., 2010: Research synthesis and meta-analysis. A step-by-step approach (4th edition). Thousand Oaks, CA: Sage.
Cooper, H.M., Rosenthal, R., 1980: Statistical versus traditional procedures for summarizing research findings. Psychological Bulletin 87: 442–449.
Cortoni, F., Marshall, W.L., 2001: Sex as a coping strategy and its relationship to juvenile sexual history and intimacy in sexual offenders. Sexual Abuse – A Journal of Research and Treatment 13: 27–43.
Coxe, R., Holmes, W., 2001: A study of the cycle of abuse among child molesters. Journal of Child Sexual Abuse 10: 209–118
Coxell, A., King, M., Mezey, G., Gordon, D., 1999: Lifetime prevalence, characteristics, and associated problems of non-consensual sex in men: cross sectional survey. British Medical Journal 318: 846–850.
Craissati, J., Beech, A., 2004: The characteristics of a geographical sample of convicted rapists. Sexual victimization and compliance in comparison to child molesters. Journal of Interpersonal Violence 19: 371–388.
Craissati, J., McClurg, G., 1996: The challenge project: perpetrators of child sexual abuse in South East London. Child Abuse & Neglect 20: 1067–77.
Craissati, J., McClurg, G., Browne, K., 2002: Characteristics of perpetrators of child sexual abuse who have been sexually victimized as children. Sexual Abuse – A Journal of Research and Treatment 14: 225–239.
Craissati, J., Webb, L., Keen, S., 2008: The relationship between developmental variables, personality disorder, and risk in sex offenders. Sexual Abuse – A Journal of Research and Treatment 20: 119–138.
Crane, D., 1969: Social structure in a group of scientists: A test of the „invisible college" hypothesis. American Sociological Review 34: 335–352.
Curtin, F., Niveau, G., 1998: Psychosocial profile of Swiss sexual offenders. Journal of Forensic Science 43: 755–775.
De Leeuw, E.D., Hox, J.J., 2003: The use of meta-analysis in cross-national studies. S. 329–345 in: Harkness, J.A., Vijver, F.J.R. van de, Mohlers, P.Ph. (eds.): Cross-cultural survey methods. New York: Wiley.
Dhaliwal, G.K., Gauzas, L., Antonowicz, D.H., Ross, R.R., 1996: Adult male survivors of childhood sexual abuse: prevalence, sexual abuse characteristics, and long-term effects. Clinical Psychology Review 16: 619–689.

Dhawan, S., Marshall, W. L., 1996: Sexual abuse histories of sexual offenders. Sexual Abuse: A Journal of Research and Treatment 8: 7–15.
Ditton, H., 1998: Mehrebenenanalyse – Grundlagen und Anwendungen des Hierarchisch Linearen Modells. Weinheim/München: Juventa.
Dreznick, M. T., 2003: Heterosocial competence of rapists and child molesters: a meta-analysis. The Journal of Sex Research 40: 170–178.
Drinkmann, A., 1990: Methodenkritische Untersuchungen zur Metaanalyse. Weinheim: Deutscher Studien-Verlag.
Durlak, J. A., 2009: How to select, calculate, and interpret effect sizes. Journal of Pediatric Psychology 34: 917–928.
Duval, S. J., 2005: The trim and fill method. S. 127–144 in: Rothstein, H. R., Sutton, A. J., Borenstein, M. (Hrsg.), Publication bias in meta-analysis. Prevention, assessment and adjustments. Hoboken, NJ: Wiley.
Duval, S. J., Tweedie, R. L., 2000a: A nonparametric „trim and fill" method of accounting for publication bias in meta-analysis. Journal of the American Statistical Association 95: 89–98.
Duval, S. J., Tweedie, R. L., 2000b: Trim and fill: a simple funnel-plot-based method of testing and adjusting for publication bias in meta-analysis. Biometrics 56: 455–463.
Egeland, B., Jacobvitz, D., Sroufe, L. A., 1988: Breaking the cycle of abuse. Child Development 59: 1080–1088.
Egger, M., Smith, G. D., Schneider, M., Minder, C., 1997: Bias in meta-analysis detected by a simple, grafical test. British Medical Journal 315: 629–634.
Eisend, M., 2009: Metaanlyse. S. 433–456 in: Baumgarth, C., Eisend, M., Evanschitzky, H. (Hrsg.), Empirische Mastertechniken. Eine anwendungsorientierte Einführung für die Marketing- und Managementforschung. Wiesbaden: Gabler.
Elliott, M., Browne, K., Kilcoyne, J., 1995: Child sexual abuse prevention: what offenders tell us. Child Abuse & Neglect 19: 579–594.
Engfer, A., 1997: Gewalt gegen Kinder in der Familie. S. 21–34 in: Egle, U. T., Hoffmann, S. O., Joraschky, P. (Hrsg.), Sexueller Missbrauch, Misshandlung, Vernachlässigung. Erkennung und Behandlung psychischer und psychosomatischer Folgen früher Traumatisierungen. Stuttgart: Schattauer.
Fehrenbach, P. A., Smith, W., Monastersky, C., Deisher, R. W., 1986: Adolescent sexual offenders: offender and offense characteristics. American Journal of Orthopsychiatry 56: 225–233.
Fiebig, J., 2012: Viktimisierung und Delinquenz. Die Bedeutung von Motivlagen bei der Erklärung pädosexuell straffälligen Verhaltens. Stuttgart: Institut für Sozialwissenschaften der Universität Stuttgart (unveröff. Dissertation).
Fiebig, J., Rüdebusch, G., Urban, D., 2012: Meta-Analyse und „publication bias". Eine empirisch-statistische Fallstudie. Schriftenreihe des Instituts für Sozialwissenschaften der Universität Stuttgart (SISS), 2012/1.
Fiebig, J., Urban, D., 2014: Wie groß ist die empirische Evidenz für die These vom Opfer-Täter-Kreislauf? Eine Meta-Analyse von Studien zu sozio-biografischen Ursachen pädosexueller Delinquenz. Stuttgart: Institut für Sozialwissenschaften der Universität Stuttgart (unveröff. Manuskript).
Field, A., 2009: Discovering statistics using SPSS (3. Aufl.). Los Angeles: Wiley.
Finkelhor, D., 1986: A source book on child sexual abuse. Newbury Park, CA: Sage Publication.

Ford, M. E., Linney, J. A., 1995: Comparative-analysis of juvenile sexual offenders, violent nonsexual offenders, and status offenders. Journal of Interpersonal Violence 10: 56–70.

Freund, K., Kuban, M., 1994: The Basis of the abuser theory of pedophilia: a further elaboration on an earlier study. Archives of Sexual Behavior 23: 553–563.

Freund, K., Watson, R., Dickey, R., 1990: Does sexual abuse in childhood cause pedophilia: an exploratory study. Archives of Sexual Behavior 19: 557–568.

Garland, R. J., Dougher, M. J., 1990: The abused/abuser hypothesis of child sexual abuse: a critical review of theory and research. S. 488–509 in: Feierman, J. R. (Hrsg.), Pedophilia. Biosocial dimensions. New York: Springer.

Garrett, L. H., 2010: Childhood experiences of incarcerated male child sexual abusers. Issues in Mental Health Nursing 31: 679–685.

Glass, G. V., 1976: Primary, secondary and meta-analysis of research. Educational Researcher 5: 3–8.

Glass, G. V., McGaw, B., Smith, M. L., 1981: Meta-analysis in social research. Beverly Hills: Sage.

Glasser, M., Kolvin, I., Campbell, D., Glasser, A., Leitch, I., Farrelly, S., 2001: Cycle of child sexual abuse: links between being a victim and becoming a perpetrator. British Journal of Psychiatry 17: 482–494.

Green, A. H., Kaplan, M. S., 1994: Psychiatric impairment and childhood victimization experiences in female child molesters. Journal of the American Academy of Child and Adolescent Psychiatry 33: 954–961.

Groth, A. N., 1982: The Incest Offender. S. 215–239 in: Sgroi, S. M. (Hrsg), Handbook of clinical intervention in child sexual abuse. Toronto: Lexington.

Haddock, C. K., Rindskopf, D., Shadish, W. R., 1998: Using odds ratio as effect sizes for meta-analysis of dichotomous data: a primer on methods and issues. Psychological Methods 3: 339–353.

Hall, J. A., Rosenthal, R., 1995: Interpreting and evaluating meta-analysis. Evaluation & the Health Professions 18: 393–407.

Hanson, R. K., Bussière, M. T., 1998: Predicting relapse: a meta-analysis of sexual offender recidivism studies. Journal of Consulting and Clinical Psychology 66: 348–362.

Hanson, R. K., Slater, S., 1988: Sexual victimization in the histories of sexual abusers: a review. Annals of Sex Research 1: 485–499.

Haywood, T. W., Kravitz, H. M., Wasylim, O. E., Goldberg, J., Cavanaugh, J. L., 1996: Cycle of abuse and psychopathology in cleric and noncleric molesters of children and adolescents. Child Abuse & Neglect 20: 1233–1243.

Hedges, L. V., 1994a: Fixed effect models. S. 285–299 in: Cooper, H., Hedges, L. V. (Hrsg.), The handbook of research synthesis. New York: Sage.

Hedges, L. V., 1994b: Statistical considerations. S. 29–38 in: Cooper, H., Hedges, L. V. (Hrsg.), The handbook of research synthesis. New York: Sage.

Hedges, L. V., Olkin, I., 1985: Statistical methods for meta-analysis. San Diego, CA: Academic Press.

Heim, M., Morgner, J., 1985: Der pädophile Straftäter. Psychiatrie, Neurologie und Medizinische Psychologie 37: 107–112.

Higgins, J. P. T., Green, S. (Hrsg.), 2008: Cochrane handbook for systematic reviews of interventions, Version 5.0.0 [updated February 2008]. The Cochrane Collaboration. Available from: www.cochrane-handbook.org.

Höfler, M., 2004: Statistik in der Epidemiologie psychischer Störungen. Berlin: Springer.
Höing, M. H., Jonker, M., Berlo, W., 2010: Juvenile sex offenders in a Dutch mandatory educational program: subtypes and characteristics. Journal of Sexual Aggression 16: 332–346.
Holmes, W. C., Slap, G. B., 1998: Sexual abuse of boys. Definition, prevalence, correlates, sequelae, and management. Journal of the American Medical Association 280: 1855–1862.
Hopewell, S., Clarke, M., Mallett, S., 2005: Gray literature and systematic reviews. S. 49–72 in: Rothstein, H. R., Sutton, A. J., Borenstein, M. (Hrsg.), Publication bias in meta-analysis. Prevention, assessment and adjustments. Hoboken, NJ: Wiley.
Hox, J. J., 2010: Multilevel analysis: techniques and applications (2nd edition). New York: Routledge.
Hummel, P., Thömke, V., Oldenbürger, H. A., Specht, F., 2000: Male adolescent sex offenders against children: similarities and differences between those offenders with and those without a history of sexual abuse. Journal of Adolescence 23: 305–317.
Hunter, J. E., Figueredo, A., 2000: The influence of personality and history of sexual victimization in the prediction of juvenile perpetrated child molestation. Behavior Modification 24: 240–263.
Hunter, J. E., Schmidt, F. L., 2004: Methods of meta-analysis. Correcting for bias and error in research findings (2nd Edition). Thousand Oaks: Sage.
Jespersen, A. F., Lalumière, M. L., Seto, M. C., 2009: Sexual abuse history among adult sex offenders and non-sex offenders: a meta-analysis. Child Abuse & Neglect 33: 179–192.
Johnson, R. J., Ross, M. W., Taylor, W. C., Williams, M. L., Carvajal, R. I., Peters, R. J., 2006: Prevalence of childhood sexual abuse among incarcerated males in county jail. Child Abuse & Neglect 30: 75–86.
Jumper, S. A., 1995: A meta-analysis of the relationship of child sexual abuse to adult psychological adjustment. Child Abuse & Neglect 19: 715–728.
Kaufman, K. L., Hilliker, D. R., Lathrop, P., Daleiden, E. L., Rudy, L., 1996: Sexual offenders' modus operandi: a comparison of structured interview and questionnaire approaches. Journal of Interpersonal Violence 11: 19–34.
Kaufman, K. L., Holmberg, J. K., Orts, K. A., McCrady, F. E., Rotzien, A. L., Daleiden, E. L., Hilliker, D. R., 1998: Factors influencing sexual offenders' modus operandi: an examination of victim-offender relatedness and age. Child Maltreatment 3: 349–361.
Konstantopoulos, S., Hedges, L. V., 2009: Analyzing effect sizes: fixed-effects models. S. 279–293 in: Cooper, H., Hedges, L. V., Valentine, J. C. (Hrsg.), The handbook of research synthesis and meta-analysis (2. Aufl.). New York: Russell Sage.
Kukla, M. A., 2003: The clinical utility of the MCMI-III with the sex offender population. Chicago: Roosevelt University (Dissertation).
Lambie, I., Seymour, F., Lee, A., Adams, P., 2002: Resiliency in the victim-offender cycle in male sexual abuse. Sexual Abuse – A Journal of Research and Treatment 14: 31–48.
Lang, R. A., Black , E. L., Frenzel , R. R., Checkley , K. L., 1988: Aggression and erotic attraction toward children in incestuous and pedophilic men. Annals of Sex Research 1: 417–441.
Lazarus, R. S., 1981: Stress und Stressbewältigung – Ein Paradigma. S. 199–232 in: Filipp, S.-H. (Hrsg.), Kritische Lebensereignisse. München: Urban & Schwarzenberg.

Leibniz-Zentrum für Psychologische Information und Dokumentation (ZPID), 2010: Benutzerhandbuch für PSYNDEX Direct die Suchoberfläche für Online Recherchen in PSYNDEX (Version 1.4.). http://www.zpid.de/index.php?wahl=dienste&uwahl=handbuch, Entnahme am 16.03.2011
Lindsay, W.R., Law, J., Quinn, K., Smart, N., Smith, A.H.W., 2001: A comparison of physical and sexual abuse: histories of sexual and non-sexual offenders with intellectual disability. Child Abuse & Neglect 25: 989–995.
Lipsey, M.W., Wilson, D.T., 2001: Practical meta-analysis. Thousand Oaks, CA: Sage.
Littell, J.H., Corcoran, J., Pillai, V., 2008: Systematic reviews and meta-analysis. Oxford: University Press.
Lodicio, M.A., Gruber, E., Diclemente, R.J., 1996: Childhood sexual abuse and coercive sex among school-based adolescents in a Midwestern state. Journal of Adolescent Health 18: 473–482.
Longo, R.E., 1982: Sexual learning and experience among adolescent sexual offenders. International Journal of Offender Therapy and Comparative Criminology 26: 235–241.
Maas, C.J.M., Hox, J.J., 2004: Robustness issues in multilevel regression analysis. Statistica Neerlandica 58: 127–137.
Macaskill, P., Walter, S.D., Irwig, L., 2001: A comparison of methods to detect publication bias in meta-analysis. Statistics in Medicine 20: 641–654.
Marshall, W.L., Mazzucco, A., 1995: Self-esteem and parental attachments in child molesters. Sexual Abuse – A Journal of Research and Treatment 7: 279–285.
Marshall, W.L., Serran, G.A., Cortoni, F.A., 2000: Childhood attachments, sexual abuse, and their relationship to adult coping in child molesters. Sexual Abuse – A Journal of Research and Treatment 12: 17–26.
Matt, G.E., Cook, T.D., 1994: Threats to the validity of research syntheses. S. 503–520 in: Cooper, H., Hedges, L.V. (Hrsg.), The handbook of research synthesis. New York: Russell Sage Foundation.
McCormack, J., Hudson, S.M., Ward, T., 2002: Sexual offenders' perception of their early interpersonal relationships: an attachment perspective. The Journal of Sex Research 39: 85–93.
Miller, N., Pollock, V.E., 1994: Meta-analytic synthesis for theory development. S. 457–484 in: Cooper, H.M., Hedges, L.V. (Hrsg.), The handbook of research synthesis. New York: Russell Sage Foundation.
Miner M.H., Dwyer, S.M., 1997: The psychosocial development of sex offenders: differences between exhibitionists, child molesters, and incest offenders. International Journal of Offender Therapy and Comparative Criminology 41: 36–44.
Möller, A., Bier-Weiß, I., 1995: Pädophile Straftäter – Versuch einer Tätertypologie. Psychiatrische Praxis 22: 24–26.
Orwin, R.G., 1983: A fail-safe N for effect size in meta-analysis. Journal of Educational and Behavioral Statistics 8: 157–159.
Otis, M.D., Grogan-Kaylor, A., 2003: The effect of childhood maltreatment on adult criminality: a Tobit regression. Childhood Maltreatment and Adult Criminality 8: 129–137.
Overholser, J.C., Beck, S.J., 1989: The classification of rapists and child molesters. Journal of Offender Counseling, Services and Rehabilitation 14: 169–179.

Paolucci, E., Genius, M., Violato, C., 2001: A meta-analysis of the published research on the effects of child sexual abuse. The Journal of Psychology 135: 17–36.
Pape, B., 2007: Legalverhalten nach Sexualdelinquenz. Eine empirische Analyse der Delinquenzkarrieren nach Sexualstraftaten an Kindern. Frankfurt a. M.: Lang.
Pereda, N., Guilera, G., Forns, M., Gómez-Benito, J., 2009: The prevalence of child sexual abuse in community and student samples: a meta-analysis. Clinical Psychology Review 29: 328–338.
Peters, J. L., Sutton, A. J., Jones, D. R., Abrams, K. R., Rushton, L., 2006: Comparison of two methods to detect publication bias in meta-analysis. Journal of the American Medical Association 295: 676–680.
Pham, B., Platt, R., McAuley, L., Klassen, T. P., Moher, D., 2001: Is there a „best" way to detect and minimize publication bias? An empirical evaluation. Evaluation & the Health Professions 24: 109–125.
Pötschke, M., 2006: Mehrebenenanalyse. S. 167–179 in: Behnke, J., Gschwend, T., Schindler, D., Schnapp, K. (Hrsg.), Methoden der Politikwissenschaft. Neuere qualitative und quantitative Analyseverfahren. Baden-Baden: Nomos.
Raudenbush, S. W., 2009: Analyzing effect sizes: random-effects models. S. 295–314 in: Cooper, H., Hedges, L. V., Valentine, J. C. (Hrsg.), The handbook of research synthesis and meta-analysis (2. Aufl.). New York: Russell Sage.
Raudenbush, S. W., Bryk, A. S., 2002: Hierarchical linear models. Applications and data analysis methods (2. Aufl.). Thousand Oaks: Sage.
Raudenbush, S. W., Bryk, A. S. & Congdon, R. 2004: HLM 6 for Windows [Computer software]. Skokie, IL: Scientific Software International, Inc.
Rind, B., Tromovitch, P., Bauserman, R., 1998: A meta-analytic examination of assumed properties of child sexual abuse using college samples. Psychological Bulletin 124: 22–53.
Rivera, B., Widom, C. S., 1990: Childhood victimization and violent offending. Violence and Victims 5: 19–35.
Romano, E., De Luca, R. V., 1996: Characteristics of perpetrators with histories of sexual abuse. International Journal of Offender Therapy and Comparative Criminology 40: 147–156.
Romano, E., De Luca, R. V., 1997: Exploring the relationship between childhood sexual abuse and adult sexual perpetration. Journal of Family Violence 12: 85–98.
Rosenberg, M. S., 2005: The file-drawer problem revisited: a general weighted method for calculating fail-safe numbers in meta-analysis. Evolution 59: 464–468.
Rosenthal, R., 1979: The file drawer problem and tolerance for null results. Psychological Bulletin 86: 638–641.
Rosenthal, R., DiMatteo, M. R., 2001: Meta-analysis: recent developments in quantitative methods for literature reviews. Annual Reviews of Psychology 25: 59–82.
Rothe, S., 1994: Gewalt in Familien. S. 187–240 in: Büchner, P., Grundmann, M., Huinink, J., Krappmann, L., Nauck, D., Meyer, D., Rothe, S. (Hrsg.), Kindliche Lebenswelten, Bildung und innerfamiliale Beziehungen. Materialien zum 5. Familienbericht. München: Deutsches Jugendinstitut.
Rothstein, H. R., Sutton, A. J., Borenstein, M., 2005: Publication bias in meta-analysis. S. 1–7 in: Rothstein, H. R., Sutton, A. J., Borenstein, M. (Hrsg.), Publication bias in meta-analysis. Prevention, assessment and adjustments. Hoboken, NJ: Wiley.

Ryan, G., 1989: Victim to victimizer. Rethinking victim treatment. Journal of Interpersonal Violence 4: 325–341.
Ryan, G., 2002: Victims who go on to victimize others: no simple explanations. Child Abuse & Neglect 261: 891–892.
Ryan, G., Lane, S., Davis, J., Isaac, C., 1987: Juvenile sex offenders: development and correction. Child Abuse & Neglect 11: 385–395.
Salter, D., McMillan, D., Richards, M., Talbot, T., Hodges, J., Bentovim, A., Hastings, R., Stevenson, J., Skuse, D., 2003: Development of sexually abusive behavior in sexually victimised males: a longitudinal study. Lancet 361: 471–476.
Saradjian, J., Hanks, H., 1996: Women who sexually abuse children: from research to clinical practice. Chichester: John Wiley & Sons.
Sawle, G. A., Kear-Colell, J., 2001: Adult attachment style and pedophilia: a developmental perspective. International Journal of Offender Therapy and Comparative Criminology 45: 32–50.
Schmidt, G., 1999: Über die Tragik pädophiler Männer. Zeitschrift für Sexualfoschung 12: 133–139.
Schneider, H. J., 1999: Kriminologie der Sexualdelikte – Teil 1. Neue Forschungsergebnisse zu Erscheinungsformen, Ursachen und Reaktionsmöglichkeiten. Kriminalstatistik 53: 233–238.
Seghorn, T. K., Prentky, R. A., Boucher, R. J., 1987: Childhood sexual abuse in the lives of sexually aggressive offenders. Journal of American Academy of Child and Adolescent Psychiatry 26: 262–267.
Seto, M. C., Lalumière, M. L., 2010: What is so special about male adolescent sexual offending? A review and test of explanations through meta-analysis. Psychological Bulletin 136: 526–575.
Shadish, W. R., Haddock, C. K., 2009: Combining estimates of effect size. S. 257–276 in: Cooper, H., Hedges, L. V., Valentine, J. C. (Hrsg.), The handbook of research synthesis and meta-analysis (2nd edition). New York: Russell Sage.
Simkins, L., Ward, W., Bowman, S., Rinck, C., 1990: Predicting treatment outcome for child sexual abusers. Annals of Sex Resarch 3: 21–57.
Simon, V. A., Feiring, C., Kobielski McElroy, S., 2010: Making meaning of traumatic events: youths' strategies for processing childhood sexual abuse are associated with psychosocial adjustment. Child Maltreat 15: 229–241.
Simons, D. A., Wurtele, S. K., Durham, R. L., 2008: Developmental experiences of child sexual abusers and rapists. Child Abuse & Neglect 32: 549–560.
Simons, D. A., Wurtele, S. K., Heil, P., 2002: Childhood victimization and lack of empathy as predictors of sexual offending against women and children. Journal of Interpersonal Violence 17: 1291–1307.
Skuse, D., Bentovim, A., Hodges, J., Stevenson, J., Andreou, C., Landayo, M., New, M., Williams, B., McMillian, D., 1998: Risk factors for development of sexually abusive behaviour in sexually victimized adolescent boys: cross sectional study. British Medical Journal 317: 175–179.
Sterne, J. A. C., Becker, B. J., Egger, M., 2005: The funnel plot. S. 75–98 in: Rothstein, H. R., Sutton, A. J., Borenstein, M. (Hrsg.), Publication bias in meta-analysis. Prevention, assessment and adjustments. Hoboken, NJ: Wiley.
Sterne, J. A. C., Egger, M., 2001: Funnel plots for detecting bias in meta-analysis. Journal of Clinical Epidemiology 54: 1046–1055.

Sterne, J.A.C., Egger, M., Smith, G.D., 2001: Systematic reviews in health care: investigating and dealing with publication and other biases in meta-analysis. British Medical Journal 323: 101–105.
Sterne, J.A.C., Gavaghan, D., Egger, M., 2000: Publication and related bias in meta-analysis. Journal of Clinical Epidemiology 53: 1119–1129.
Stirpe, T.S., Stermac, L.E., 2003: An exploration of childhood victimization and family-of-origin characteristics of sexual offenders against children. Journal of Offender Therapy and Comparative Criminology 47: 542–555.
Strickland, S.M., 2008: Female sex offenders – exploring issues of personality, trauma, and cognitive distortions. Journal of Interpersonal Violence 23: 474–489.
Sutton, A.J., Duval, S.J., Tweedie, R.L., Abrams, K.R., Jones, D.R., 2000: Empirical assessment of effect of publication bias on meta-analyses. British Medical Journal 320: 1574–1577.
Tatsuoka, M., 1993: Effect Size. S. 462–479 in: Keren, G., Lewis, C. (Hrsg.), A handbook for data analysis in the behavioural sciences: methodological issues. Hillsdale: Lawrence Erlbaum Association.
Taylor, S., Tweedie, R.L., 1998: A non-parametric „trim and fill" method of assessing publication bias in meta-analysis. Technical Report. Colorado State University: Department of Statistics.
Thomas, T.A., Fremouw, W., 2009: Moderating variables of the sexual „victim to offender cycle". In: Aggression and Violent Behavior 14: 382–387.
Thornton, A., Lee, P., 2000: Publication bias in meta-analysis: its causes and consequences. Journal of Clinical Epidemiology 53: 207–216.
Tingle, D., Barnard, D., Robbins, L., Newman, G., Hutchinson, D., 1986: Childhood and adolescents characteristics of pedophiles and rapists. International Journal of Law and Psychiatry 9: 103–116.
Urban, D., Fiebig, J., 2010: Wird pädosexuelles Verhalten in jungen Jahren erlernt? Eine empirische Fall-Kontroll-Studie. Soziale Probleme 21: 226–248.
Urban, D., Fiebig, J., 2011: Pädosexueller Missbrauch: Wenn Opfer zu Tätern werden. Eine empirische Studie. Zeitschrift für Soziologie 40: 42–61.
Urban, D., Lindhorst, H., 2003: Vom Sexualopfer zum Sexualtäter? Unterscheiden sich pädosexuelle Straftäter von anderen Sexualstraftätern durch ein erhöhtes Opfer-Täter-Risiko? Eine empirische Pilotstudie. Soziale Probleme 14: 137–161.
Urban, D., Lindhorst, H., 2004: Erhöht ein Opfer-Täter-Zyklus das Risiko, Sexualstraftaten als pädosexuelle Straftaten zu begehen? Ergebnisse einer ereignisanalytischen Pilotstudie. Schriftenreihe des Instituts für Sozialwissenschaften der Universität Stuttgart (SISS), Nr.1/2004.
Urban, D., Mayerl, J., 2011: Regressionsanalyse: Theorie, Technik und Anwendung (4. überarbeitete Aufl.). Wiesbaden: VS-Verlag.
Veneziano, C., Veneziano, L., LeGrand, S., 2000: The relationship between adolescent sex offender behaviors and victim characteristics with prior victimization. Journal of Interpersonal Violence 15: 363–374.
Wagner, M., Weiß, B., 2006: Meta-Analyse als Methode der Sozialforschung. S. 479–504 in: Diekmann, A. (Hrsg.), Methoden der Sozialforschung. Sonderheft 44/2004 der Kölner Zeitschrift für Soziologie und Sozialpsychologie. Wiesbaden: VS.

Walker, J. L., Carey, P. D., Mohr, N., Stein, D. J., Seedat, S., 2004: Gender differences in the prevalence of childhood sexual abuse and in the development of pediatric PTSD. Archives of Women's Mental Health 7: 111–121.

Watkins, B., Bentovim, A., 1992: The sexual abuse of male children and adolescents: a review of current research. Journal of Child Psychology and Psychiatry 33: 197–248.

Weeks, R., Widom, C. S., 1998: Self-reports of early childhood victimization among incarcerated adult male felons. Journal of Interpersonal Violence 13: 346–361.

Whitaker, D. J., Le, B., Hanson, R. K., Baker, C. K., McMahon, P. M., Ryan, G., Klein, A., Rice, D. D., 2008: Risk factors for the perpetration of child sexual abuse: a review and meta-analysis. Child Abuse & Neglect 32: 529–548.

Widom, C. S., 1989: Child abuse, neglect, and adult behavior. Research design and findings on criminality, violence, and child abuse. American Journal of Orthopsychiatry 59: 355–367.

Widom, C. S., Ames, M. A., 1994: Criminal consequences of childhood sexual victimization. Child Abuse & Neglect 18: 303–318.

Wolfe, D. A., Crooks, C. V., Lee, V., McIntyre-Smith, A., Jaffe, P. G., 2003: The effects of children's exposure to domestic violence: a meta-analysis and critique. Clinical Child and Family Psychology Review 6: 171–187.

Wood, E., Riggs, S., 2008: Predictors of child molestation: adult attachment, cognitive distortions, and empathy. Journal of Interpersonal Violence 23: 259–275.

Worling, J. R., 1995a: Adolescent sex offenders against females: differences based on age of their victims. International Journal of Offender Therapy and Comparative Criminology 39: 276–293.

Worling, J. R., 1995b: Sexual abuse histories of adolescent male sex offenders: differences on the basis of the age and gender of their victims. Journal of Abnormal Psychology 104: 610–613.